CHARLES LE GOFFIC

LES
Métiers Pittoresques

LA VIE DES PHARES — CHEZ GUIGNOL — LES
CHEVALIERS DU GRAND-TRIMARD — LE TRAFIC DES
CHEVEUX — DEUX TABLEAUX DE LA VIE TERRE-
NEUVIENNE *(la Louée de la Mer ; le Grand Départ)*
— LA CONFESSION D'UN EMBAUMEUR — UNE
TRAITE D'ENFANTS AU XXᵉ SIÈCLE *(les Graviers
de Saint-Pierre)* — LES IVOIRIERS DIEPPOIS, ETC.

Deuxième édition

PARIS

ALBERT FONTEMOING, ÉDITEUR

4, RUE LE GOFF (5ᵉ)

—

Collection " MINERVA "

Collection " MINERVA "

ACKER (Paul). — Petites Confessions (visites et portraits).   3 50
ADERER (Adolphe). — Chez les Rois..................   3 50
BARRÈS (Maurice). — Du Sang, de la Volupté et de la
     Mort (nouv. édit. revue et augmentée)..........   3 50
     Un homme libre, nouvelle édition.............   3 50
BERTON (Claude). — La Marche à l'Etoile, roman.   3 50
BONNAL (Général). — De la méthode dans les hautes étu-
     des militaires en France et en Allemagne   1 »
BORDEAUX (Henri). — Le Lac noir, roman..........   3 50
     L'Amour en fuite (Une honnête femme; le Paon blanc)   3 50
     La Peur de vivre (roman cour. par l'Acad. franç.)   3 50
     La Voie sans retour, roman..................   3 50
     Le Pays natal, roman......................   3 50
     Les Ecrivains et les Mœurs (1re et 2e s.). Chaque   3 50
     La Savoie peinte par ses écrivains......   1 »
     La Chartreuse du reposoir   (sous presse)
     Le Chef de famille.........   —
     Vies intimes................   —
     Pélerinages romanesques.   —
BRACCO (Roberto). — Infidèle, com. en 3 actes (trad. de l'Italien)   2 »
CAPUANA (Luigi). — Le marquis de Roccaverdina, ro-
     man (traduit de l'italien)...................   3 50
CHUQUET (Arthur), membre de l'Institut. — Etudes d'his-
     toire (1re et 2e série). Chaque série.............   3 50
DES GRANGES (Charles-Marc). — La Comédie et les
     Mœurs sous la Restauration et la Mo-
     narchie de Juillet (1815-1848). Préface de
     Jules Lemaitre (de l'Académie française)..........   3 50
FOLLEY (Charles). — Guilleri Guilloré, roman............   3 50
FONTAINE (André). — Matines, poésies..............   3 50
     Conférences inédites de l'Académie royale
     de Peinture et de Sculpture..............   4 »
FUNCK-BRENTANO (Frantz). — La Bastille des Comé-
     diens (le For l'Evêque). 11 grav hors texte.   3 50
GACHONS (J. des). — La Maison des dames Renoir, roman.   3 50
HUE (Gustave). — Avocate, roman................   3 50
LECHARTIER (G.). — Où va la Vie..., roman 3 50
LE GOFFIC. — Métiers pittoresques..........   3 50
MAURRAS (Charles). — Les Amants de Venise (avec port.
     de George Sand et de Musset par David d'Angers)..   3 50
     L'Avenir de l'Intelligence.............   3 50
MICHAUT (Gustave). — La Comtesse de Bonneval.
     (Lettres du xviiie siècle).................   2 »
VILLE DE MIRMONT (H. de la). — Etudes sur l'ancien-
     ne poésie latine.   5 »
PLESSIS (Frédéric). — Le Chemin montant. Roman.
     (Couronné par l'Académie Française).............   3 50
     Poésies complètes..................   6 »
POMMEROL (Jean). — Islam saharien. Chez ceux qui
     guettent. (Cour. par l'Académie Française).......   3 50
RECOLIN (Charles). — Le Chemin du roi. Roman........   3 50
ROSEGGER (Pierre). — Gabriel Heidepeter, scènes de la
     vie styrienne (traduit de l'allemand)...............   3 50
SÉNAC DE MEYLHAN. — L'émigré, roman (nouvelle édition
     publ. par Frantz Funck-Brentano et Casimir Stryienski)   7 50
THOREL (Jean). — Gilette, roman (couronné par l'Acad. franç)   3 50

" MINERVA " Revue des Lettres & des Arts
(Mars 1902 — Mars 1903) 6 forts volumes grand in-8°..........   30 »

Imprimerie A. LANIER. — Auxerre

Les Métiers pittoresques

CHARLES LE GOFFIC

LES

Métiers Pittoresques

LA VIE DES PHARES — CHEZ GUIGNOL — LES
CHEVALIERS DU GRAND-TRIMARD — LE TRAFIC DES
CHEVEUX — DEUX TABLEAUX DE LA VIE TERRE-
NEUVIENNE (*la Louée de ia Mer ; le Grand Départ*)
— LA CONFESSION D'UN EMBAUMEUR — UNE
TRAITE D'ENFANTS AU XXᵉ SIÈCLE (*les Graviers
de Saint-Pierre*) — LES IVOIRIERS DIEPPOIS, ETC.

Deuxième édition

PARIS

ALBERT FONTEMOING, ÉDITEUR

4, RUE LE GOFF (5ᵉ)

—

Collection " MINERVA "

F₁₅₅

A M. EDOUARD HUBERT

Il y avait une fois un périodique qui s'appelait le **Monde Illustré,** *un directeur qui s'appelait Edouard Hubert, un débutant qui s'appelait... Mais quel tour allais-je prendre pour vous conter une histoire que vous connaissez par cœur et dont nous évoquions encore l'autre jour, dans un salon ami, les lointaines, paradoxales et quasi fabuleuses péripéties ? Le débutant grattait timidement à l'huis du cabinet directorial. Et voici le miracle : c'est que l'huis ne resta point fermé, c'est qu'il ne s'entrebâilla pas à demi, mais qu'il s'ouvrit à deux battants et que, d'une semaine à l'autre, le petit inconnu et le directeur du grand périodique devinrent une paire de collaborateurs et d'amis.*

Dix-sept ans ont passé : le périodique vit toujours. Mais celui qui en était l'âme et dont le goût délicat et sûr en avait fait le premier « illustré » de ce temps a dû résilier ses fonctions, quitter le toit par ses mains amoureusement décoré. Cette application personnelle du sic vos non vobis n'a pas dérangé la belle sérénité de son caractère. Elle n'a pas diminué non plus la reconnaissance du petit conscrit de 1887 qui, passé vétéran de la grande armée des lettres, demande aujourd'hui à son ancien directeur la permission d'inscrire son nom sur la première page de ce recueil comme un témoignage de sympathie respectueuse et de gratitude indémentie.

Ch. Le G.

Publiées dans la *Revue des Deux Mondes* et la *Quinzaine*, les études qui composent le recueil des *Métiers pittoresques* procèdent du même esprit que les études réunies dans *Sur la Côte (1)*. Sur un point seulement elles s'en distinguent : c'est qu'elles ne sont pas exclusivement maritimes. Pour le reste on priera le lecteur de se reporter à l'introduction de *Sur la Côte*.

(1) 1 vol. in-18 jésus, couronné par l'Académie Française, prix Sobrier-Arnould. — Armand Colin, édit. Paris, 1897.

Les Métiers Pittoresques

La Vie des Phares

A M. René Doumic.

Pour prendre contact avec les phares, le tertre du Rosédo, dans l'île de Bréhat, est une assiette incomparable. Le cercle d'horizon qu'on embrasse de ce tertre n'est pas seulement un des plus vastes qui soient, c'en est aussi un des plus mouvementés. Même par temps calme, aux traînées de bile qui strient la mer, aux remous qui tremblent sur les hauts-fonds, à la rapidité des courants et plus encore à ces déchirures violentes du littoral, à ces longues chaînes d'écueils qui crèvent de tous côtés la nappe marine et qui sont comme les défenses avancées de la terre vers le large, on sent une hostilité latente, l'antagonisme mystérieux de deux éléments.

Vainement on chercherait là ces grandes zones mitoyennes de sable ou de tangue qui forment ailleurs la transition, le moelleux tapis de rencontre entre la

1

mer et la terre. Les deux éléments sont restés aux prises. La mer a fini par l'emporter; mais sa victoire est encore incomplète, et le conflit se prolonge sourdement. Tout le littoral, de Paimpol à l'embouchure du Guer, n'est qu'un chaos de roches gigantesques, jetées les unes sur les autres et qu'un miracle tient en équilibre, une architecture de cauchemar qui ressemblerait, suivant l'expression d'Hugo, à de la tempête pétrifiée. En quelques recoins seulement, que leur exposition défend contre les rudes surprises du « norouât, » aux tournants des fleuves côtiers, dans les failles profondes des étangs à mer, la nature s'humanise, le granit s'attendrit, la « douceur bretonne » reprend ses droits, et l'œil, soudainement reposé, nage sur une mince et grasse coulée de velours vert, s'accroche, entre deux échines de porphyre noir, à l'enchevêtrement d'une flore insoupçonnée de fuchsias, de chênes-lièges, de figuiers et de myrtes arborescents. Dans Bréhat même, rien n'égale la splendeur du rivage méridional, avec ses rochers rouges panachés de pins sylvestres, trempant dans une mer dont la baie d'Antibes pourrait jalouser l'indigo. Mais le nord de l'île, raclé par les vents, est d'une sauvagerie absolue : des pierres, encore des pierres, et, pour toute végétation, des brousses rases couleur de rouille, où s'abattent à l'automne les vols criards des étourneaux. Les fortes marées d'équinoxe, désagrégeant l'argile, enlèvent d'un seul coup d'énormes pans de falaise. Il n'est même pas besoin de ces marées; le duel se poursuit jusque par beau temps. La mer est là; on la sent à de soudains tressaillements du sol. Tandis que vous la croyiez inactive, elle pous-

sait au pied de la falaise quelque sape profonde, achevait entre deux syzygies, de ses petites lames aiguës,
l'affouillement d'une assise. La côte, avec son prolon-
gement sous-marin, sur une aire de dix lieues, n'est
ainsi qu'un grand champ de bataille toujours disputé
et dont il émerge encore, à plus de trente milles au
large, des débris de continents mal ensevelis :

Etré Pempoul a Lokémo,
Ema gvvélé an Anko...

« Entre Paimpol et Locquémau, dit un proverbe
breton, là est le lit de la mort. »

Durs parages pour la navigation ! Le balisage et
l'éclairage, avec une louable persévérance. depuis soixante ans, travaillent à en atténuer les périls. Dix
phares principaux ont été construits aux endroits les
plus exposés. Quand le crépuscule descend sur la mer,
ils s'allument tous en même temps. Au point extrême de
l'horizon, dans le nord-ouest, les Roches-Douvres dar-
dent un long éclat blanc. Moins puissant, le phare de
Lost-Pic, sur les Metz de Goëlo, dans ses occultations
d'une seconde, simule un œil qui clignote. Porz-Don,
à l'entrée de Paimpol, le Paon, au nord de Bréhat,
Janus riverains, ont deux secteurs, selon l'alignement
où on les prend du large, rouge à tribord, blanc à
bâbord. La Corne est verte, du vert aigu des prunelles
qui ont longtemps regardé la mer. Les Sept-Iles, la
Croix, la Horaine, se renvoient leurs feux amis, laiteux effluves que traverse, par moments, la violente
fusée pourpre des Triagoz. Et voici le foyer suprême,
l'étoile merveilleuse entre toutes, le phare des Héaux,

grand cierge de granit dressé à plus de quarante-huit mètres sur l'abîme, au point le plus exposé de la côte, et qui semble le chef de chœur, l'éblouissante Alcyone de cette pléiade marine.

Pour l'observateur placé sur le tertre du Rosédo, ces dix feux sont visibles à la fois : ils font autour de lui une couronne de lumières, pareille à ces couronnes d'étoiles dont les peintres religieux nimbent le visage de Marie. La nuit dissimule les tours qui les portent. On ne voit du phare que son émeraude, le merveilleux rubis ou la goutte de clarté blanche suspendue à son front; on ne se rendra compte que plus tard de l'énorme effort, du capital d'énergie et de patience qu'il a fallu mettre en œuvre pour cristalliser cette perle, cette émeraude ou ce rubis. Dans l'aube grandissante, les feux s'apâliront; la tour surgira, pointera comme une dague au dernier plan de l'horizon. Plus rapprochée, on distinguera ses soubassements, son armature, sa ligne. Telle de ces tours est de métal clair : un bulbe de verre se renfle à l'extrémité de sa tige; telle autre, carrée, massive, aux créneaux gothiques, ne serait-elle pas ce château de la mer où l'on dit que Morgane accoude sa rêverie? Et celle-ci, frêle monolithe de porphyre, annelé de ciment à sa base ou porté sur un trépied à large évasement, n'a-t-elle point tenté quelque stylite des nouveaux âges? Les phares sont habités en effet. C'est peu que l'effort humain ait planté sur l'abîme ces robustes chandeliers de granit ou de tôle : l'abîme a des retours imprévus, de soudaines et inquiétantes révoltes. Sur la flamme près de s'éteindre un esprit veille : plus qu'un esprit, une conscience.

Conscience toujours présente, encore que voilée à tous les yeux, et de qui le phare, seul visible sur l'horizon, a fini par emprunter dans l'imagination populaire une sorte de vie supérieure et, comme dit Esquiros, un caractère presque sacré.

I

Si nous sommes redevables à l'antiquité de l'invention des phares, si Alexandrie posséda le premier phare connu, en attendant que l'empire romain, de promontoire en promontoire, illuminât de ses bûchers toute la Mer Intérieure ; s'il n'est point sûr enfin que notre Cordouan soit l'aîné ni même le contemporain de la fameuse lanterne de Gênes, c'est vraiment la France qui, après les grandes guerres de la Révolution et de l'Empire, prit l'initiative des nouveaux arts de la lumière et de leur application au salut de la vie humaine. « Armée du rayon de Fresnel, elle se fit une ceinture de ces puissantes flammes qui entre-croisent leurs lueurs, les pénètrent l'une par l'autre. Les ténèbres disparurent de la face de nos mers (1). »

Il faut songer qu'en 1789 on comptait à peine dans toute l'Europe une vingtaine de phares, et quelques-uns seulement pourvus de lampes à réflecteurs. Le nombre des feux français était déjà de 30 en 1817 (10 grands phares et 20 fanaux). Il était de 59 à la fin de la Restauration ; de 169 (dont 37 de premier ordre) en 1858 ; de 690, y compris l'Algérie et la Tunisie, au 1er janvier 1895. Dès 1819, Fresnel substituait aux anciens réflec-

(1) Michelet. — *La Mer.*

teurs paraboliques ses lentilles grossissantes à échelons; Argand, Quinquet, Carcel, apportaient aux lampes d'ingénieux perfectionnements. L'année 1863 voyait la première application, au phare de la Hève, des éblouissantes clartés de l'arc voltaïque. L'intensité lumineuse du nouvel appareil, qui atteignait primitivement 6.000 becs Carcel, passait, en 1881, au phare de Planier, à 127.000 becs. M. Allard, inspecteur général des ponts et chaussées, obtenait peu après à Barfleur, à Ouessant et à Belle-Isle une intensité de 900.000 becs. Ce dernier chiffre semblait un maximum. On pensait s'y arrêter, quand M. Bourdelle, en imaginant de ramener à quatre les lentilles de réfraction, sextupla d'un coup, au phare de la Hève, le rendement de l'appareil focal.

L'éclairage, en bien des cas, n'est cependant qu'une partie de la science des phares. La physique ici doit porter sur la mécanique : il faut une base résistante à ces puissants foyers lumineux, suspendus quelquefois à 70 et 80 mètres de haut. Rien de plus aisé, quand le problème se pose sur le continent. Quand il se pose en pleine mer, dans le grand vent et la houle, sur des écueils de quelques pieds carrés, c'est une autre affaire. Fonder l'absolue solidité dans l'élément le plus instable, dans l'agitation perpétuelle, telle est la donnée à résoudre, et ce n'est point trop, pour y réussir, de toutes les ressources de la construction moderne. Elle y parvient, mais à quel prix ! Ne sortons point de France. Laissons de côté les phares méditerranéens de pleine mer, bâtis pour la plupart sur des îles d'une certaine étendue (phares du Titan, de Porquerolles, du Grand-

Ribaud, du Grand-Rouveau, etc.). Planier même, sur son écueil, reste accessible, de bonne composition. Le roc, ici, est presque à ras de mer : mais la Méditerranée n'y a pas les brusques mouvements de bascule, les profondes poussées équinoxiales de l'Atlantique et de la Manche. Le plateau n'est jamais couvert ; les chantiers y pouvaient être établis à demeure ; la construction n'a subi aucun temps d'arrêt ; nul besoin de surélever les logements des gardiens et la chambre des machines ; un mur suffit à les garantir des lames.

L'Atlantique et la Manche ignorent ces complaisances. Les pointes de roches avancées, où l'on a dû bâtir certains phares de grand atterrage, ne découvrent qu'au jusant. Impossible d'y ouvrir un chantier ; les matériaux et le personnel sont apportés chaque jour du continent. Il faut attendre, pour prendre possession du roc, que les assises de la construction aient dépassé le niveau des hautes mers. Aux Grands Cardinaux, petite roche de l'archipel de Groug-Guès, la violence des vagues et du ressac ne permettait point l'accostage par temps calme et jusant : on dut mouiller des bouées à une distance suffisante de la roche. Les embarcations s'amarraient sur ces bouées et, pour décharger les matériaux, empruntaient le croc d'une itague, dont le filin, glissant sous une poulie de l'échaffaudage provisoire, communiquait avec un treuil fixé sur la roche. Au raz de Sein, sur la Vieille Gorlébella, où les courants atteignent sept milles à l'heure dans les petites marées de mortes eaux et dix milles dans les grandes de vives eaux, l'accostage semblait encore plus malaisé. De pareils courants de masse, troublés par les formes

accidentées des fonds, contribuent puissamment à
l'agitation de la mer. Un premier projet pour l'érection
d'un phare à cet endroit fut présenté en 1872. On n'osa
y donner suite. Les études furent reprises en 1879.
« Contrairement à ce qu'on croyait, dit le rapport du
service des phares, on constata que la roche produisait
un remous sensible dans les courants de marée, surtout
pendant le flot ; que, grâce à ce remous, la tenue d'une
chaloupe de charge le long de la roche était possible,
même dans les vives eaux, par mer belle. » De forts
organeaux furent scellés dans le roc et quelques massifs
de maçonnerie améliorèrent l'accostage nord-est. Les
travaux commencèrent au printemps de 1882. Ouvriers
et conducteurs venaient de Sein sur le baliseur, avec
les matériaux et les canots d'accostage : la tour fut
terminée en 1887 et le nouveau feu allumé le 15 septembre. Aux Triagoz, moins exposés, la difficulté était
autre : une roche accore, la terre à vingt-et-un kilomètres de distance. Aux Héaux, le grain de la roche
s'effritait. On avisa enfin deux aiguilles de porphyre
noir résistant et l'on établit de l'une à l'autre une plate-
forme en maçonnerie dépassant de quatre mètres le
niveau des hautes mers. Un abri provisoire y fut
installé pour les ouvriers ; mais l'espace était trop
restreint. Les hamacs se touchaient ; le scorbut fit
rage. Pour enrayer l'épidémie, on soumit les ouvriers
à un régime spécial : la boisson et les vivres furent
rationnés, comme à la caserne. Chaque matin, les
hamacs étaient exposés à l'air; chaque semaine, les
logements étaient blanchis à la chaux; chaque semaine
aussi, les hommes devaient prendre un bain. Mais,

plus encore qu'avec la maladie, il fallait compter avec
la mer. On ne pouvait travailler qu'aux dernières
heures du jusant. Le flot était annoncé par une cloche.
Précaution justifiée, tant sa surprise est brusque !
Le flot, sur ce point, en six heures, fait monter la mer
de quarante pieds. Bien souvent les retardataires
faillirent être noyés. L'événement le plus grave se
passa au commencement de la campagne de 1863 :
mâts de charge et treuils étaient en place et l'on se
préparait à poser la première pierre du phare, quand
un coup de mer balaya tout, emporta quatre ouvriers
blessa les autres. Les marins qui n'avaient jamais cru à
la possibilité des travaux hochaient la tête. La ténacité
des ingénieurs fut plus forte : les travaux reprirent.
L'érection de la partie sous-marine de la construction,
en massif plein, put être achevée. On avait désormais
une base stable, et, sur cette base, la svelte et fine
colonne se dressa tout d'une pièce, à quarante-huit
mètres de haut. Cette unité extraordinaire pour le
temps avait été obtenue au moyen de granits taillés
et encastrés l'un dans l'autre; chaque pierre mord dans
les pierres qui l'entourent : le phare n'est ainsi qu'un
bloc unique. Et s'il arrive que, dans les grandes tempêtes, ce bloc oscille, tangue comme un navire à la
lame, si les vases à huile présentent quelquefois, dans
la lanterne, une variation de plus d'un pouce, d'où
M. de Quatrefages concluait un peu légèrement que le
sommet de la tour décrit alors un arc de près d'un
mètre d'étendue, cette flexibilité n'a rien d'inquiétant
et semblerait plutôt un gage de durée. La même oscillation se retrouve dans certains phares en tôle, dont

les meilleurs types sont à la Nouvelle-Calédonie et aux
Roches-Douvres, et qui ont à peu près la hauteur des
Héaux. Ces phares reposent sur un massif plein de
quatre mètres d'élévation et de onze mètres de diamètre.
On pensait que leur construction serait moins onéreuse,
moins pénible aussi, que celle des phares de granit.
L'expérience a démontré le contraire. C'est ainsi qu'aux
Roches-Douvres le transport et le montage des pièces
du phare ont coûté plus cher que le phare (262.000
francs contre 258.000). Même déception à la Guyane,
où l'on essayait un autre type de phare en tôle, avec
tube central et piliers extérieurs de petit diamètre reliés
entre eux par des entretoises et des tirants en fer
forgé, type analogue à ceux de l'embouchure de l'Èbre
et de Pater-Noster (Suède). Les difficultés de l'accostage expliquent cette surélévation de la main-d'œuvre.
« Plus d'une fois, écrivait M. Vivian, conducteur des
ponts et chaussées à Cayenne, il a fallu, pour établir un
va-et-vient de débarquement, que des hommes robustes et courageux se missent résolument à la mer
et portassent une amarre à la nage. Le risque d'être
brisé sur les rochers n'était pas le moindre, car, comme
à la barre du Sénégal, les squales abondent dans ces
parages. Le ressac et les remous rendaient la navigation très pénible ; plus d'un de nos hommes en sortit
blessé, et tous y ont joué leur vie. »

Là, comme ailleurs, à force de patience, de foi
tenace chez nos ingénieurs, de dévouement dans le
personnel des ponts et chaussées, on triompha des obstacles. Mais où ce dévouement et cette foi furent vraiment mis à l'épreuve comme ils ne l'avaient jamais

encore été, ce fut pour la construction du phare d'Armen. Armen, Madiou et Schomeur sont trois roches extrèmes de la chaussée de Sein. Les courants y portent à raison de neuf nœuds à l'heure et, par surcroit, ce sont des courants de dérive. Madiou et Schomeur découvrent à peine, même au bas de l'eau; d'Armen on voit confusément une sorte de tète camuse, de mufle aplati et blafard qui plonge et qui reparait entre les lames. Ce qui s'est perdu de navires sur Schomeur, sur Madiou et sur Armen. est incalculable. Ces trois bandits de la mer, à la pointe avancée du vieux continent, s'entendaient, dans une association ténébreuse, pour les plus sombres assassinats. Comme le fameux écueil des Hanois et plus encore que lui, ils ont fait, pendant des siècles, « toutes les mauvaises actions que peut faire un rocher. » Le lit de la mer autour d'eux est un vaste cimetière; c'est le nom que lui donnent toujours les pècheurs de Sein : *ar Veret*. L'idée de placer là un phare, de sceller un flambeau sur ce trio d'assassins, fut souvent agitée. On reculait devant la difficulté, pour ne pas dire l'impossibilité de l'entreprise. Les études furent commencées cependant; l'exécution décidée (1867), mais on n'osait croire à son succès. « Dès qu'il y avait chance d'accoster, raconte un des ingénieurs qui conduisaient les travaux, on voyait accourir les bateaux de pèche. Deux hommes de chacun d'eux descendaient sur la roche, munis de leur ceinture de sauvetage, se couchaient sur elle, s'y cramponnant d'une main, tenant de l'autre un fleuret ou un marteau et travaillant avec une activité fébrile, incessamment couverts par la lame qui déferlait par-dessus leurs têtes. Si l'un d'eux était entraîné par la violence du courant, sa ceinture le soutenait et une embarcation allait le reprendre pour le ramener au travail. » A la fin de la campagne, on avait pu accoster sept fois, faire en tout huit heures de travail; quinze trous étaient percés sur les points les plus élevés. L'année suivante, on accosta seize fois et on travailla dix-huit heures : des crampons furent fixés au roc. Grand pas vers le succès ! « La construction proprement dite est de 1869, raconte l'ingénieur que nous venons de citer. Il fallait une prise des plus rapides, car on travaillait au milieu des lames arrachant parfois de la main de l'ouvrier la pierre qu'il se disposait à mettre en place. Un marin expérimenté, adossé contre un des pitons du rocher, était au guet, et l'on se hâtait de maçonner quant il annonçait une accalmie, de se cramponner quand il prédisait l'arrivée d'une grosse lame. Les ouvriers, l'ingénieur, le conducteur, qui encourageaient toujours les travailleurs par leur présence, étaient munis de ceintures fournies par la Société de sauvetage et d'espadrilles destinées à prévenir les glissements. » A la fin de cette troisième campagne, on avait exécuté 25 mètres cubes de maçonnerie, que l'on retrouva intacts l'année suivante. En 1870, on accoste huit fois, on passe sur la roche dix-huit heures cinq minutes; en 1871, on accoste douze fois et l'on travaille vingt-deux heures; en 1872, 114^{mc},50 étaient en place et la déperse montait déjà à 135.336 francs. Le phare d'Armen put enfin être inauguré en 1881. Son feu porte à vingt milles, et c'est le dernier qu'on aperçoive en quittant l'Europe. Il a coûté au total 942.200 francs, soit 1.025 francs par

mètre cube de maçonnerie et, si ce prix est inférieur encore
à celui de certains phares anglais de grand atterrage (1),
on peut noter qu'il est presque supérieur de moitié à
celui du phare des Berges d'Olonne, le second de
nos phares comme chiffre de revient et où le mètre
cube de maçonnerie n'a pourtant coûté que 552 francs.

Où il y a roc, il y a prise. Mais le danger peut venir
d'ailleurs, surtout dans les rades foraines, mamelonnées de banc de sable et de tangue, et à l'entrée de
certains ports dont les chenaux se déplacent brusquement aux équinoxes. Cette instabilité n'est point pour
aider aux constructions sur assises. Nous n'avons point
en France de ces phares flottants, qui tiennent de la
tour et de la bouée, et dont l'invention est due à un
Anglais, M. Herbert, — et c'est peut-être que le système, séduisant en théorie, laisse fort à désirer dans la
pratique. Le relèvement des chenaux et des bancs est
assuré chez nous par des bateaux-feux. Ce sont de
grands pontons en bois, d'une forme donnée pour présenter la plus grande somme de résistance au vent et
aux vagues, et qu'on affourche solidement aux points
dangereux de la côte. Il y a généralement deux feux
par ponton, l'un blanc, l'autre rouge ou à éclipse, fixés
à chaque mât par de grosses boules treillissées qu'on
abaisse ou qu'on hisse à commandement. La première
application qui ait été faite chez nous de ces bateaux-

---

(1) Bell-Rock a coûté 1.390.000 francs ; le mètre cube 1.721 francs ;
Cherry-Vore 1.805.000 francs ; le mètre cube 1 088 francs. Mais il faut
tenir compte de la cherté des matériaux et de la différence des salaires
ouvriers.

feux remonte à l'année 1860. Les bancs de Calais, de By et de Mapon, à l'embouchure de la Gironde, furent les premier éclairés par des pontons lumineux. Puis, ce fut le tour des bancs du Snouw et du Dick aux abords de Dunkerque (1863), du plateau des Minquiers (1864), et du plateau de Rochebonne (1865). En 1869, on installe, au large des bancs de Flandre, le feu flottant de Ruytingen et, en 1870, celui du Grand-Banc, à l'embouchure de la Gironde. Hormis le Ruytingen et le Snouw, tous ces feux étaient fixes blancs. Mais déjà, à la date du 22 mars 1892, il avait fallu renouveler les pontons du Dick et du Ruytingen et songer à la réfection des autres bateaux-feux, dont le délabrement inquiétait la commission des phares. Cette commission jugea que les pontons des Minquiers et de Rochebonne, « qui signalaient simplement un danger dans l'intérêt presque exclusif de la pèche, » et ceux de la Gironde, « dont les indications se bornaient à définir des alignements faciles à indiquer par d'autres moyens moins dispendieux, » pouvaient ètre supprimés et remplacés par un certain nombre de bouées lumineuses « convenablement disposées et caractérisées (1). » La construction d'un bateau-feu coûte en effet de 100 à 150.000 francs; l'entretien de l'équipage passe quelquefois 20.000 francs. Restaient les pontons du Dyck et du Ruytingen, que la commission proposait de conserver « comme feux destinés à l'atterrage, en les munissant d'appareils à éclat d'une puissance de 1.200 becs Carcel, trente fois plus

(1) Rapport de la commission spéciale instituée par décision ministérielle.

grande que celle des anciens feux, laquelle était moyennement de 40 becs. » Le Dyck et le Ruytingen reçu-
rent les perfectionnements indiqués. Le Ruytingen fut
pourvu par surcroît d'une sirène de brume actionnée
à l'air comprimé ; les frais de réfection et d'installation
de ce ponton, le mieux outillé de la côte, montèrent à
300.000 francs. Pleine satisfaction était donnée sur ce
point aux vœux de la commission. Mais le service des
phares ne crut pas devoir adopter immédiatement le
second vœu des enquêteurs, tendant au déclassement
des bateaux-feux du Grand-Banc, de Calais, de By, de
Mapon et de Rochebonne. Seul, le ponton des Minquiers fut supprimé et remplacé par un cordon de
bouées lumineuses. Les autres bateaux-feux, suivant
l'*État d'éclairage des côtes de France et d'Algérie*
dressé au 1ᵉʳ janvier 1895, étaient maintenus dans leur
ancienne condition.

II

Le phare est allumé. De lourdes nuées traînent dans
le vent qui monte. Que sera la nuit ? Le baromètre
baisse ; la mer stagne, comme figée : mauvais signe !
Sous ce marbre noir, veiné par places de blancheurs
équivoques, on sent une colère qui couve. Et cependant, à la barre, le pilote ne fut jamais plus calme,
plus confiant : cette longue clarté sinueuse, ce ruban
de lumière que le phare déroule jusqu'à lui, c'est la
magique, la mouvante passerelle qui mène de l'abîme
au port, du danger au salut, qui court chercher le

navire aux confins de l'horizon visible, s'attache à lui,
ne le quitte que rendu et en sûreté ou après l'avoir
remis sur une autre voie toute pareille, toute d'or
comme elle, au carrefour que fait sa flamme avec la
flamme d'un autre phare...

« Qui voit le phare, — fini son quart, » dit un proverbe marin, c'est-à-dire fini son danger, finis ses
angoisses et ses doutes. Ce mot même de phare dégage
je ne sais quel prestige. Il est éclatant et bref. La poésie
lui a fait un sort : elle le prend pour signifier tout ce
qui luit, tout ce qui guide, tout ce qui sauve. Michelet
saluait dans les phares les bons génies des marins. Il
n'était pas loin, comme Esquiros, de leur reconnaître
une personnalité morale, une conscience. A ses heures
de lyrisme, il les interpellait : « Ah ! Cordouan, Cordouan, ne sauras-tu donc, blanc fantôme, nous amener
que des orages ! » Le pêcheur côtier, le marin du commerce, ont un peu de cette attitude devant les phares :
ils ne se résignent pas à les traiter comme des choses ;
ils leur prêtent des sentiments, une âme, presque un
caractère distinctif, parlent d'eux comme de gens qu'on
coudoie, qui sont de vos relations. A Marseille, comme
je demandais à un marin le nom d'un feu éloigné, tout
à l'entrée de la passe : « C'est Planier, monsieur, me
dit-il ; Planier, un b... comme il n'y en a pas beaucoup ! » Dans la grande navigation, quand, après de
longs jours de mer, l'homme de vigie dans la hune
signale le premier feu d'atterrage, tout le navire est en
émoi : la cloche sonne au bossoir ; on hisse le drapeau ;
les hommes se précipitent à l'avant, s'embrassent,
pleurent, pétrissent fiévreusement leurs bérets. Cela

n'a été souvent qu'un éclair dans la nuit, mais cet éclair, c'est le premier salut de la terre natale, la première étincelle du foyer domestique retrouvé, deviné sous le morne écran nocturne. On crie : « Vive Armen ! Vive Cordouan ! Vive Planier ! » de la même façon qu'on acclamerait une personne aimée. C'est un fait bien connu, il est vrai, que la disposition singulière des hommes qui vivent dans la familiarité de la mer à personnifier les forces naturelles. Combien plus quand ces forces ont un langage, quand elles disent en mots lumineux comme ici : « Prends par tribord ; évite mon secteur rouge qui donne le danger ; cherche l'alignement de cet autre feu que tu vois derrière moi ; va de l'avant, le port est proche. » Qui entend ce langage est bien près de lui donner la réplique, de remercier à mots polis le charitable avertisseur. Bien peu y manquent. Le pêcheur côtier surtout, qui, plus encore que le marin du commerce, vit dans l'intimité des phares. passe la moitié des nuits sous leurs clartés tutélaires, s'est fait avec eux un langage approprié, d'une richesse et d'une variété surprenantes. De la lueur du phare, il ne tire pas seulement des indications pour la route à suivre, pour les périls à éviter. Il lui demande des renseignements sur la météorologie du lendemain: feu blanc qui tourne au rougeâtre, signe de pluie : feu qui se dédouble, signe de froid sec : feu bas sur l'eau, signe de mauvais temps. Le degré de visibilité et d'intensité des feux fournit à une nomenclature plus riche encore. Et ces indications, ces renseignements ne trompent jamais : le phare est infaillible. Cela ne laisse pas d'accroître sa réputation. Être de clarté, il n'émane de

2

lui que clarté. Alors que chaque rocher de la côte a sa
légende, ses larves, ses monstres, sa fantasmagorie
d'apocalypse, quand la mer, les vents, les courants, la
nuit, s'incarnent et se multiplient en on ne sait quel
grouillement d'épouvante, lui échappe au maléfice ; sa
pure splendeur fait reculer la superstition.

Les folkloristes, qui ont porté leurs recherches de ce
côté, reconnaissent n'avoir rien trouvé qui vaille. « Les
phares, dit l'un d'eux, M. Paul Sébillot, sont très pauvres au point de vue des traditions merveilleuses ou des
superstitions. » Les quelques faits recueillis tendraient
même à montrer que cette pauvreté est plus absolue
qu'on ne dit. M. Le Carguet a raconté que, lors de la
construction du phare de Tévennec, les habitants faisaient intervenir sur la roche les morts en état de conjuration. « Le jour, pendant la construction, au-dessus
des travailleurs tournoyaient les oiseaux de mer, surpris d'y voir des êtres vivants, eux-mêmes qui ne pouvaient s'y poser, à cause des morts ! Par leurs cris :
« *kers-kuit*, va-t'en, » ils semblaient prévenir les travailleurs des dangers qui les menaçaient. La nuit,
c'étaient des bruits de gens qui se querellaient, se battaient ; on aurait dit tout bouleversé : le couvercle de
la citerne, surtout. déjeté de côté et d'autre. Des vieillards parcouraient la roche et le bâtiment. Des croix se
dressaient et s'abattaient : des gens s'y suspendaient.
Au jour, tout était en ordre. Pour faire cesser le bruit
et les apparitions, on fut obligé d'ériger, sur le roc,
une croix en pierre (1). » Mais qu'on remarque que ces

(1) *Tableau du raz de Sein.*

apparitions et ces bruits sont antérieurs à l'allumage du phare et se produisent seulement pendant sa construction. Et ne sait-on point enfin que les habitants de la côte et des îles, pillards effrénés, se satisfaisaient mal de voir le raz de Sein éclairé et, du même coup, leurs courses nocturnes, leurs aubaines compromises ? Mais voici mieux. Sur cette race de forbans, sur ces « démons de la mer, » comme on les appelait il y a cinquante ans encore et qui tiraient gloire du sobriquet, le phare a exercé un muet apostolat de douceur et de charité : s'il n'a pas complètement changé, comme l'avance M. Le Carguet, les hommes de mer du cap Sizun et de l'île de Sein, il les a singulièrement améliorés, humanisés, rendus plus respectueux du naufragé, sinon du naufrage lui-même. Cette influence moralisatrice du phare n'a pas été remarquée seulement à la pointe extrême du Finistère : on l'a observée en bien d'autres endroits, et spécialement sur les côtes de Saintonge, où, avant l'allumage des phares, les riverains, dans les nuits noires, « attachaient volontiers au cou d'un baudet, dont les pieds étaient légèrement enfergés à l'aide d'une corde, une grande lanterne allumée, » qui imitait, par ses oscillations, le tangage d'un navire (1).

Les faits, ici, parlent d'eux-mêmes et il semble bien que la psychologie du phare s'en éclaire intimement. M. Sébillot n'en estime pas moins que l'absence de traditions sur les phares est simplement due « à ce que la plupart d'entre eux ont été bâtis à des époques récentes ». Pure hypothèse. Sur aucun des anciens

_____

(1) Nogués : *Mœurs d'autrefois en Saintonge.*

phares de l'antiquité et des temps modernes, on ne
connaît de légende (1), tandis qu'on en connaît un
grand nombre sur certains signaux qui servaient et qui
servent encore à la navigation de jour. Par exemple,
c'était une coutume, jadis, chez les vieux pêcheurs,
quand on érigeait une balise, de s'ouvrir le bras et
d'arroser de sang le trou où elle allait être plantée :
double offrande propitiatoire au rocher et à l'abîme.
La plupart des « amers » portent un sobriquet, indice
presque assuré d'une tradition. Tel l'amer dont parle
Mˡˡᵉ Amélie Bosquet et que les marins n'appellent point
autrement encore que le *Bonhomme de Fatouville* :
« Un vieux pilote, qui seul savait le cours de la Seine,
demanda à Dieu un successeur : le bâton desséché sur
lequel il s'appuyait devint un vert pommier affectant
la forme d'un vieillard ; l'une des branches semble un
bras allongé. Les habitants de Fatouville se cotisent
pour l'entretien de cet arbre qui sert toujours d'amer ».
Les cloches placées au moyen âge sur certains écueils
étaient fées. Il y avait, à Tintaguel, une cloche mau-
dite qui tournait autour des navires pour les égarer.
Suivant une autre tradition, rapportée par Violeau, les
cloches de Saint-Gildas tintaient d'elles-mêmes lorsqu'un navire était en danger de se perdre. Et si, quand
les cloches, les amers et les balises fournissaient avec
cette abondance au folklore maritime, la contribution
des phares demeurait à peu près nulle, n'est-ce point
tout uniment que la légende est fille du mystère et que

(1) D'après Ibn-Khordalbeh, le phare d'Alexandrie s'élevait sur quatre
écrevisses immergées. Mais il est bien certain que, par écrevisses, l'auteur
entendait une forme spéciale de fondation sur pilotis.

le phare a pour mission spéciale et formelle de dissiper
le mystère? Qui dit clarté dit évidence. La seule légende
qui pouvait naître sur le phare est celle qui a cou..
chez tous les marins, qui l'enlève à son impassibilité
d'instrument pour le hausser à la dignité de personne
morale, qui, dans la rude colonne de granit ou de fonte,
loge une âme. Et est-ce proprement là une légende?

III

Les phares, sur leur colonne de granit ou de fonte,
ont bien une âme, et c'est celle des gardiens qui veillent sur eux, qui les entretiennent et assurent la
régularité de leurs mouvements. Cette surveillance et
cet entretien ne s'exercent pas de la même façon dans
tous les phares. Il est constant que les entrées des
ports et les embouchures des fleuves ouverts à la navigation maritime ont été regardées pendant longtemps
comme les seules parties des côtes qu'il fût nécessaire
d'éclairer : d'où le petit nombre des phares, qui étaient
presque tous placés à terre. L'éclairage, par surcroît,
en était rudimentaire ; les lampes mal entretenues ; le
personnel recruté vaille que vaille (on enrôlait généralement de vieux retraités de la marine, des invalides,
quelquefois des femmes). Livrés à eux-mêmes, sans
aucun contrôle que celui des inspecteurs de passage, les
gardiens n'apportaient point à leur tâche toute la
régularité désirable. En 1816 particulièrement, il y eut
plusieurs plaintes déposées par des capitaines du commerce « contre la négligence des gardiens allumeurs

des feux du cap Fréhel. » En 1829, le capitaine Lastelle, débarquant à Saint-Malo, se plaignit d'avoir trouvé, dans la nuit du 23 au 24 octobre, le mouvement des phares suspendu (1). Les faits de cette sorte étaient assez fréquents. L'organisation actuelle n'en permettrait pas le retour. Sévèrement recruté, le personnel des phares est soumis à une surveillance de tous les instants : si quelques fanaux de médiocre importance ont encore des femmes pour gardiennes, le personnel est exclusivement masculin dans les phares proprement dits. Les gardiens doivent être valides ; ils subissent à cet effet un examen médical qui porte sur la vue et l'état général de la constitution : la limite d'âge pour l'entrée en fonction, fixée d'abord à quarante ans, a été abaissée à trente-cinq ; une certaine instruction est requise ; le postulant n'est nommé enfin qu'après un stage qui permet d'apprécier son intelligence et sa moralité.

Ce stage n'est pas moins nécessaire, surtout dans les phares électriques, d'un outillage si compliqué, pour le mettre au courant du service : à Planier, à la Hève, au phare d'Eckmühl, etc., le postulant est confié au gardien-chef, qui, dix nuits de rang, « fait le quart » avec lui dans la lanterne et l'initie au maniement des lampes. Les nuits qui suivent, le chef reste couché dans la chambre de l'appareil, ne dormant que d'un œil et prêt à répondre au premier appel du stagiaire. Quand il juge enfin que celui-ci est à même de diriger la lampe, il le laisse seul pendant quelque temps et ne fait plus que ses rondes habituelles (deux en été, trois

(1) Cf. Habasque : *Les Côtes du Nord.*

en hiver). Le postulant est alors initié au travail des machines. Comme précédemment, le gardien-chef passe avec lui dix nuits de rang dans la chambre de chauffe. On y fait le quart, en effet, comme dans la lanterne. Mais ce n'est là qu'un régime d'exception, appliqué seulement dans les phares de premier ordre. Le quart est ordinairement supprimé dans les fanaux et les phares placés à l'entrée des ports. Le gardien n'y est tenu qu'à deux rondes par nuit pendant l'été. Beaucoup des phares de cette sorte sont de simples colonnes isolées ; le gardien n'y habite point et se loge en ville comme il l'entend ; sa vie ne diffère point de celle des petits fonctionnaires de la marine : elle est aisée et peu intéressante. Dans les phares de terre qui sont placés sur des caps écartés, loin de tout village, comme à Barfleur, au raz de Sein, etc., l'administration a dû se préoccuper de l'habitation des gardiens. Dans ces phares, la tour forme généralement la partie centrale des constructions : elle est enclavée dans un corps de logis contenant les magasins et les logements (Ploumanach, Le Paon, etc.). Quelquefois (phare des Baleines, de Créac'h, etc.) la tour communique avec les autres bâtiments par une galerie couverte. A Ally et à Barfleur, les logements sont placés dans des ailes construites sur les côtés d'une cour dont le phare occupe le centre. A Hourtin et à Contis, les logements sont établis en arrière des tours. Parfois encore (La Hève), deux phares sont accouplés pour donner un alignement ou un signal : les logements et magasins forment un corps de logis à l'écart.

Pour tous ces phares, tant pour ceux de terre ferme

que pour ceux qui sont placés dans des iles d'une certaine étendue, l'administration autorise les familles
des gardiens à loger dans l'établissement. Au début,
les logements ne faisaient qu'un corps. Des mésintelli-
gences éclatèrent. « L'administration, dit M. Léonce
Reynaud, prit le parti de n'admettre que ses agents
dans l'intérieur des phares, laissant à ceux qui étaient
mariés le soin de loger leur famille ainsi qu'ils le juge-
raient à propros. » C'était aller tout de suite aux extrê-
mes, et l'inconvénient d'un pareil régime, appliqué en
terre ferme, ne tarda pas à se faire sentir. Finalement,
on adopta un moyen terme qui consistait à disposer les
logements « de manière qu'ils fussent indépendants les
uns des autres et complètement en dehors de la partie
de l'édifice qui est consacrée au service public. »

J'ai pu voir, à Planier même, et dans des conditions
que l'éloignement de tout centre habité et la faible
surface de l'ilot rendaient plus frappantes, les excellents
effets de ce regime mitoyen. Les gardiens de Planier
sont au nombre de six, dont un à terre. Les familles
des gardiens habitent avec eux. Chaque ménage
dispose de deux pièces avec entrée spéciale, d'un grenier et d'une petite cour. Une grande cour banale règne
devant les bâtiments, protégée par un mur circulaire et
flanquée, à droite, par le phare neuf, colonne isolée
de cinquante-neuf mètres de haut, à gauche par le vieux
phare, petite tour ronde et blanche, à créneaux et à
fenêtres ogivales, par les installations du pluviomètre,
du thermomètre et des instruments servant à mesurer
la densité de la mer. Cette cour, sablée de gravier, fait
office de forum, en même temps que de communal et

de préau. Les gardiens l'ont meublée de petits poulaillers en planches, de clapiers et de pigeonniers. Mais
tous leurs efforts pour y introduire un peu de verdure
sont restés inutiles. On avait rassemblé un peu de terre
contre le pignon d'un des logements et dans cette terre,
gardée par un muret de ciment, planté un tamaris dont
la pâle verdure égayait la froide blancheur du rocher :
le tamaris n'a pu résister au vent. Grande tristesse
pour les exilés ! Il n'y a pas une plante, pas une herbe,
sur Planier. Dans le jour, l'astiquage et le briquetage
terminés, les hommes se livrent à la pêche : l'encornet,
qu'on prend au moyen d'épingles à émérillon repliées
autour d'un chiffon rouge, donne surtout en été. On
fait aussi la pêche avec des nasses amorcées de têtes de
« bogos » et de sardines. Cependant les femmes cousent,
tricotent : les enfants jouent. L'été encore les chalutiers
de Marseille se réunissent autour de Planier : à la nuit
tombante, eyssaugues et tartanes rallient l'un des petits
ports naturels de l'écueil ; chalutiers et gardiens frater-
nisent. Mais la grande distraction des exilés, c'est la
visite du « côtier », petit vapeur faisant la relève des phares tous les dix jours et qui les ravitaille de légumes, de
pain frais et d'eau douce. A peine le vapeur signalé,
toute la population féminine se porte sur la jetée. Je
me souviens en particulier d'une jolie fille de Marignane
aux yeux extraordinairement verts, du vert aigu des
mers impressionnistes de Maufra et de Gaston
Prunier, blonde, éveillée, qui n'avait pas seize
ans et venait d'épouser un gardien. Dans la bande jacas-
sante des enfants et des femmes, elle était la plus vive,
faisait les questions et les réponses en même temps :

« C'est la première fois que vous venez *en* Planier ?
Moi, je ne me languis pas trop d'être ici. » Pourtant le
séjour n'est pas des plus gais. Les vents du nord sont
terribles. Impossible de mettre le nez à la fenêtre ; il
faut tout clore, allumer les lampes en plein jour. Une
autre femme, une mère, se plaint que les enfants ne
reçoivent pas d'instruction. « Le gardien-chef s'arrange
bien de son petit. Mais les autres... Il faudrait peut-être
donner un supplément au chef pour qu'il fasse l'école à
nos gamins... Ou bien nous envoyer tous les jeudis
un instituteur de Marseille. » Puis les logements sont
bien étroits. Dans certains ménages, chargés d'enfants,
« on est tous empilés dans une même pièce. » Sous ces
réserves, la vie est supportable « en Planier. » Le système du « chacun chez soi » prévient les mésintelligen-
ces qui naîtraient immanquablement d'une cohabitation
absolue. De fait, tous ces gens s'entendent parfaitement ; les familles sont très unies : l'inspecteur de service n'est presque jamais forcé d'intervenir. Enfin l'on
descend à terre de temps à autre ; la relève des gardiens se fait régulièrement tous les cinquante jours.
Dans l'intervalle, aux beaux mois, on reçoit la visite des
eyssaugues, du « côtier » et des touristes. Le voisinage de
Marseille met une animation continuelle sur la mer. La
ville elle-même, sur l'horizon, dans un poudroiement
lumineux, chante et miroite. On la dirait toute proche
par temps clair. Et, d'elle à Planier, vingt îles s'allon-
gent, font une chaîne d'or sur l'eau bleue. Ce n'est
point là le farouche isolement des phares atlantiques.
Et le semblant de nostalgie qu'on devine parfois aux
yeux des exilés vient seulement de ce que la gaieté

bruyante, l'exubérance de la race sont trop compri-
mées, ne trouvent point à s'épancher sur l'étroit espace
qui leur est mesuré.

Et cependant les gardiens de Planier sont des privilégiés. Nulle part ailleurs, sur les écueils que la vieille
langue marine appelle des Isolés, les gardiens n'ont leur
famille auprès d'eux. C'est la mer toute nue qui s'étend
autour du phare ; les navires passent au large, silhouettes vagues, points troubles sur la grise immensité. Un
cercle d'argent pâle ferme l'horizon, et cette mince
charnière lumineuse finit elle-même par s'effacer ;
vienne le crépuscule ou la brume, le ciel et la mer sou-
dent leurs hémisphères ; on ne les distingue plus l'un
de l'autre ; l'œil tâtonne dans des limbes blafards, un
champ d'ombre d'une infinie tristesse. Ou bien le vent
fraîchit : de la grande cuve équatoriale une houle monte,
approche, remplit la moitié du ciel. Gonflée de toute
l'amplitude des quinze cents lieues qu'elle vient de traverser sans arrêt ni heurt, elle balayerait le phare d'un
seul coup, si la convexité des assises ne changeait son
choc en glissement. Il a fallu que les besoins de la navigation devinssent bien impérieux pour qu'on tentât de
faire servir les Isolés à l'éclairage des côtes. Mais l'expérience a montré que c'était la position du littoral, et
non pas seulement les entrées des ports et les embouchures des fleuves, qu'il importait de signaler aux navigateurs. Or, le littoral présente une série de caps, d'îlots
et de bancs diversement accentués « qui peuvent être
considérés comme les sommets d'un polygone circons-
crit à tous les écueils, et l'on a placé un feu sur chacun
de manière à annoncer la terre aussi loin que le permet

la puissance des appareils. » Les feux de cette sorte sont dits de grand atterrage, et beaucoup d'entre eux sont construits sur des Isolés de haute mer. Des feux de moindre importance signalent, à l'entrée des baies, les Isolés plus rapprochés du continent et compris, par leur situation, dans la zone des feux de grand atterrage. Ces Isolés, qui sont en très grand nombre dans la Manche et l'Océan, reçoivent généralement trois gardiens permanents pour les phares de premier ordre, deux pour les autres, un seul quelquefois pour les feux d'alignement ou qu'un étroit chenal sépare de la terre ferme. La durée du séjour dans les Isolés varie d'après les règlements administratifs: au phare de la Croix, par exemple, où il n'y a qu'un seul gardien, la relève est faite tous les quinze jours ; aux Triagoz, où il y a deux gardiens, tous les trente jours ; aux Roches-Douvres, où il y a trois gardiens, tous les quarante-cinq jours ; à Planier, où il y a six gardiens, tous les cinquante jours. La durée du congé à terre est elle-même en proportion de la longueur du séjour dans le phare.

C'est au baliseur des ponts et chaussées qu'est confiée, dans la plupart des départements, la relève des Isolés de haute mer. Ce navire transporte, à l'aller, le gardien dont le congé a pris fin et qui va remplacer celui dont c'est le tour de descendre à terre. L'homme fait visiter d'abord sa « cantine, » grand panier en bois de forme réglementaire, grossièrement colorié, avec le nom du propriétaire sculpté au couteau sur le couvercle, et renfermant les mille petits objets que nécessite un déplacement prolongé: fil, aiguilles, mitons, bas de laine, vieux journaux, etc., pêle-même avec du pain frais, du biscuit, du lard, des choux, des carottes, de l'huile, du café et quelques litres de vin et de bière (les pommes de terre sont à part, dans un sac). Cette vérification, soigneusement faite par le conducteur des ponts et chaussées, a pour but de s'assurer que le gardien a bien pris la quantité de provisions indiquée par le règlement et qu'il ne dissimule dans sa cantine aucun alcool. L'État, en effet, accorde une « indemnité de vivres » aux gardiens des Isolés ; mais il leur laisse toute liberté de s'approvisionner à leur guise et, si médiocre que soit cette indemnité (150 francs environ pour les phares où la durée du séjour est la plus longue ; 250 pour les phares où elle n'est que de trente jours), ces braves gens trouvent encore le joint pour économiser sur leurs frais de nourriture. Quant à l'interdiction de l'alcool, elle s'entend de soi : l'assiduité, la vigilance qu'on réclame des gardiens, les graves responsabilités qu'ils encourent, exigent qu'on leur ôte toute occasion, tout prétexte d'un manquement. Divers accidents sont venus montrer la nécessité de cette interdiction, qui est de date récente : il y a cinq ans, au Grand-Léjon, un des gardiens, qui était ivre et rôdait dans la galerie extérieure, prit le cartahut pour la main courante de l'escalier et tomba dans le vide. Ce fut miracle s'il ne se cassa qu'une jambe. En général, du reste, le gardien de phare est sobre. « Nos hommes ne font même pas la noce à terre, me disait un conducteur des ponts et chaussées. Dans le service, ils boivent de la piquette, un peu de café. » La cuisine est commune, mais chacun a sa chambre. C'est le plus souvent un réduit de quelques mètres, tout pareil à une cabine de navire et où l'on a

pu loger exactement un lit de fer, une commode et une
chaise. Mais le lit est avenant sous son rideau de cre-
tonne à fleurs ; le parquet ciré ; les murs, qu'une cloi-
son isolante en briques préserve de l'humidité, peints à
l'huile ou glacés d'enduits hydrofuges. Dans les phares
plus anciens, et quand la place n'était pas trop mesurée,
que la colonne pouvait s'encastrer dans un corps de
bâtiment, ces chambres de gardiens offrent quelquefois
un luxe véritable. Exemple : le phare des Triagoz, où
apparait un souci d'art et de confort très évident ; la
tour carrée et crénelée, de style moyen-âgeux, est bâtie de
granit rouge que rehaussent sur les côtés des pierres
piquées de granit blanc : une étoile centrale de marbre
orange rayonne dans le vestibule sur un carrelage de
marbre noir : l'escalier, tendu de tapis, mène à deux
étages de chambres, fort vastes et fort hautes, lambris-
sées, parquetées et cirées, avec un revêtement intérieur
de châtaignier verni, des armoires sculptées et des che-
minées, dont l'une en marbre blanc surmontée d'une
glace à biseaux.

Mais c'est à Cordouan surtout que ce souci d'art, peut-
être excessif, s'est déployé dans toute sa pompe. Il est
vrai que la partie inférieure du phare date de la fin du
XVIᵉ siècle. Cette partie rappelle dans son ornementation
et sa forme les églises en rotonde de la Renaissance
française : le portail éclate de surcharges : le premier
étage est occupé par une chapelle la plus élégante du
monde, de style corinthien, avec deux rangs de fenêtres
et une voûte en plein cintre. Au-dessus de la porte, on
a logé le buste de Louis de Foix, le célèbre architecte
auquel Philippe II confia plus tard la construction de

l'Escurial et à qui sont dus les plans du phare de Cordouan. Seule, la partie supérieure du phare est d'exécution récente. L'ancienne tour, en forme de pavillon circulaire, vouté et décoré de pilastres composites et couronné sur son entablement par la balustrade à jour d'une galerie extérieure menant dans la lanterne, a été remplacée par une grande colonne nue dont la sécheresse contraste avec la richesse des soubassements, mais qui porte l'appareil focal, d'un élan, à soixante-trois mètres au-dessus du sol.

Tel quel, cet Abraham des phares français, comme on l'a surnommé, reste encore un beau monument et qui regagne en hardiesse ce qu'il a perdu en ornementation. On y peut saisir mieux qu'ailleurs, et par cette juxtaposition des deux styles, le principe qui domine actuellement dans la construction des phares et qui est celui de la solidité, de la stabilité, d'une forme rationnelle et d'une distribution judicieuse. Ce principe, que M. Léonce Reynaud a fini par faire prévaloir, n'a pas été admis du premier coup. On reconnait aujourd'hui, avec l'éminent ingénieur, que les phares ne « sont pas des œuvres de luxe, mais des édifices d'utilité publique, et qu'il convient d'autant mieux de leur conserver ce caractère, avec toute la simplicité qu'il comporte, que la plupart d'entre eux sont établis loin de tout centre de population. ». L'ordonnance générale de la construction s'est ressentie la première des conséquences du principe adopté ; ses effets n'ont pas été moins sensibles sur la disposition intérieure et l'aménagement des locaux: si l'on a conservé dans quelques phares d'ancien style les chambres, voire les salons particuliers destinés aux ingénieurs et aux inspecteurs, ce déploiement de canapés, de meubles d'acajou, de lambris, de cadres à l'anglaise, pour des visites qui durent une heure en moyenne, a semblé lui-même un peu excessif : on le supprime généralement dans les nouveaux phares.

IV

Sitôt débarqué du baliseur, le gardien commence son service. Il prend possession de sa petite chambre, dépose ses provisions dans son garde-manger spécial, balaye, frotte, astique, savonne, etc. Ce nettoyage va de bas en haut, du rez-de-chaussée à la lanterne, en passant par la chambre des appareils. Il faut épousseter les bidons, les verres, les glaces, les cornets, les lampes de rechange ; il faut renouveler l'huile, imbiber les mèches, dégager l'obturateur...

Toutes ces opérations préliminaires ont pour conclusion l'allumage. Pendant le jour, des stores blancs à bandes rouges sont abaissés sur les glaces : on les relève au crépuscule : c'est le démasquage. L'homme fait jouer un ressort qui met en mouvement l'appareil optique circulaire. Il pénètre ensuite dans la cage de la lanterne, qu'il allume d'abord à petite flamme et dont il hausse graduellement les mèches à mesure que la nuit tombe. Quand elles dépassent la couronne du bec, la flamme a pris tout son éclat ; la pleine nuit est venue, mais la tâche du gardien n'est point terminée. Le quart est de règle dans tous les Isolés. Ce quart dure de la chute du jour à minuit, et le quart suivant de minuit au lever du jour. L'homme qui le fait n'est pas tenu de rester debout comme à bord. Dans le fauteuil que lui concède l'administration il peut s'asseoir de temps en temps, mais sous condition de surveiller attentivement le feu, et non seulement le sien, mais encore celui des autres phares visibles sur l'horizon. Il doit noter le vent qu'il fait, les navires qui passent, le degré de transparence de l'air, les incidents de toutes sortes qui viennent rompre la monotonie de sa faction. Réglementairement, et à cause de l'éclat du foyer, il porte des lunettes noires. Quand la fin de son quart approche, il appuie sur un timbre dont la sonnerie court réveiller au-dessous de lui le gardien chargé de le remplacer. Il descend alors dans sa chambre et se couche pour le reste de la nuit. Le lendemain (à six heures, l'été ; à sept, l'hiver) il est debout pour le nettoyage, le briquetage, etc.

Mais ces opérations ne prennent qu'une partie de la matinée. Le voilà libre pour le reste du jour. Que va-t-il faire ? Sur ces écueils de haute mer, sur les plus larges même et en été, il ne lui est pas toujours loisible de sortir du phare. Deux obstacles : le vent de nord, la houle de fond. Tous deux sont traîtres. Des calmes trompeurs précèdent leurs pires attaques : qu'une fenêtre bâille dans un de ces répits, c'est toute la mer par l'un, tout le poumon de la tempête par l'autre, qui s'engouffrent dans le phare. Il faut, en plein midi, fermer les volets, barricader les portes, allumer les lampes, vivre comme dans la nuit, avec, autour de soi, le formidable ronflement d'orgue, le *Dies iræ* perpétuel de la rafale d'en haut contre les vitres.

3

La claustration est absolue et dure quelquefois quinze jours, trois semaines, des mois entiers, l'hiver. Où et comment se mouvoir alors, dans ces minces colonnes qui, à mer basse seulement, découvrent un bout de roc inaccessible et, le reste du temps, plongent droit dans l'écume ? Et pourtant le besoin de mouvement est impérieux. Dure nécessité ! Pour lui donner satisfaction, il n'y a pas d'autre moyen que l'ascension et la descente, la descente et l'ascension dans l'escalier qui grimpe à la lanterne : les chambres, en effet, sont trop étroites : on n'y peut faire plus de trois pas en longueur. Cette façon de régime cellulaire finit par retentir sur le moral des gardiens. Un fil invisible, à bord du navire qui passe, rattache le marin à la terre, au monde habité. Le navire marche : il vient de quelque part et il va quelque part. Aller, venir, c'est de la vie encore. Ici, l'immobilité est complète. On a l'impression d'un isolement éternel et comme d'un arrêt du temps sur un point déterminé du vide.

Dans un récit anglais bien connu, l'auteur fait parler un gardien nouvellement débarqué au phare d'Eddystone, où il avait pour compagnon un vieil Écossais rigide, habitué des phares, qui, lui, contre sa détresse intérieure, recourait à la ressource ordinaire des protestants, la Bible. « Quelquefois je fondais en larmes, dit le héros du récit, et je me désolais comme un enfant pendant une heure entière ; mais les larmes ne m'apportaient aucun soulagement. Chaque jour me paraissait ne devoir jamais finir, et, lorsqu'il arrivait à son terme, je n'en éprouvais point de satisfaction. Je savais qu'un ennui de même nature allait fondre sur moi le lende-

main. » Pour mieux suivre la fuite des heures, il avait
suspendu sa montre à un clou, mais les aiguilles
n'avaient pas l'air de se mouvoir. Il se disait alors : « Je
vais rester longtemps sans y jeter les yeux, » et, lorsqu'il croyait avoir laissé passer un intervalle suffisant,
il la regardait et s'apercevait que quelques minutes
seulement s'étaient écoulées. Puis, ce fut le tic tac de
la montre qui, à la longue, l'agaça. Il la mit dans sa
poche, dans un tiroir, dans une armoire : l'odieux bruit
le poursuivait toujours. Finalement il jeta la montre à
l'eau... L'énervement du malheureux homme se trahit
ainsi à mille traits, jusqu'au moment où, par sa faute,
son vieux compagnon meurt soudainement et le laisse
seul dans le phare. C'est alors une bien autre affaire. La
mer est démontée ; on ne peut répondre de la terre aux
signaux d'alarme qu'il multiplie inutilement. Quand
enfin on aborda pour le chercher, huit jours s'étaient
écoulés et il était presque fou.

Sur quel fondement, réel ou imaginaire, repose le
récit de l'auteur anglais ? Je ne saurais le dire : mais
ce ne sont point les confirmations qui lui ont manqué
chez nous. N'avoir autour de soi que l'uniformité grisâtre de la mer, languir prisonnier, des semaines entières, sans pouvoir ouvrir une fenêtre, avec le même
compagnon, dont la promiscuité obligatoire de cette vie
vous a découvert le tréfonds, révélé toutes les habitudes,
les façons de parler, les gestes, les tics, dont chaque mot
est attendu et connu de vous par avance, — tout cela
aussi est horrible. Nansen, dans son récit de voyage au
pôle, raconte qu'au moment de l'hivernage, quand les
marins du *Fram*, par hygiène, descendaient sur la

glace, chacun « tirait de son côté, » n'avait souci que
de s'isoler, d'échapper un moment à cette promiscuité
du bord, à ces conversations invariables, à ces visages
toujours les mêmes et que l'accoutumance avait fini
par lui rendre presque odieux. Que des cerveaux mal
prémunis n'aient pu s'accommoder d'un tel régime, la
chose ne s'entend que trop bien. C'est dans un phare
du Finistère, je crois, qu'un des gardiens fut brusquement frappé d'aliénation. Il faisait nuit ; son compagnon tenait le quart dans la lanterne. Il empoigna la
rampe de l'escalier, fonça sur la lampe. L'autre dut
engager une lutte terrible, le ligoter pour l'empêcher
d'éteindre le feu. Au matin il hissa le pavillon noir de
détresse : on l'aperçut heureusement. La mer facilitait
l'accostage. On s'empara du fou et on le remplaça par
un autre gardien. Parfois, l'impression première est si
forte qu'elle désorganise tout de suite le nouveau venu.
Un gardien du Grand-Léjon, qui avait pris, la veille,
possession de son poste, affolé par la surexcitation de
cette vie cellulaire et plus encore par l'effroyable bruit
qu'il entendait dans la lanterne, par les coups de vent
qui secouaient le phare, entrechoquaient les bidons, les
verres, ne put résister à cet ébranlement : il démis-
sionna aussitôt, revint à terre. Il tient aujourd'hui une
auberge sur le port, à Lézardrieux.

Par beau temps, l'été, quand le rocher découvre,
l'homme dans la pêche trouve une occupation. Les
parages autour des Isolés sont généralement poisson-
neux : mais la pêche, toute barque étant interdite au
gardien, ne peut se faire que du rocher, à la ligne, avec
des casiers et des nasses. Le poisson pris sert à varier

l'ordinaire. On le met en réserve, quand il surabonde,
dans des viviers naturels pour lesquels on utilise les
anfractuosités des rochers et qu'on recouvre d'une
clairevoie. En quelques phares, comme les Héaux,
la pêche se pratique à mer haute : on ceint les soubassements d'une grosse corde d'où pendent des
avançons : à mer basse, les poissons capturés, dorades et
merlus, font une guirlande polychrome autour du phare.
Il arrive aussi qu'au printemps et à l'automne, lors des
« passages, » la plate-forme du phare est toute jonchée
de cadavres d'oiseaux. L'éclat du foyer les attire. On a
remarqué cependant qu'ils évitaient les secteurs rouges : la position des vents, l'état atmosphérique influent
également sur leur direction. Dans la Manche, c'est
quand les vents ont tendance à « haler » sur le nord-
est et sur l'est qu'on prend le plus d'oiseaux autour des
phares : dans la Méditerranée, c'est surtout par les
vents de sud. Il n'est pas rare qu'on trouve ainsi
au pied du phare, les lendemains de tempête, jusqu'à
cinq et six cents oiseaux : merles, grives, pigeons,
cailles, etc. L'élan qui les emporte contre la flamme, la
force du choc, la grosseur de certains de ces volatiles, ont
causé plus d'un accident. En une seule nuit, par exemple, les neuf glaces du phare Ferret furent mises en morceaux. Au phare de Bréhat, une bernache, après avoir
traversé la vitre, creva encore deux cours de miroir et
s'abattit sur la lampe : à Planier, un vol de flamants,
de ses becs aigus, fit une crémaillère d'un des secteurs.
L'administration, presque partout, a dû poser des gril-
lages autour des foyers : les oiseaux s'y prennent
comme aux mailles d'un filet. Le gardien les recueille

au matin et, si le casuel gastronomique des braves gens
s'accommode de ces hécatombes, leur moral ne s'en
arrange pas moins. Toute occupation est bonne qui
rompt la déprimante monotonie des factions solitaires.
Pêche et chasse n'ont malheureusement qu'un temps.
Il faut découvrir autre chose. Certains appellent à leur
aide les jeux de cartes, de dames ou de dominos :
l'administration leur fournit un nouveau dérivatif dans
les travaux extérieurs construction de digues, de chaussées en pierres sèches, de chemins d'accès, badi-
geonnage du phare, etc., etc.) dont elle les charge aux
beaux mois. Tout au plus pourrait-on souhaiter que ces
travaux supplémentaires leur valussent une indemnité
quelconque ou un léger supplément de salaire. Un vieux
gardien de phare se plaignait que, depuis quelques
années, ces travaux se multipliassent de telle sorte
qu'ils lui prenaient tous ses loisirs. Celui-là, pour remplir le vide de ses jours, « faisait de la tresse, » des
chapeaux, des cabas en paille de seigle, que sa femme
revendait sur le continent : soit quatre ou cinq francs
par semaine qui s'ajoutaient à son traitement. Mais la
plupart des gardiens, anciens pêcheurs ou marins du
service, n'ont pas la ressource du père B..., et c'est
encore par la lecture qu'ils arrivent le mieux « à faire
passer le temps. » En Angleterre, les gardiens lisent la
Bible ; chez nous, des romans-feuilletons. Leur cantine
en dissimule toujours deux ou trois, découpés dans *le
Petit Journal* ou *le Petit Parisien*, et que leur prêtent des âmes charitables. Faute de mieux ils se contentent de numéros dépareillés. La cantine de l'un d'eux,
que je visitais par curiosité, contenait ainsi quelques

numéros du *Pèlerin* et de *la Croix*, les *Témoignages et Souvenirs* du comte Anatole de Ségur, la première partie de la *Pocharde*, en cours de publication dans *le Petit Parisien*, et un *Corrigé de cacographie nouvelle*. L'administration avait établi une bibliothèque circulante pour les gardiens de phare : elle l'a supprimée depuis quelques années, et elle a aussi bien fait : à ces cerveaux élémentaires, de premier jet, pour qui la lecture ne peut et ne doit être qu'une distraction, elle offrait des traités de morale et des manuels de chimie. Il leur eût fallu de l'Alexandre Dumas père et du Jules Verne. qui m'ont paru jouir chez les gardiens de phare d'une considération toute spéciale.

Quand les distractions sont si rares cependant. les journées si lourdes et si lentes, bien venue des gardiens est la nuit, même en décembre où elle tombe à quatre heures, qui clôt tout de suite leurs yeux, les roule comme des enfants dans ses ondes molles et léthargiques. La sonnerie de quart, qui les jette debout au premier appel, n'interrompt pas toujours ce bienheureux engourdissement. Leurs actes empruntent de là quelque chose de somnambulique et ils finissent par les exécuter machinalement. On a souvent remarqué la taciturnité singulière de certains gardiens de phare : un de ces modestes fonctionnaires, mort l'an passé, le père Leroy, n'adressait la parole à ses collègues que pour les besoins du service ; hors de là, jamais un mot. D'autres prennent en horreur le monde, se laissent gagner à la longue au charme profond et grave de la solitude : un certain Verré, aux Roches-Douvres, fuyait ainsi toutes les occasions de revenir à terre, cédait chaque fois son tour à l'un de ses camarades. Chez les gardiens bretons, il n'est pas rare non plus que le régime des Isolés développe le côté mystique de la race. Encore ce mysticisme n'a-t-il jamais revêtu de forme plus étrange que chez un gardien nommé Saint-Ilan, lequel, en reconnaissance d'une grâce obtenue de sainte Anne, s'était voué à elle et portait toujours et partout, entre le petit doigt et l'annulaire de sa main gauche, une statuette en plomb de cette sainte.

Et, je pense, ni cette taciturnité, ni ce mysticisme n'étonneront chez les gardiens des Isolés. A ces prisonniers volontaires de l'infini, le rêve et la prière sont de puissants auxiliaires, comme à tous les prisonniers. Semblablement, ce qu'on nous rapporte, dans des mémoires célèbres, sur la patience d'un Silvio Pellico, d'un Pellisson ou d'un Blanqui, à dresser des araignées et des écureuils, trouve chez eux sa vérification journalière. Je me souviens, comme d'une chose touchante, d'avoir vu s'abattre aux Triagoz, dans la cuisine où nous déjeunions, un vol d'alouettes marines, de cette race si farouche et si vive, et qui, comme apprivoisées, trottaient sur le sol en picorant les miettes tombées de notre table. Mais le curieux est que ces oiseaux s'étaient familiarisés d'eux-mêmes et que les gardiens n'avaient pas eu besoin de les domestiquer. « C'est toute notre société aussi, me disait un de ces hommes, et les mâtines savent parfaitement que nous ne leur ferons jamais de mal... Tout de même, un hiver qu'on avait passé cinq semaines sans nous ravitailler, à cause de l'état de la mer, il ne nous restait plus de biscuit, seulement un peu de lard. Les petites bêtes criaient après nous : elles montaient même sur notre table. Mais nous n'avions rien à leur donner. Et mon camarade, qui était plus hardi que moi, disait quelquefois entre les dents : « Quand il n'y aura plus de lard, il faudra bien qu'on leur torde le cou. » Moi, je ne répondais rien, mais j'avais le cœur tout chaviré à cette idée. Heureusement que le baliseur arriva deux ou trois jours après, quand la tempête fut finie. Les oiseaux tournaient autour de nous en criant et en battant des ailes ; nous avions certainement aussi faim qu'eux, mais nous aurions cru faire un péché de porter un morceau de pain à notre bouche avant de leur en avoir émietté une petite tranche. » J'ai lu un trait analogue du phare de South-Stock, près de Holyhead. Là, ce sont des mouettes qui tiennent compagnie aux gardiens. On s'en sert même comme de signaux : sur les murs du *light-house*, elles se perchent par temps de brume et poussent de longs cris aigus qui avertissent les navires mieux qu'un canon ou une sirène.

Dans les phares les plus voisins du littoral, quand les vents viennent de terre, on entend parfois, le dimanche, les cloches du continent : elles sonnent pour l'*Introït*, elles sonnent pour le *Sanctus* et l'Élévation, et, comme il y a une sonnerie spéciale pour chaque moment de la messe, les gardiens peuvent suivre en esprit l'office qui se déroule. Bien peu y manquent. A Pâques, à Noël, quand la communauté chrétienne est dans la joie, le phare participe encore à l'allégresse commune. On hisse le pavillon et, ce jour-là, si l'âpreté du régime n'a pas tout à fait brisé en eux le ressort de la sociabilité, les gardiens s'attardent à boire du café et à causer des absents. On a travaillé double la veille pour gagner du loisir et,

sur la plate-forme du phare, dans les embellies, on
reste, comme des retraités, à regarder la terre dont
l'échine grisâtre s'allonge sur l'horizon. Cette terre
ainsi aperçue, et qu'une consigne rigoureuse plus
encore que la distance défend aux exilés, c'est l'énigme
éternelle, le sphinx impénétrable proposé à leurs mé-
ditations. Que se passe-t-il là-bas ? Comment se portent
la femme et les enfants ? Qu'ils aillent bien ou mal
d'ailleurs, le gardien est rivé à son poste et ne le peut
quitter sous aucun prétexte. On conte qu'au phare
du Four le gardien-chef, accoudé sur le parapet,
regardait sa maison, placée en face de lui sur la grève. Il
y crut distinguer une tache noire : il prit ses jumelles et
vit que c'était un drap mortuaire qui était tendu sur sa
porte. Le tragique est ainsi mêlé en tout temps à la vie
de ces hommes ; mais il fait tellement corps avec elle
qu'ils l'acceptent comme une condition de leur destinée.
Dans les nuits de grand vent, mais par temps de
brume surtout, alors que la flamme du phare rôde
comme un oiseau affolé dans la cloche de vapeur qui
la tient prisonnière, à quels drames n'ont-ils point
assisté ? Si puissants, en effet, que soient les derniers
appareils d'éclairage, ils n'arrivent point à percer les
opaques ténèbres de certains brouillards. Vainement
a-t-on voulu suppléer à la lumière par le son : les profonds rugissements des sirènes marines ont peine à traverser ces couches denses et cotonneuses (1). Combien

(1) « Les navigateurs ne doivent pas perdre de vue que, dans certaines circonstances atmosphériques, la portée des signaux sonores, même des plus puissants,
tombe au-dessous de 2 milles ». *État de l'éclairage des côtes de France et d'Algérie, Instructions générales.*

de navires n'ont entendu la sirène, aperçu la diffuse
clarté du phare, qu'à la minute même où le courant
les drossait contre l'écueil qui le porte ? Du moins, à
l'aide de cordes, de gaffes, de fusils porte-amarres, les
gardiens ont-ils pu bien souvent sauver la vie à des nau-
fragés dont le navire venait de s'abimer sous leurs yeux.
Les registres des phares sont là pour l'attester. Il faut
ouvrir ces registres, relever dans toute leur poignante
simplicité les observations que les gardiens consignent
en marge pour être transmises à l'ingénieur. Le 21 avril
1897, à sept heures du soir, le gardien des Sept-Iles
aperçoit un incendie sur la mer, dans le N.-E. de l'île
Bonno, à environ 10 milles de distance. « L'obscurité,
écrit-il, commençait à se faire, ce qui m'empêchait de
bien voir. Cependant je distinguai l'ombre d'un très
grand navire : les flammes s'élevaient dans toute sa
longueur à trois endroits différents et, par intervalle, il
semblait que des explosions se faisaient à bord. A 8 h. 30,
je ne distinguai plus rien. Le temps était calme et la
mer belle. Je ne pouvais faire aucun signal de détresse
au sémaphore, vu que la nuit venait ». Plus encore que
le défaut de barque, cette pénurie de moyens de
communication a trop souvent fait des gardiens de
phare les témoins impuissants de nos grandes catastrophes maritimes. Eux-mêmes ont leurs drames
cachés, leur mystérieux martyrologe. Pour solidement
bâtis que soient les phares, ils ne résistent pas toujours
au choc des éléments : le phare d'Eddystone s'abima
une première fois dans la tempête de nuit du 26 novembre 1703. Le nouveau phare, construit avec plus de
soin par Rudyard, brûla dans la nuit du 1er novembre

1755. Un troisième phare, construit peu après et réparé
en 1839, puis en 1865, donnait des inquiétudes par
suite de l'affaiblissement graduel du gneiss sur lequel
il repose : on a dû le remplacer. Le phare de Fletwod,
bâti sur pilotis, fut détruit, en ce siècle même, par le
choc formidable d'un navire. Plus récemment, en 1877,
le phare Krishna, situé en deçà des bouches du Gange,
a brusquement disparu. Comment ? Pourquoi ? Personne n'a pu le dire. La catastrophe n'eut pas un seul
témoin : mais on s'aperçut un jour que le phare n'exis-
tait plus. Et, ces risques de disparition totale écartés,
quand on ne tiendrait compte que des dangers partiels
auxquels sont exposés les gardiens de phares, l'horreur
le disputerait encore à la pitié. Le 2 novembre 1876,
par beau temps, à 4 mètres au-dessus des hautes eaux,
le gardien Vimel, occupé sur la plate-forme extérieure du Four à fixer la corde de débarquement, est
enlevé par une lame de fond sous les yeux de ses camarades. Quelques mois auparavant, dans ce même phare,
la lanterne avait été crevée par un coup de mer si
violent que les éclats de verre tailladèrent les armatures
de cuivre de l'appareil : sous les masses d'eau qui les
recouvraient, dans l'effort du vent, au péril de leur vie,
les gardiens travaillèrent six heures à remonter le
vitrage. Au phare de la Vieille, dans la tempête de
décembre 1896, une lame défonça deux panneaux de la
lanterne, pénétra dans la tour, inonda l'escalier, les
chambres, la soute aux vivres, jeta à l'intérieur 17
mètres cubes d'eau. Les gardiens pensèrent faire naufrage dans leurs lits. L'accostage même, dans certains
Isolés de pleine mer. peut passer pour un exercice

redoutable. Pas de cales : seulement un escalier taillé
dans une roche accore ; quelquefois de simples crampons de fer scellés dans le soubassement. Le canot,
d'une lame à l'autre, subit des différences de niveau qui
le portent brusquement à 2 et 3 mètres en contre-bas de
sa hauteur première : il faut saisir la seconde précise où
la lame le prend sur sa crête pour sauter du bord, se
cramponner à l'échelle ; à la moindre hésitation on est
perdu. Aux approches d'Armen, et pour résister au
courant qui est formidable à cet endroit, le baliseur
« met sa machine sur ses chaines », c'est-à-dire qu'il
fait machine en avant pour se maintenir sur place. Nul
moyen de détacher un canot : le courant l'emporterait.
Les gardiens lancent un cartahut de la tour : ce cartahut
est attaché au mât de misaine du baliseur et sert lui-
même à l'installation d'un va-et-vient. Les novices empruntent la planchette du va-et-vient : les vieux routiers
se hissent à la force du poignet. Aux uns et aux autres,
cependant, on « capelle » une ceinture de sauvetage,
et la précaution n'est pas superflue : le cartahut peut se
rompre, une lame peut rafler en plein air le transbordé.

D'autres dangers l'attendent à l'intérieur même du
phare et jusque dans son service de jour. Gare aux
vertiges, aux éblouissements, à la maladie ! Chaque
phare est pourvu d'un coffre à médicaments : mais la
plupart des gardiens n'ont aucune notion sur l'emploi
de ces médicaments. Dans la salle basse des Triagoz,
Corre jouait aux dames avec son gardien-chef. Il le
quitte un moment pour les besoins du service, rentre,
trouve son compagnon qui semblait dormir et lui tape
sur l'épaule : l'autre lui reste dans les bras et succombe

quelques instants après. Des sinapismes l'auraient probablement sauvé. En plusieurs phares, l'aménagement
intérieur laisse fort à désirer : aux Roches-Douvres, à
la Nouvelle-Calédonie, par exemple, l'étroit escalier qui
mène à la lanterne est flanqué des deux côtés par le
vide : la rampe n'arrive qu'à mi-corps : un faux pas est
mortel. Jean Mével, gardien aux Roches-Douvres, qui
venait de finir son quart de nuit, tomba de la sorte, le
6 janvier 1893, dans la cage de l'escalier et se tua net.
Ses compagnons le roulèrent dans un prélart et firent
au matin les signaux de détresse. Mais le vent n'était
pas maniable : quinze jours durant, les approches des
Roches-Douvres furent interdites au baliseur des ponts
et chaussées. On imagine aisément la vie des deux
compagnons pendant ces quinze jours. Sur un carnet
de notes tenu par l'un d'eux, Leroy, aujourd'hui gardien
aux Sept-Iles, j'ai copié ce qui suit et qui en dit long
dans son laconisme : « Le 7, fait un cercueil : rien
en vue, lancé deux fusées. Le 8, il est passé un vapeur
et une goélette ; le pavillon était en berne : le 9, deux
bateaux de Cancale étaient en vue : fait des signaux, lancé
une fusée à l'allumage, mis la cloche en marche. Le 10,
aucun navire en vue, fait des signaux au démasquage.
Le 11, un sloop est passé près du phare, se dirigeant
sur Lézardrieux, qui a dû voir les signaux. Le 12, à 9
heures, lancé quatre fusées, mis le pavillon en berne.
Un Danois est passé près du phare se dirigeant sur
le Trieux. Le 13, le 14, le 15, le 16 et le 17 renouvelé
les signaux, rien en vue. Le 18, passé deux dundées
et un yacht-sloop ; vers 11 heures du matin mis le
pavillon en berne. » Le 20 seulement une petite fumée

tacha l'horizon : c'était le baliseur. Les signaux n'avaient pas toujours été aperçus et c'est une remarque que, pour les signaux de jour tout au moins, le pavillon en berne ne se lit pas suffisamment. Il faisait gros temps, alternant avec de la brume et de la neige. Les deux survivants, Leroy et Chevanton, se tenaient en permanence dans la lanterne, collés aux vitres et fouillant du regard la morne étendue. Ils n'osaient se quitter, veillant ensemble dans la chambre de l'appareil, se relayant pour les quarts et couchant le reste du temps sur des peaux de mouton et des couvertures. À mesure que se prolongeait leur attente, des hallucinations les prenaient, les clouaient blêmes contre les panneaux de la lanterne. Ils croyaient entendre des pas dans l'escalier : dehors une main cognait aux vitres ou bien une voix les appelait par leurs noms. Il mangeaient à peine, se soutenaient d'un peu de café froid. « Pendant ces quinze jours, me disait Leroy, nous avons mangé à nous deux six livres de pain ». Leroy, plus résistant, homme d'âge et d'expérience, tâchait de ranimer son compagnon dont le cerveau commençait à vaciller. Par une admirable domination de soi-même, ils ne négligèrent pas une seule fois, pendant ces quinze jours, d'allumer le feu, de veiller aux menus détails du service. Seulement, le quinzième jour au matin, quand on put venir enfin à leur secours, les deux hommes étaient méconnaissables, Chevanton presque fou. On ne put décider ce dernier à revenir aux Roches-Douvres où il débutait comme auxiliaire : il est entré comme garde-magasin dans le parc du balisage.

C'est à des dangers d'une autre sorte qu'ont affaire les

hommes des bateaux-feux et, à vrai dire, si leur rôle
est le même que celui des gardiens d'Isolés, leur genre
de vie est bien différent. Ils sont bien comme eux
séparés de leurs familles. Mais leur réclusion n'est ni si
pénible ni si longue. Le branle de la mer leur donne
l'illusion du mouvement : quoique ancré à un corps-
mort, le navire « file de la chaine. » se déplace : ce
n'est plus l'immobilité absolue du phare. Le personnel
des bateaux-feux comprend plusieurs hommes : deux
officiers et généralement neuf matelots. Ce chiffre ne
paraitra point excessif, si l'on a égard aux difficultés de
la manœuvre et qu'il importe de maintenir continuellement ces énormes pontons, contre vents et marées,
debout au courant et à la lame. L'oscillation est d'autant plus sensible à bord qu'au lieu de suivre le mouvement cadencé des houles le navire est brusquement
entrainé, après chaque vague, par la lourde chaine qui
le saisit à l'avant. L'étrave plonge et se relève par
à-coups. La dureté de ce tangage est réellement insup-
portable. Qu'est-ce donc quand les courants et les vents
ne suivent pas la même direction et que le roulis
s'ajoute au tangage? L'eau embarque de tous les côtés ;
tandis que le capitaine se fait amarrer sur la passerelle,
les hommes, pour exécuter la manœuvre, s'accrochent
au bordage, aux drisses, aux mains courantes.

En décembre 1863, une violente tempête faillit
engloutir, corps et biens, un des feux flottants de Dunkerque. Le coup de vent éclata dans la soirée du 2.
« Les deux lampes sont éteintes plusieurs fois, dit le
journal du bord, tenu par le capitaine Witevronghel.
Le 3, dans la nuit, les vents passent au nord en fou-

dre ; le feu est éteint de nouveau ; grand mal pour hisser la lanterne à cause du tangage. Le 4, le navire est balayé de l'avant à l'arrière par les lames. La chambre, le poste d'équipage sont pleins d'eau ainsi que les corridors. A 7 heures du matin, la chaine casse. Le navire est foudroyé vers la côte. Mouillé aussitôt une troisième ancre ; mais un instant après le navire talonne. Nous sommes obligé de démailler pour le soulager. La mer nous couvre de toutes parts. » Une lame plus forte prit le navire par-dessous, l'emporta sur sa crète, le jeta dans un banc de sable où il s'enfonça de tout son poids. Heureusement la côte était proche : l'équipage fut sauvé.

V

Aux hommes qui acceptent, que dis-je, qui sollicitent cette vie de misère et d'abnégation, l'État est redevable d'un salaire. Lequel ? Référons-nous au décret du 11 janvier 1884. Ce décret établit sept catégories de gardiens : les maitres de phare, qui touchent 1.200 francs par an ; les gardiens de 1re classe, qui touchent 1.000 francs ; les gardiens de 2e classe, qui touchent 875 francs ; les gardiens de 3e classe, qui touchent 800 francs ; les gardiens de 4e classe qui touchent 725 francs ; les gardiens de 5e classe, qui touchent 650 francs, et les gardiens de 6e classe qui touchent 575 francs. Notez qu'aux termes du règlement maitres et gardiens « sont tenus, indépendamment du service de l'établissement auquel ils sont spécialement attachés, de faire, sur la

demande de l'administration, le service des autres établissements situés à proximité. » S'il est constant néanmoins que ces établissements, « en raison de leur position ou de leur importance, auraient pu motiver
l'emploi d'un agent spécial, » il peut être accordé aux
maitres et gardiens une indemnité maxima de 100
francs. Tel est le cas du gardien de la Croix, qui passe
au phare de Bodic ses quinze jours de terre. Quand
plusieurs gardiens sont attachés au service d'un même
établissement qui ne comporte pas de maitre de phare.
celui à qui est attribué le commandement sur les autres
avec le titre de gardien-chef peut recevoir aussi un
traitement supplémentaire de 100 francs. D'autres
indemnités peuvent être attribuées aux gardiens, soit
en argent, soit en nature, suivant la décision de l'ingénieur en chef, pour chauffage, pour vivres de mer
indemnité applicable seulement aux phares isolés en
mer ou éloignés des centres d'habitation). pour logement ,indemnité applicable aux agents à qui l'État ne
fournit pas de logement), pour résidence indemnité
applicable aux agents placés dans des localités mal-
saines ou dans lesquelles la vie est plus particulièrement
coûteuse', pour la conduite des moteurs actionnant des
machines électriques ou des signaux sonores. pour les
observations météorologiques ou de visibilité des feux
et, généralement, pour tout travail supplémentaire or-
donné par le ministre 1'. Il est à remarquer que la plu-

---

1) Ces indemnités excèdent rarement 150 francs. Pour le quart des machi-
neries, par exemple, le gardien touche une indemnité de 0 fr. 80. Comme
ces quarts sont tantôt de dix, tantôt de vingt par mois, l'indemnité va men-
suellement entre 18 et 8 francs et atteint au bout de l'année 156 francs.

part de ces indemnités n'ont aucun caractère obligatoire
et j'ai constaté effectivement qu'en beaucoup de cas
(construction de chaussées, chemins d'accès, cales, etc.)
l'ingénieur ne juge pas à propos d'indemniser les hommes. Les sept catégories établies par le décret du 11
janvier 1884 n'embrassent d'ailleurs qu'une partie seulement du personnel des phares. Outre les gardiens
classés, ce personnel comprend les gardiens hors classe,
dont les émoluments sont fixés par des décisions minis-
térielles. De ce nombre sont les officiers, marins et
mousses des feux flottants et des bateaux baliseurs, ainsi
que les agents (hommes ou femmes) attachés à des établissements secondaires et dont le service comporte
une rémunération moindre que celle des gardiens de
6ᵉ classe : telle gardienne de phare hors classe, veuve,
chargée de famille, touche par exemple 35 francs par
mois et n'est point admise à la « retenue. » Ces 35
francs ne lui donneraient point à vivre et aux siens, si
la générosité des touristes ne suppléait à la parcimonie
de l'État. Un visiteur, à qui le gardien fait les honneurs du phare, ne s'en va point sans lui laisser un
léger pourboire. Mais ce casuel est temporaire et limité
à la belle saison : encore les gardiens des Isolés de
pleine mer, inabordables au tourisme élégant, n'en con-
naissent-ils point la douceur.

On pourrait croire, tout au moins, en raison de la
médiocrité des salaires et du danger continuel où sont
exposés ces braves gens et qui passe celui de la navigation côtière, que l'État les admet au bénéfice de la
« faveur d'âge » accordée aux inscrits maritimes. Ceux-
ci ont droit à leur pension de retraite après vingt-cinq

ans de service : les gardiens de phares n'y ont droit
qu'après trente ans, comme dépendant du ministère
des Travaux publics, qui les assimile aux cantonniers.
Soumis à une surveillance rigoureuse. punis en cas de
négligence par des peines, dont la moindre est la retenue du salaire sur la moitié de leurs émoluments
pendant deux mois. il se doivent à l'État même à terre
et dans l'intervalle de leurs fonctions : l'obligation de la
résidence n'existe pas seulement pour eux pendant leur
séjour dans les Isolés ; elle est de règle encore sur le
continent. et il leur faut habiter la ville ou le village
que l'administration désigne comme port d'attache au
baliseur des ponts et chaussées chargé de la relève et
du ravitaillement des phares.

Cette résidence, pour les gardiens des Côtes-du-Nord.
est au bourg de Lézardrieux où se trouvent le parc de
balisage et le port d'attache du baliseur. Campée sur
la rive gauche de ce magnifique Trieux qui a, en cet
endroit, la largeur et la majesté des fleuves américains,
au flanc d'une colline violette liserée de goémons
noirs. la petite ville s'attarde quelque temps autour
d'une pauvre église sans caractère et dévale brusquement. par une rampe à pic. dans la verte échancrure
de Traou-an-dour. Une simple cale et quelques enro-
chements feraient de Traou-an-dour un port très
présentable : on y songe, je crois. En attendant, les
arbres trempent dans le fleuve et les barques s'y
amarrent, à mer haute, pour décharger le goémon ou
le sable qu'elles rapportent de Plougrescant et de l'île
d'Er. L'éperon de roc qui garde Traou-an-dour vers le
large n'est séparé lui-même de la Roche-Donnant que

par une étroite coupure. Cette roche singulière hérisse
son échine abrupte au milieu du fleuve et, derrière la
barricade naturelle qu'elle oppose à la lame et aux
vents, une vieille frégate désaffectée achève placidement
sa carrière près de l'ancien bateau-feu des Minquiers :
la frégate sert de magasin de ravitaillement aux torpilleurs de la défense mobile : le bateau-feu remplit la
même destination près du baliseur des ponts et
chaussées. Ces deux invalides de la mer sont toute la
vie de ce grand fleuve exubérant et solitaire, dédaigné
de la marine, ignoré de l'industrie, et qui roule, entre
des berges de bruyères et d'ajoncs, l'inutile richesse de
ses eaux. Le vallon de Traou-an-dour, perpendiculaire
au fleuve, contraste cependant par la beauté de sa flore
avec l'ordinaire stérilité du paysage. Devant les petites
maisons blanches et proprettes qui longent le chemin
de halage ou s'accrochent à la rampe du bourg, les
séringas, la vigne vierge, l'agnus castus, les passeroses
et les mauves arborescentes font un treillis de verdure
piqué des fleurs les plus variées. Sauf deux ou trois, qui
sont à usage d'auberge, la plupart de ces habitations
champêtres sont occupées par des familles de gardiens
de phare ou de marins du balisage. On compte à
Lézardrieux vingt-cinq ménages de cette sorte, tout
grouillants de marmots, et dont les chefs sont absents
trois mois sur quatre. L'intérieur des maisons ne dément
point la bonne impression qu'on en reçoit du dehors.
J'en ai visité quelques-unes, où je retrouvais ce souci
de l'aménagement et cette propreté méticuleuse qui sont
l'orgueil des gens de mer. L'une d'elles, précédée d'un
petit clos planté de choux et de pommes de terre, était

toute tapissée de roses trémières et de capucines; des pousses de jeunes géraniums montaient d'une caisse peinte en bleu clair assujettie au rebord de l'unique fenêtre. L'hôte était chez lui. C'est un vieillard nommé T...., âgé de 61 ans, qui attend sa pension de retraite sans trop d'impatience et qui n'y aura droit, d'ailleurs, que dans huit ans. Il a débuté tard comme gardien ; encore faillit-il être remercié devant que d'avoir pris son service. Lors de la construction du phare de la Corne, on l'avait chargé de percer au burin, dans le granit de la plate-forme, des trous destinés à recevoir les crampons de l'échelle : un gravier lui creva le cristal de l'œil. Il n'était que stagiaire. S'il perdait l'œil, s'il était reconnu borgne, son renvoi était certain. Le médecin lui donna un certificat de complaisance et, par complaisance encore ou pour n'avoir point à lui verser d'indemnité, on consentit à l'admettre comme gardien.

Cet accident ne l'a point aigri : à soixante ans, sa bonne humeur reste entière : « J'ai perdu, dit-il plaisamment, une croisée de ma maison, mais l'autre durera autant que moi. » Sa première femme, dont il avait eu cinq enfants, mourut pendant qu'il était à la Corne. Il ne put même pas l'embrasser. Resté « veuvier », il se remaria, eut deux autres enfants de sa nouvelle femme. Tous les sept sont grands aujourd'hui et au service. Quant à lui, c'est un vieux professionnel des phares et il aime autant cette vie-là qu'une autre. Ses « collègues » sont pleins d'attention pour lui, l'aident dans les travaux d'intérieur, lui font la lecture. Il est le doyen des gardiens, comme tel respecté. Ses notes sont excellentes; il n'a pas été puni une seule fois dans toute sa carrière.

A ce vieux brave, s'il est encore en vie quand sonnera
l'heure de la retraite, l'administration française allouera
400 francs par an et se croira quitte.

Il en recevrait le triple aux États-Unis, le double en
Angleterre. Nulle part le traitement des gardiens n'est
aussi faible qu'en France. On alléguera que le décret
du 11 janvier 1884 a surélevé ce traitement une première fois et qu'aussi bien le nombre des demandes
d'entrée dans l'administration des phares passe celui
des admissions. Cela est vrai peut-être sur le littoral
de la Manche et de l'Océan ; mais, si je ne me trompe, le
recrutement des gardiens de phare présente déjà quelque difficulté sur le littoral de la Méditerrannée où il a
fallu, par des indemnités spéciales, porter le traitement
de début des gardiens à 72 francs par mois, quoique le
service y soit singulièrement moins périlleux et moins
rude que sur les côtes vendéennes ou bretonnes. Un
moment viendra sans doute où le personnel des phares,
qu'on réduit déjà au strict minimum, pourra être bien
diminué encore. L'Amérique possède depuis plusieurs
années des fanaux permanents de pleine mer dont l'éclairage s'opère sans l'intervention de gardiens. Chacun de
ces fanaux est muni de réservoirs en tôle d'acier, dans
lesquels on emprisonne, sous la pression de quinze
atmosphères, une quantité de gaz ou d'huile minérale
susceptible de fournir trois mois de lumière au brûleur.
D'Amérique, ce mode d'éclairage a passé chez nous,
où il fonctionne sur quelques points de la côte, tels que
le récif de Lavardin, près de La Rochelle, et le récif
des Chiens-Perrins, près de l'île d'Yeu. L'écueil de la
Horaine a reçu, il y a quelques mois, un de ces feux

permanents et on en établit, en ce moment, à Porsal et
sur le Pot-à-beurre (entrée de l'Abervrac'h). Quelques
feux isolés de pleine mer (l'île Harbour, la Corne, le
Haut-Blanc du Nord) ont même été remplacés. en ces
dernières années, par des feux permanents autonomes.
Il y a évidemment là, pour le régime des phares français, une économie appréciable et dont ne peut que
bénéficier notre réseau d'éclairage maritime sur des
points qui, comme le plateau de Barnouic et la pointe
Beauduc (1), attendent encore d'être signalés à la navigation. Mais, applicable aux fanaux secondaires, il n'est
point à penser que le système des feux permanents
puisse l'être jamais aux phares de grand atterrage.
L'*État de l'éclairage des côtes de France et d'Algérie*
reconnaît que ces feux, « bien que donnant des résultats satisfaisants. ne sauraient offrir les mêmes garanties
que ceux qui sont surveillés sans cesse. » La condition
des gardiens chargés de cette surveillance reste donc
un juste objet d'attention. S'il est vrai qu'on ne puisse
songer de longtemps à surélever leurs salaires. d'autres
mesures s'imposent, d'une réalisation plus aisée, et
qui ne laisseraient pas d'être bien accueillies du personnel des phares. On en a indiqué quelques-unes au
cours de cette étude, et l'on nous pardonnera de les
reprendre ici pour les grouper en faisceau.

Quand les gardiens vivent en famille, comme à Planier, et que leur petite colonie, perdue entre le ciel et
l'eau, est comme coupée du monde, n'y aurait-il pas

---

(1) Faute d'un fanal, la *Louise* s'est encore perdue devant cette pointe, l'an
passé, entre Marseille et Cette.

quelque humanité à charger un instituteur ou une
institutrice de faire la classe à leurs enfants une ou
deux fois par semaine ? Le transport ne couterait guère
sur le bateau des ponts et chaussées et ce ne sont pas
les bonnes volontés qui manqueraient dans le corps des
instituteurs marseillais. Ne serait-il pas possible aussi
de rétablir l'ancienne bibliothèque circulante des gardiens de phare en l'adaptant aux besoins de ces pauvres
gens ? On les charge fréquemment de travaux étrangers à leur condition : ces travaux devraient être rému-
nérés à part et le produit s'en ajouter à leur salaire. Il
semble bien encore qu'une distinction devrait être faite,
dans les traitements, entre les gardiens des Isolés et
les gardiens de terre ferme.

La vie des premiers est autrement dure et périlleuse
que la vie des seconds, et ils n'ont point de casuel pour
l'adoucir. Enfin, et cette mesure leur serait précieuse
entre toutes, l'assimilation pour les droits à la retraite
des gardiens de phares aux inscrits maritimes n'appa-
rait-elle point comme souverainement équitable, et
n'est-ce point pitié d'arguer, pour la combattre, du
rattachement de ces humbles fonctionnaires à un autre
ministère que celui de la Marine ?

Quelques mesures de cet ordre, d'autres sur lesquelles
le corps des ingénieurs se prononcerait utilement, rendraient supportable la condition des gardiens et ne
feraient point une grosse brèche dans le budget. Les
grands travaux nouvellement achevés, en cours de
construction ou décidés, réclament un personnel de plus
en plus actif et intelligent. Après le phare d'Eckmühl,
qu'on inaugurait en 1897, l'île Vierge, sur la côte nord

du Finistère, va être dotée d'un phare de premier ordre, le plus haut de France, et qui mesurera 75 mètres, de la lanterne au soubassement (1). La tour de Créac'h, haute de 68 mètres, doit être pourvue cette année d'un appareil de feu-éclair électrique ; la pointe de Riou, en face de Planier, est désignée pour recevoir un fanal ; Armen et le phare de Sein viennent d'être complètement transformés, leur longueur focale développée, l'intensité de leur puissance lumineuse décuplée. L'*Etat de l'éclairage des côtes de France et d'Algérie* en date de 1895 comptait 690 phares, fanaux, pontons et bouées. Sur un signal mystérieux, dans la tombée des premières ombres, ces 690 feux s'allument tous à la fois : mais la clarté qu'ils projettent au démasquage n'a rien de brusque ni d'aveuglant. Longtemps prisonnières, leurs flammes pâles et douces, comme suspendues au bord des hautes cages de cristal, semblent hésiter à prendre la volée et tâtonnent dans le reste de jour qui traine sur la mer. Elles s'enhardissent bientôt, et l'épaississement des ombres élargit à mesure le cercle de leurs évolutions. Quelques instants encore et, sous le lourd écran nocturne, leurs fulgurantes lueurs empliront tout l'horizon visible : beaux oiseaux de lumière et d'espoir, elles ne rentreront dans leurs cages que les ténèbres disparues, le péril passé, le plein jour rendu à la navigation. Saluons-les au passage ; mais songeons à ceux qui se sont faits là-bas, sur la face trouble de l'abîme, pour un salaire dérisoire, les surveillants et les guides de leurs nocturnes évolutions. Que la poétique

(1) V. l'*Appendice*.

clarté du phare ne nous abuse pas sur la pénible existence des hommes chargés de son entretien : derrière son pur rayonnement, il n'est que trop juste
de discerner l'horreur des écueils solitaires où,
dans le sinistre compagnonnage de la houle et du vent,
sur une colonne de granit ou de fonte, veillent éternellement ces stylites de l'infini.

Chez Guignol

A Paul Glachant.

Guignol est à l'ordre du jour. Pour beaucoup de raisons. D'abord on a failli décréter sa suppression tout
de go. Ce n'était qu'un méchant bruit, heureusement :
petit bonhomme vit toujours, si tant est que sa dernière
heure ne soit plus très éloignée. Et, pour Dieu, que lui
reprochait-on de si grave, à ce pauvre Guignol ? Est-il
vrai que nous ayons mis quatre mille ans et plus à nous
apercevoir de son immoralité ? Car c'est là le fin mot
de l'histoire : Guignol est immoral ; Guignol, quand il
ne le rosse pas lui-même, fait rosser le commissaire
par son fils Guillaume, et ce Guignol en commet
d'ailleurs bien d'autres : il boit comme un trou, il
jure, il sacre, il révolutionne la rue par ses lazzis et son
rire de crécelle rouillée, il assomme sa femme Madelon.
C'est un ivrogne, un paillard, un assassin et, malgré
tout, c'est lui qui a le beau rôle de la pièce, c'est à lui

qu'on s'intéresse, c'est lui qu'on applaudit, et, si l'on conspue quelqu'un, c'est sa femme et c'est le commissaire.

Voilà un bel enseignement pour l'enfance ! Sans doute, mais n'est-ce point accorder trop d'importance au spectacle qui se joue léans et qui est si traditionnellement reçu que personne encore n'avait songé à s'en formaliser ? Nous devenons, décidément, bien farouches en vieillissant. Mais à ces retours d'un aigre puritanisme ne se bornent point les mésaventures du pauvre Guignol. La Société des auteurs dramatiques s'en est mêlée. Il lui est venu aux oreilles que Guignol, donnant dans le bel air, ne s'en tenait plus à son répertoire habituel. Cyrano de Bergerac, Marguerite de Bourgogne, Madame Sans-Gêne, les Deux Orphelines et Michel Strogoff cousineraient chez lui avec Polichinelle, et la question s'agiterait de savoir s'il n'y a point là matière à redevance. Pour quelques pauvres airs qu'écorche sur son accordéon ou sa harpe l'unique musicien qui fait office d'orchestre dans la plupart des Guignols, la Société des auteurs et compositeurs de musique a bien exigé qu'on lui versât un droit.

Et enfin, s'il n'était pas prouvé que la Ligue contre la licence des mœurs ait exigé la suppression radicale des Guignols et quand la Société des auteurs dramatiques n'aurait jamais songé, pour de lointaines imitations, à les frapper d'une redevance, il resterait vrai qu'une partie au moins des Guignols parisiens est menacée pour l'année prochaine d'une expropriation qui équivaudrait à la ruine. Sous couleur de ne point gêner la perspective que le pont Alexandre III doit ménager

entre les Invalides et les Champs-Elysées, une édilité
trop soucieuse du décorum ferait prochainement disparaître du carré Marigny toutes les petites baraques
volantes qui lui donnent un aspect si pittoresque de
foire enfantine. Guignol serait du nombre avec ses cinq
théâtres.

I

L'occasion était tentante pour rendre visite à cette
intéressante victime des embellissements de Paris. Sur
Guignol, sur ses origines, sur son passé, tout a été dit.
Il n'est que de feuilleter Magnin, l'érudit historiographe
des marionnettes. Les hypogées égyptiennes nous ont
livré toute une collection de pantins habillés qui servirent
très évidemment à des représentations de plein air.
D'Egypte, la *névrospastie*, qui est le nom savant du
marionnettisme, gagna la Grèce où elle amusa les
riches avant de tourner la tête au peuple. Cela alla au
point que les archontes, sous la tyrannie macédonienne,
autorisèrent un certain Pothinos à produire ses acteurs
de bois sur le théâtre de Bacchus. Athénée, dans son
Banquet des Sophistes, fait honte à la démocratie
d'Athènes d'avoir prostitué aux poupées de ce névrospaste la scène où, naguère, les acteurs d'Euripide
déployaient leur enthousiasme tragique. *Ligneolæ
hominum figuræ, pupæ, sigilla, sigilliola, imagun-
culæ, homunculæ*, ce ne sont pas les noms qui manquent, à Rome, pour désigner les marionnettes. Il est
fréquemment question d'elles dans Perse, Aulu-Gelle,

Horace, Vitruve, Galien, Marc-Aurèle. Une marionnette lémurique en argent, si habilement travaillée que ses souples vertèbres et la chaîne de ses articulations permettaient de lui faire prendre, quitter et reprendre toutes les attitudes d'un acteur pantomime, apparaît chez Pétrone, au dernier tableau du festin de Trimalcion. Le moyen âge fut à ses petits êtres un temps de sommeil. Il faut arriver au xii* siècle pour retrouver trace des marionnettes. Un manuscrit de cette époque, conservé à Strasbourg et qui porte le titre d'*Hortus deliciarum*, nous fait voir, dans une de ses miniatures, un véritable jeu ou montre de marionnettes. Deux siècles plus tard, Jérôme Cardan, dans son traité *de Varietate rerum*, s'étend longuement sur une représentation de marionnettes.

« J'ai vu, dit-il, deux Siciliens qui opéraient de véritables merveilles au moyen de deux statuettes de bois qu'ils faisaient jouer entre elles. Un seul fil les traversait toutes deux de part en part. Elles étaient attachées d'un côté à une statue de bois qui demeurait fixe et, de l'autre, à la jambe que le joueur faisait mouvoir. Ce fil était tendu des deux côtés. Il n'y a sorte de danse que ces statuettes ne fussent capables d'imiter, faisant les gestes les plus surprenants des pieds, des jambes, des bras, de la tête, le tout avec des poses si variées que je ne puis, je le confesse, comprendre le ressort d'un aussi ingénieux mécanisme : car il n'y avait pas plusieurs fils, tantôt tendus et détendus ; il n'y en avait qu'un seul dans chaque statuette, et ce fil était toujours tendu. J'ai vu beaucoup d'autres figures de bois mises en mouvement par plusieurs fils alternativement tendus et détendus, ce qui n'a rien de merveilleux. Je dois dire encore que c'était un spectacle vraiment agréable que de voir à quel point les gestes et les pas de ces poupées étaient d'accord avec la musique ».

Dans un autre passage de son traité *de Subtilitate*, Cardan nous enseigne que ces poupées s'appelaient vulgairement en italien *magatelli*, corruption sans doute, d'après Magnin, de *bagatelli* qui sert à désigner encore, chez nos voisins, les amusements de la place publique. Les textes abondent dès ce moment sur les marionnettes. Il faut couper au travers. C'est l'Italie qui mène le branle avec ses *puppi*, ses *fantoccini*, ses *burattini*, etc. Cassandre, Pantalon, Polichinelle, Scaramouche, ont un état-civil tout italien. Ils se répandent d'Italie sur l'Europe entière. Giovanni Torriani les introduit à la Cour de Charles-Quint. De la Cour, ils passent dans le peuple qui fait queue aux représentations des *titeros* (nom espagnol des marionnettistes). Mais ici, à l'exception de don Cristoval Polichinella, les marionnettes sont déjà fortement teintées d'ibérisme : ce sont des mores, des chevaliers, des enchanteurs, des personnages de l'Ancien et du Nouveau Testament, surtout des martyrs et des ermites, d'où le surnom poli et même affectueux de *Bonifrates* donné par le peuple aux titères.

En Angleterre, particulièrement sous les règnes d'Elisabeth et de Jacques Ier, les *puppet* font de bonne heure concurrence aux joueurs de mystères. Leurs directeurs, les *puppet-players*, se composent un double répertoire, l'un religieux, l'autre profane : un certain Pod acquiert une réputation dans le genre à la fin du XVIe siècle. Le puritanisme s'offusque de cette vogue croissante : il proscrit les *puppet*. Vainement. Les *puppet* font tête à la persécution. *Punch*, le Polichinelle anglais, s'établit ouvertement dans Londres, à la foire de Saint-Barthélemy, sous la direction Crawley. Ce Punch anglais n'est à l'origine qu'un vert galant, jovial et tapageur, « une sorte de petit roi d'Yvetot ou de Cocagne, un peu libertin, très hâbleur, mais faisant beaucoup plus de bruit que de mal ». Il se déprave sensiblement à la fin du xviii⁰ siècle. Ses énormités conjugales lui donnent une singulière ressemblance avec Henri VIII. Un dernier avatar lui était réservé : le Punch actuel est une sorte de Figaro britannique, frondeur, casseur de vitres, à l'affût de tous les scandales, n'exceptant de ses lardons ni les ministres, ni la Cour.

Les marionnettes allemandes sont plus sages, plus lourdes aussi. Dès le xii⁰ siècle, l'Allemagne a ses *tokkenspieler*, montreurs de marionnettes, qui puisent surtout dans les légendes romanesques et populaires, telles que *la Vie du docteur Faust* d'où Gœthe tira, dit-on, son beau drame. Polichinelle ici s'appelle *Hanswurst* ou Jean Boudin. L'Allemagne l'a marqué de traits spéciaux : il est balourd et glouton. A côté de lui, sous lui, prennent place *Hans Pickelhœring* (Jean-Hareng-Salé), *Jan Klaasen* (Jean-Nicolas) et enfin *Kœllsche-Hœnnesche*, le petit Jean de Cologne, assez pareil à notre Guignol et que les émigrés auraient bien pu importer de France. Il n'est pas jusqu'en Turquie et dans l'île de Ceylan où les marionnettes n'aient trouvé accès. Mais là c'est l'immoralité même. Karagheuz et Ranguin sont des façons de priapes qui feraient rougir des singes et dont l'absence de sens moral particulier à l'Orient peut seule expliquer la production en public devant un auditoire d'enfants et de femmes.

C'est en France vraiment que les marionnettes ont

5

pris tout le poli, la délicatesse et la poésie dont elles étaient susceptibles. Cassandre, Polichinelle, Arlequin, etc., isolément, sont italiens. Leur nom de famille est tout français :

Eh! Marionnette, tant aimée t'ai !

dit un vers de la *Pastourelle de Robin et Marion*. Marie, marion, marionnette, on suit la gracieuse déformation du mot. La première mention du mot *marionnette*, dans son acception scénique, nous est fournie par les *Serées* de Guillaume Bouchet fin du XVIᵉ siècle : « ...Et luy vont dire qu'on trouvoit aux badineries, bastilleries et *marionnettes*... » Bien entendu, Polichinelle tient, sur le théâtre et dès l'abord, rang de protagoniste. Ce n'est plus le Puscinella napolitain, à camisole blanche, au bonnet gris et pyramidal, au demi-masque noir, mais un être ou plutôt une caricature tout à fait personnelle à la race et qui, si l'on en croit Magnin, laisserait percer le type populaire, sinon d'Henri IV lui-même, tout au moins de l'officier gascon imitant les allures du maitre dans la salle des gardes du château de Saint-Germain ou du vieux Louvre. L'histoire nous a conservé le nom des deux Brioché qui furent les plus anciens « montreux » de marionnettes connus, fonctions qu'ils cumulaient, sur le Pont-Neuf, avec celle d'arracheur de dents. Leur réputation était assez vive pour que la Cour les ait fait venir à Saint-Germain-en-Laye pendant les mois de septembre, octobre et novembre 1669, dont ils tirèrent 1,365 livres. Presque à la même époque il est fait mention, sur les registres de la cour, d'un autre montreur de

marionnettes, François Dételain. La consécration royale
donnée aux Brioché et à Dételain détermine toute une
poussée de nouveaux marionnettistes : Archambaud,
Gérôme, Arthur et Nicolas Féron, Bodinière, La
Grille, Alexandre Bertrand, etc. Les marionnettes font
surtout florès aux deux grandes foires de Paris, la foire
Saint-Germain et la foire Saint-Laurent. Cela dure jusqu'au milieu du xviiiᵉ siècle où la vogue commence à
quitter les marionnettes pour se porter vers des spectacles moins relevés, et, pour dire le mot, tout à fait
dégradants. La bonne société du temps se presse dans
les baraques de lutteurs, autour des combats d'ours, de
taureaux, de chiens. Le sieur Bienfait, propriétaire
d'une loge de marionnettes à la foire Saint-Laurent,
las de jouer pour les banquettes, dépose son bilan le 14
novembre 1750. Aussi bien le boulevard du Temple,
puis le Palais-Royal, se sont-ils substitués dans la
faveur publique aux anciennes foires volantes. Les
marionnettes y émigrent sous différents noms : *Théâtre
des jeux forains, Théâtre des Pygmées, Fantoccini,
Puppi napolitani,* etc., etc. Les uns et les autres sont
relégués au troisième plan par les *Ombres chinoises,*
innovation du sieur Amboise, perfectionnée par Séraphin et accueillie du public avec un enthousiasme sur-
prenant. L'ancien régime touche à sa fin : 89 éclate, le
10 août, la Terreur. Phase délicate de l'histoire des
marionnettes ! Polichinelle dut passer là un singulier
quart d'heure. Il lui fallut s'encanailler tout à fait,
prendre les façons et le langage du père Duchesne. N'y
mit-il point quelque complaisance ? Si l'on en croit
Camille Desmoulins, le tieffé scélérat aurait poussé

l'esprit de courtisanerie et de bassesse jusqu'à remplacer par une petite guillotine, — une miniature de guillotine ! — la classique potence où il avait accoutumé jusqu'alors d'accrocher ses victimes.

Mais déjà les marionnettes, repoussées du boulevard du Temple et du palais-Royal comme elles l'avaient été de la foire, s'en allaient chercher un suprême asile sous les verdures des Tuileries et des Champs-Élysées, C'est de ce moment que leurs petits théâtres commencèrent à s'appeler des Guignols. Lyon a fourni le mot. Guignol y est né, en effet, vraisemblablement dans les dernières années du xviiie siècle, et l'on connaît son père, Laurent Mourguet, Lyonnais lui-même, qui mourut en 1844 centenaire ou quasi. Les marionnettes étaient fort aimées à Lyon où elles comptaient plusieurs loges. L'une de ces loges appartenait à Mourguet. Comment parvint-il à substituer dans la faveur publique sa création personnelle de Guignol au type consacré de Polichinelle? Quelle est l'origine même de ce nom : Guignol? Autant de problèmes. Suivant un auteur du xviiie siècle, Louis Garon, Guignol viendrait de Chignolo, petite ville de la Lombardie. Lyon, qui emprunta des Piémontais l'industrie de la soie, entretint d'étroites relations, jusqu'au xixe siècle, avec l'Italie du Nord. « Encore maintenant, dit M. Lemercier de Neuville, il y réside beaucoup d'Italiens ; or, beaucoup d'artisans étaient dénommés jadis par le nom de leur pays : *Bourguignon*, *Parisien*, *Champenois*. Pourquoi n'admettrait-on pas qu'un ouvrier gai, spirituel, n'ait pas été désigné sous le nom de son pays natal : *Chignolo*, d'où, par abréviation. *Chignol* qui s'emploie souvent pour Guignol ? »

L'hypothèse est séduisante. Je dois dire cependant que l'opinion la plus accréditée fait descendre Guignol de l'expression lyonnaise *guignolant*. Une tradition veut en effet que Laurent Mourguet ait eu pour voisin et ami dans le quartier Saint-Paul, où il habitait, un vieux canut à qui il lisait ses pièces, comme Molière à sa servante Martine. S'il y avait trouvé quelque esprit et du trait, le vieux canut avait coutume de dire en éclatant de rire : « C'est *guignolant*. » autrement dit : c'est fort drôle ! c'est roulant ! Mourguet, qui avait introduit parmi ses marionnettes le type de l'ouvrier en soie, du canut lyonnais, avec son argot spécial, ne manqua point de placer dans la bouche de celui-ci l'expression favorite de son voisin : « C'est guignolant. » et, l'expression revenant sans cesse, à tout propos et hors de propos, dans la conversation du canut, le public finit par baptiser ce personnage du mot même dont il faisait un si fréquent emploi.

Quelle que soit, du reste, l'origine du mot. le type qu'il recouvre est certainement de l'invention de Mourguet et sa fortune fut extraordinaire. « Mourguet, dit M. Onofrio [1], a développé ce type de Guignol dans une longue série de pièces en lui conservant toujours son costume. celui des ouvriers lyonnais de la fin du siècle dernier, son accent qui est aussi lyonnais de la même époque, sa bonne humeur et son originalité d'esprit. Le caractère de ce personnage est celui d'un

(1) M. Onofrio était un magistrat du barreau de Lyon à qui l'on attribue la publication du *Théâtre lyonnais de Guignol*.

homme du peuple : bon cœur, assez enclin à la bamboche, n'ayant pas trop de scrupules, mais toujours prêt à rendre service aux amis ; ignorant, mais fin et de bon sens : qui ne s'étonne pas facilement ; qu'on dupe sans beaucoup d'efforts en flattant ses penchants, mais qui parvient presque toujours à se tirer d'affaire. »

Physiquement (1), il est tel qu'on le voit encore dans tous les théâtres, gros, joufflu, coloré, avec une petite jaquette à la française et un chapeau noir et mou relevé sur le milieu à la façon d'un bicorne de gendarme, mais collé aux tempes à ses extrémités. De ce chapeau sort, par derrière, une queue tressée qu'il appelle son *sarsifis*.

Encouragé par le succès de sa création, Mourguet élimine peu à peu de son répertoire les différents personnages de la comédie italienne, à l'exception de Cassandre et du juge, et les remplace par des types à lui : Madelon, la femme de Guignol, harnachée sur ses larges appas d'une camisole blanche vulgairement appelée pet-en-l'air, le perruquier Pommadin, la veuve Bobinard, le propriétaire Canezou, l'usurier Gripardin, surtout Gnafron, qui est le pendant comique de Guignol. Savetier de son état, Gnafron a probablement tiré son nom de *gnaff*. « Les gens qui ont reçu de l'éducance, dit-il quelque part, nous appellent savetiers ; ceux qui n'en ont pas reçu nous appellent gnaffs. » Guignol lui-même, comme on l'a vu plus haut, est

_____

(1) D'après un article du *Salut Public* de Lyon (1864), le costume de Guignol se serait composé à l'origine d'une souquenille en serge et d'un bonnet de coton.

généralement un ouvrier canut ; mais il change fréquemment de profession dans les pièces de Mourguet. On l'y découvre tour à tour domestique, tailleur, marchand d'anguilles, militaire, etc. Le premier théâtre permanent où il se soit produit paraît être, d'après M. Onofrio, celui que Mourguet ouvrit dans la rue Noire, qu'il vendit ensuite à un M. Verset et qui a été longtemps une des *crèches* (1) les plus appréciées de Lyon. Mourguet joua ensuite rue des Prêtres, rue Juiverie, aux Brotteaux, dans la Grande Allée et, plus loin, au Jardin Chinois, où il avait pour aide et compagnon une autre célébrité du pavé lyonnais, le père Thomas dont le nom véritable était Ladray. Une tournée dans les départements voisins, où sa célébrité s'était répandue, le ramène quelques années plus tard à Lyon, place des Célestins. Il y fonde le café du Caveau et y installe un Guignol. Puis ses instincts de vagabondage le reprennent. Il cède son établissement à son fils, repart avec un théâtre ambulant de marionnettes et meurt sur la brèche, à Vienne, en Dauphiné.

Son fils Jacques continuait cependant, au café du Caveau, les traditions paternelles. Lui-même se transportait plus tard, avec ses marionnettes, à Grenoble et à Marseille. Un Mourguet, troisième du nom, passait la mer et instaurait en Algérie le Guignol lyonnais. Celui-ci, d'ailleurs, s'était rapidement multiplié sur

(1) On entend par *crèches*, à Lyon, de petits théâtres où les marionnettes jouent encore des scènes du Nouveau Testament et, particulièrement, la naissance du Christ.

place : les Guignols foisonnent littéralement à Lyon.
On signale, parmi les mieux tenus, le Guignol de la
galerie de l'Argue, celui de la place des Célestins, surtout le Guignol du Gymnase, quai Saint-Antoine, dirigé
par M. Pierre Rousset. De Lyon, Guignol rayonnait
sur Paris, sur la France entière. Les théâtres de marionnettes à demeure dans les villes, comme les théâtres
ambulants, se rebaptisaient à son nom. Paris compte à
lui seul une vingtaine de Guignols, dont quatre aux
Champs-Elysées, un au Luxembourg, un aux Tuileries,
un à la place des Vosges, un à la pelouse du Ranelagh,
un au parc de Montsouris et les autres dans différents
squares. Tant par leur personnel spécial, directeurs,
casteliers, musiciens, etc., que par les industries qu'ils
alimentent, ces vingt Guignols font un petit monde à
part, de vie curieuse, de physionomie intéressante et
qui méritait de prendre place dans notre galerie.

Who loves not puppets is not fit to live.

« Qui n'aime pas les marionnettes, dit quelque part
Byron, n'est pas digne de la lumière du jour. »

II

On connaîtrait mal Guignol cependant, si on ne con-
naissait d'abord son répertoire. Nous n'avons que des
données incertaines sur ce qu'était ce répertoire dans
l'antiquité. Xénophon fait dire à un névrospaste :

« Je me réjouis qu'il y ait des sots dans le monde, car ce
sont eux qui me font vivre en accourant en foule au spectacle
de mes pantins. »

Magnin n'en estime pas moins que ces menus acteurs de carton ou de bois ont dû renchérir de malice et de verve sur Aristophane lui-même et plus tard, en Etrurie et à Rome, sur le génie inventif des Atellanes. Les textes manquent un peu à l'appui de son opinion. Est-il bien sûr, d'ailleurs, que les marionnettes antiques aient été autre chose que de simples pantomimes ? Et de même les marionnettes du moyen âge ? Ces petits êtres ne se délient tout à fait qu'avec la Renaissance italienne. Ils prennent enfin une voix, un langage. Leur répertoire, à cette époque, était uniquement satirique et comique. Telle de leurs farces a passé dans Molière. Ces farces ne sont point très compliquées : elles ont pour fonds principal les mésaventures du vieux Cassandre, bafoué par Polichinelle, Arlequin et Scaramouche. En Espagne, terre classique du monachisme et de la chevalerie, c'est le *Romancero* ou la *Vie des Saints* qui défraye le plus habituellement le répertoire des marionnettes. En Angleterre, les *puppet-player* font également emploi, pour commencer, des vieux thèmes populaires. Mais l'ambition leur vient avec l'âge. Voici les *puppet* qui abordent le drame historique et entrent en concurrence directe avec les comédiens des grands théâtres. Dekker leur a ainsi vu représenter *Julius César* et le *Duc de Guise*, emprunts presque certains à Shakespeare et à Marlow. Surgit Punch, aux alentours de 1688, qui bouleverse de fond en comble le répertoire des *puppet*. Plus de grandes pièces à flafla, mais de courtes bouffonneries, des pantalonnades satiriques du genre de *Punch and Judy*, qui empruntent à l'actualité et que l'actualité renouvelle.

La marionnette allemande est, elle aussi, tout d'abord héroïque et religieuse. Elle se fait luthérienne avec le XVI° siècle. Alourdie de controverses, la pauvrette se démène comme elle peut pour figurer convenablement la *Prodigieuse et lamentable histoire du docteur Faust*. Hanswurst et ses succédanés, Hans Pickelhœring et Hans Klaassen, celui-ci d'origine hollandaise, introduisent quelque gaieté dans toute cette théologie. Entre *Asphalidès, roi d'Arabie*, et la *Destruction de Jérusalem*, on joue le *Souper coûteux de Pickelhœring*. Cela n'a pas grand sel, non plus que les pièces actuelles du répertoire, imitations ou parodies des pièces en vogue. Pickelhœring est cependant un parangon d'atticisme et de bon goût près du Karagheuz ottoman ou du Ranguin ceylandais. Impossible de donner honnêtement la moindre idée du répertoire de ces deux coquins. Le mieux est d'en venir tout de suite aux marionnettes françaises qui nous intéressent plus spécialement ici. Polichinelle, leur grand protagoniste, n'est primitivement que la doublure de ces baladins en vogue, Tabary. Franc-à-tripe, Jehan des Vignes, qui tiennent leurs tréteaux sur le Pont-Neuf. Bon Français comme eux, Polichinelle ne pactise pas plus qu'eux avec les Espagnols. On lui fait honneur d'une chanson qui s'est transmise jusqu'à nous, quoique l'à-propos s'en soit perdu :

> Je suis le fameux Mignolet,
> Général des Espagnolets,

« dont les Guignols d'il y a trente ans, dit Magnin, nous donnaient encore le régal dans les bons jours »

Ce couplet et un fragment de pièce où Polichinelle et deux mendiants se trouvent en présence et qui se termine par l'invocation fameuse à dame Jacqueline :

« Jacqueline, voici deux pauvres aveugles. Vite la clef de mon coffre-fort que je leur donne un patard ! »

sont tout le débris du répertoire primitif de Polichinelle. On ne sait rien de plus sur lui. On pense cependant qu'il fut flanqué dès l'origine de dame Gigogne, sa femme ou sa commère, qui partagea longtemps avec lui la royauté des marionnettes. Des témoignages postérieurs nous montrent ces petits êtres haussés à la dignité de tragédiens lyriques dans l'*Enlèvement de Proserpine*. En 1676, un théâtre de marionnettes italiennes fait son ouverture au Marais avec une tragi-comédie en cinq actes : *les Pygmées*, que suit une « tragédie enjouée » intitulée les *Amours de Microton ou les Charmes d'Orcan*. A la foire Saint-Laurent de 1701, les marionnettes de Bertrand donnent *Thésée ou la Défaite des Amazones*, ouvrage dramatique en trois actes de Fuzelier. Un cahier manuscrit de M. de Soleinne nous fournit les titres de quelques autres pièces du répertoire de Polichinelle entre 1695 et 1712 : *Polichinelle grand Turc, le Marchand ridicule, Polichinelle Colin-Maillard, Polichinelle magicien*, etc. Les mœurs de Mesdames les marionnettes n'y apparaissent point, il faut le concéder, sous un jour bien avantageux et l'on conçoit que le Parlement ait fini par s'en préoccuper. Effectivement un arrêt du 2 janvier 1709 enjoignit aux sieurs Dolet, La Place, Bertrand, etc., de s'en tenir désormais à la danse de corde pour leurs marionnettes. « C'est alors, dit Magnin, que s'établit l'usage des pièces *à la muette*, mêlées de *jargon*, et celui des pièces *à écriteaux*. Le jargon consistait en des mots vides de sens, que les forains introduisaient dans leurs farces, surtout dans les parodies des ouvrages récemment applaudis à la Comédie Française : ils déclamaient ces mots baroques en imitant la diction emphatique et monotone des *Romains* — c'était le nom qu'ils donnaient aux Comédiens-Français. — Quant aux écriteaux, on les vit commencer à la foire Saint-Germain de 1710. C'étaient des couplets écrits sur une pancarte, que chaque acteur, au moment venu, déroulait aux yeux du public. L'orchestre jouait l'air, et des gagistes, placés au parquet de l'amphithéâtre, chantaient les paroles et engageaient toute la salle à les imiter ». Ainsi les marionnettes, fines mouches, tournèrent l'arrêt en feignant de s'y conformer. Le Parlement n'y put mais. Le temps passa : la prescription s'oublia : les marionnettes se remirent doucettement à babiller. L'audace leur crut avec l'impunité. On les vit qui faisaient des signes aux auteurs à la mode, et il y en eut de ceux-ci assez osés pour se commettre immédiatement en leur compagnie. Après Fuzelier, Piron, Carolet, Favart, d'Orneval et l'illustre auteur de *Gil Blas* lui-même, Lesage, écrivirent pour elles de petites pièces dont plusieurs nous ont été conservées. Ce sont les parodies qui forment le plus bel appoint de ce répertoire. En 1741, cependant, Valois d'Orville fait jouer à la foire Saint-Germain *Polichinelle distributeur d'esprit*, « petite pièce qui n'offrait pas seulement, comme de coutume, la critique d'un ouvrage unique, mais une sorte de *revue* piquante des divers ouvrages joués pendant la saison ». La *revue*, ce genre éminemment national, inventée, créée par les marionnettes ! Francisque Sarcey persistera-t-il encore à les accabler de son mépris ?... La Révolution devait retentir sur ces frêles organismes. Ceux qui résistent, c'est qu'ils ont mis un bonnet rouge et une carmagnole : ce sont ceux-là qui jouent, en 1790, la *Démonseigneurisation*, en 1793, la *Fédération nationale*. L'orage passé, ils se secouent comme des chiens mouillés, jettent carmagnoles et bonnets rouges, reprennent leur coquet babit d'ancien régime. Ils ne veulent plus frayer qu'avec les honnêtes gens. Sous le Consulat, un savant bibliothécaire, Capronier, donne aux Marionnettes diverses pièces spécialement écrites pour elles, dont l'*Ile des Perroquets* qui resta longtemps au répertoire. Séraphin, autre fournisseur en même temps que directeur de marionnettes, cultive surtout la féerie chantée. Une de ses filles, Pauline Séraphin, s'en tient au genre mixte du vaudeville. Mais tout change, dès que paraît Guignol. Lyon, justement, revendique la paternité du type. Encore Paris l'a-t-il singulièrement façonné, pétri et repétri. Mourguet et ses successeurs avaient créé tout un répertoire à Guignol, répertoire moins original dans le fond que dans la forme, toute bariolée d'idiotismes : *les Frères Coq*, *les Couverts volés*, *le Duel*, *le Pot de confitures*, etc. Dans l'une de ces pièces, Guignol fait ainsi sa propre biographie, et cette citation, un peu longue, donnera une idée de la manière et du vocabulaire lyonnais :

« J'ai bien changé quarante fois d'état ; je peux réussir à
rien... J'ai commencé par être canut comme mon père. Comme
il me disait souvent dans sa chanson :

> Le plus cannant des métiers.
> C'est l'état de taffe, taffe.
> Le plus cannant des métiers.
> C'est l'état de taffetassier...

Je boulottais tout petitement sur ma banquette... Mais voilà
qu'un jour que j'allais au magasin (je demeurais en ce temps-
là aux Pierres-Plantées), je descendais la Grande-Côte avec
mes galoches, sur ces grandes cadettes qu'ils appeller des
trétoirs... voilà qu'en arrivant vers la rue Meyret, je mets le
pied sur quéque chose de gras qu'un malpropre avait oublié
sur le trétoir... Je glisse... patatrouf... les quatre fers en l'air...
et ma pièce dans le ruissian... Quand je me relève, ils étaient
là un tas de grands goguands qui ricanaient autour de moi...
Y en avait un qui balaiait la place avec son chapeau... un qui
me disait : « M'sieu, vous avez cassé le verre de votre montre. » L'autre répondait : « Laisse donc, tu vois ben qu'il veut
aller ce soir au théâtre, il prend un billet de parterre. » Je me
suis retenu de ne pas leur cogner le melon... Enfin je me
ramasse ; je ramasse ma pièce dans le ruissian, une pièce de
couleur tendre, gorge de pigeon... Ça lui avait changé la
nuance... Je la porte au magasin, ils n'ont pas voulu la prendre... Y avait le premier commis, un petit faraud qui fait ses
embarras... avec un morceau de verre dans l'œil... qui me
dit : « Une pièce tachée ! J'aime mieux des trous à ma pièce
que des taches ! — Ah ben ! que j'ai dit, je veux bien. »

« J'ai pris des grands ciseaux, j'ai coupé les taches tout
autour... C'est égal, il n'a pas voulu la garder... Puis il m'a
dit : « Vous vous moquez de moi, mossieu Guignol, ne revenez
plus demander d'ouvrage à la maison... Et dépêchez-vous de
vous en aller, mon cher, car vous ne sentez pas bon. » J'aurais
bien voulu le voir, lui, s'il était tombé dedans, s'il aurait
senti l'eau de Colonne... Je suis rentré à la maison : j'étais
tout sale : Madelon m'a agonisé de sottises : « Te voilà ! t'es

toujours le même, t'es allé boire avec tes pillandres, tu t'es
battu ! » Elle m'a appelé sac à vin, pilier de cabaret, ivrogne
du Pipelu (1)... Elle m'a tout dit. Enfin, on en dit pas plus à la
vogue de Bron (2)... La moutarde m'a monté au nez : je lui ai
donné une gifle : elle m'a sauté aux yeux : nous nous sommes
battus, nous avons cassé tout le ménage. C'te histoire m'a
dégoûté de l'état... Je me suis dit : je vergète là depuis cinq
ans sans rien gagner... Y faut faire un peu de commerce... Je
me suis mis revendeur de gages (3) dans la rue Trois-Massa-
cres (4). Mais j'ai mal débuté... J'ai acheté le mobilier d'un
canut qui avait déménagé à la lune... Le propriétaire avait un
bau de loyer... Il a saisi mon mobilier... Le commissaire est
venu chez moi... il m'a flanqué à la Cave... J'ai passé une nuit
avec Gaspard (5).

« Mon vieux, que je me suis dit après ça, faut changer de
plan... T'as entrepris quéque chose de trop conséquent... T'as

1: Ancien quartier de Lyon qui répond au point où est aujourd'hui la rue
du Palais-Grillet. (Note de M. Onofrio.

2 Bron, village du Dauphiné. Vogue signifie fête, assemblée. Il paraît qu'à
celle de Bron on pouvait s'injurier librement sans qu'il fût permis d'exercer
d'autres représailles que celles de plus fortes injures. Cet usage, dont l'origine
ne nous est pas connue, n'a cessé que dans les premières années de ce siècle.
(Note de M. Onofrio.

3) On appelait jadis à Lyon revendeur de gages les marchands de vieux
meubles, probablement parce que ces industriels prêtaient sur gages aux pauvres gens. (Note de M. Onofrio.

4) C'est ainsi que Guignol et beaucoup de Lyonnais de son quartier pro-
nonçaient le nom de la rue Tramassac. (Note de M. Onofrio).

5) Les salles basses, dites les Caves, de l'Hôtel-de-Ville de Lyon, ont
longtemps servi de prison municipale. Elles étaient fréquentées par de nombreux rats qui s'engraissaient des reliefs des pensionnaires et l'un d'eux, qui
s'était fait remarquer par ses traits de gentillesse, avait reçu des habitants le
nom de Gaspard qu'il a transmis à sa postérité. Or, les Caves de Lyon n'ont
pas enfermé seulement des vauriens et des vagabonds. Plus d'un honnête
bourgeois, plus d'un homme des meilleures familles de notre ville y a passé,
pendant la Révolution, de longues nuits tristement égayées par Gaspard. De
là la célébrité de ce personnage. (Note de M. Onofrio).

voulu cracher plus haut que ta casquette... Y faut faire le
commerce plus en petit... » Y avait un de mes amis qui avait
une partie d'éventails à vendre... Je l'ai achetée... et je les
criais sur le pont... Mais j'avais mal choisi mon m'ment...
C'était à la noël... J'avais beau crier : « Jolis éventails à trois
sous : Le plus beau cadeau qu'on peut faire à un enfant pour
le jour de l'An ! » Personne en achetait, et encore on me riait
au nez. Après ça, je me suis fait marchand de melons... Pour
le coup, c'était bien au bon m'ment... C'était au mois de jeu-
liet... Mais, quand le guignon en veut à un homme, il le lâche
pas... C'était l'année du choléra... et les médecins défen-
daient le melon... J'ai été obligé de manger mon fonds...
toute ma marchandise y a passé... Eh bien, ça n'a pas arrangé
mes affaires... Au contraire, ça les a tout à fait dérangées...
J'ai déposé mon bilan... ça a fait du bruit : la justice est
venue sur les lieux avec les papiers nécessaires... et elle a
dit : « V'là une affaire qui ne sent pas bon... » C'est égal, les
créanciers ont eu bon nez, ils n'ont point réclamé de divi-
dende. Je n'ai pas eu plus de chance dans mes autres entre-
prises (1). Y a ben un quéqu'un qui m'avait conseillé de me
faire avocat... parce qu'il disait que j'avais une jolie organe.
Mais il y en a d'autres qui m'ont dit que, pour cette chose-là,
je trouverais trop de concurrence. Ah ! j'ai eu, par exemple,
un joli m'ment... Je m'étais fait médecin magnétiseur, et ma
femme, Madelon, somnambule... C'était un de mes amis qui
avait travaillé chez un physicien qui m'avait donné des leçons...
Madelon guérissait toutes les maladies... On n'avait qu'à lui
apporter quéque chose de la personne... sa veste, ses cheveux, quoi que ce soit enfin... Elle disait sa maladie et ce
qu'il fallait lui faire... Les écus roulaient chez nous comme
les pierres au Gourguillon... et tous les jours y avait cinq ou
six fiacres à notre porte... C'est que Madelon était d'une
force !... Et pour le déplacement des *essences* !... C'était ce

(1) Il va de soi que ce récit se prolonge et se varie à usto (Note de
M. Onofrio).

même ami qui m'avait appris ça... Elle y voyait par le bout
du doigt, elle y voyait par l'estomac, de partout, enfin... Elle
lisait le journal, rien qu'en s'assiyant dessus... Eh ben, nous
avons fini par avoir un accident... Y avait une jeunesse qui
était malade de la poitrine : Madelon l'a conseillée de s'ouvrir
une carpe sur l'estomac et de s'asseoir sur un poële bien
chaud jusqu'à ce que la carpe soit bien cuite... Elle a prétendu que cela lui avait fait mal... ça nous a ôté la confiance...
Les fiacres sont plus venus, les écus non plus... Nous avions
fait bombance pendant le bon temps, acheté un beau mobilier... Y fallait payer ça... Tout a été fricassé... Du depuis,
je n'ai fait que vivoter... Je suis revenu à ma canuserie...
mais l'ouvrage ne va pas... Le propriétaire m'est sur les
reins pour son loyer... Je lui dois neuf termes... Il est venu
hier... Il va revenir aujourd'hui... Je ne sais plus où donner
de la tête. »

On voit le ton : il n'est pas très délicat, peut-être,
sans manquer pourtant d'une certaine saveur. Le
Guignol parisien est plus raffiné. Ce n'est du reste pas
tout à fait le même homme. De plus il s'est dédoublé en
passant la Seine. Poltron et vantard, il a un fils qui lui
ressemble par quelques traits, mais qui est de surcroît fin
comme l'ambre, débrouillard et franc cœur. Ce Guignol
n° 2 s'appelle Guillaume ; c'est Gavroche marionnette.
Guignol, Guillaume, le vieux Cassandre (débris de
l'ancien répertoire), le concierge Gnafron, le juge
Griponeau, le gendarme Trop-Tard, plus quatre ou
cinq comparses alternant d'après les scénarios, c'est
tout le personnel ordinaire des loges parisiennes. Les
scénarios de ces loges sont généralement établis par les
casteliers eux-mêmes. Ils ne sont point écrits. C'est la
tradition orale qui les conserve. Les divers casteliers

que j'ai interrogés m'ont tous répondu qu'ils se bornaient à répéter, avec quelques variantes et la tournure d'esprit propre à chacun, les pièces qu'ils avaient entendues dans les autres théâtres de marionnettes. Certains casteliers revendiquent cependant la paternité de différentes pièces restées au répertoire. Feu Anatole Cressigny qu'on appelait en son temps le dieu du Guignol, comme Vestris fut le *diou* de la danse (son prénom s'étale encore en grosses lettres sur la loge qu'il dirigeait au carré Marigny et qui appartient aujourd'hui à Mme Hanse), aurait ainsi composé à lui seul une quarantaine de pièces, d'autres disent deux cents, dont le *Voyage du père Cassandre* serait le chef-d'œuvre. Louis Lafage, de *Guignolet*, a « fait » les *Cancans de Madame Tapachon*, le *Village enchanté*, les *Brigands de la forêt Noire*, etc., etc. ; Charles Laurent, du *Guignol des Batignolles*, est l'auteur de *la Boîte magique*, du *Voyage en Chine*, du *Tour de France*, de la *Caverne des voleurs* et des *Misères du père Cassandre*. On retrouve ces pièces, sous leurs titres mêmes, dans les différents Guignols. N'étant point écrites, la propriété littéraire n'existe pas pour leurs auteurs. « Un directeur de marionnettes a-t-il envie de jouer la pièce d'un théâtre rival ? dit M. Paul Fontoulieu. Il va tout simplement l'écouter une fois ou deux, s'empare du scénario et le tour est fait. Quant au dialogue, il l'arrange à sa manière. C'est là un détail de peu d'importance. » L' « actualité », surtout l'actualité patriotique, fournit d'ailleurs plus qu'on ne suppose au répertoire de Guignol. Celui des Tuileries, qui a le monopole des pièces à grand spectacle et à décors sensationnels, représenta

successivement, en ces dernières années : *les Français
au Dahomey, les Français au Tonkin, la Prise de
Tombouctou, les Français à Madagascar*. Le thème
de ces petites pièces est à peu près invariable : Guillaume,
en délicatesse avec la justice de son pays, fâcheusement
représentée d'ailleurs par le robin Griponeau, s'est
engagé dans la légion étrangère. Il prend part à une
expédition coloniale, pourfend les ennemis, à la grande
terreur de son père Guignol qui l'a suivi, bon gré mal
gré, sur le champ de bataille et dont la caponnerie et
la vantardise font la joie des enfants, monte le premier
à l'assaut d'une citadelle et s'empare d'un drapeau
ennemi. Sur quoi son colonel le décore et Guillaume
reconquiert son état civil avec les sympathies de l'auditoire... L'inconvénient de ces sortes de pièces est
qu'elles demandent une figuration spéciale, le sens du
couplet et quelque déploiement de mise en scène.
Semblablement les pièces à féeries et les mélodrames :
Bouchardy, Pixérécourt, d'Ennery, Alexandre Dumas
père ont en effet leurs grandes entrées chez certaines
marionnettes. Quant aux pièces qui ont été récemment
composées pour elles par des lettrés, je ne sache point
qu'aucune d'elles, depuis l'*Ile des Perroquets* de feu
Capronier, ait obtenu l'agrément de ces capricieuses
petites personnes. Duranty s'y buta, comme bien
d'autres. Il dut, pour faire jouer ses pièces, solliciter
et obtenir le privilège d'un théâtre à lui 1860 , qui est
le Guignol actuel des Tuileries. Mais le public lui garda
rigueur jusqu'au bout. Après quelques mois d'essai,
Duranty se débarrassa de son théâtre, et ses successeurs
n'eurent rien de plus pressé que d'y reprendre le

répertoire traditionnel des Guignols. D'autres auteurs, en ces dernières années, ont publié des pièces pour marionnettes : M. Fernand Bessier est l'auteur d'un *Théâtre de Guignol* assez conforme à la tradition ; de MM. Adolphe Tavernier et Arsène Alexandre on connaît le *Guignol des Champs-Elysées*, recueil de petites pièces fort spirituelles, présentées par M. Jules Claretie dans une charmante introduction, mais où le nom de Guignol déguise si mal ou si peu la tapageuse personnalité de Polichinelle que l'illustrateur Geffroy l'a continuellement figuré dans le livre avec les attributs et la physionomie de celui-ci. Il y a là quelque confusion. En fait, Polichinelle a complètement disparu du répertoire guignolesque. Il n'y paraît plus que comme annoncier, pour la parade qui précède la pièce ou pour le salut qui la termine. Le grand protagoniste d'autrefois, le marquis cascadeur d'ancien régime, est tombé au rang de comparse, et c'est Guignol, le populaire et démocratique Guignol, Guignol « l'ouverrier », qui l'a remplacé dans la faveur publique (1).

III

Ce qui n'a pas changé ou à peine chez les marionnettes, c'est leur structure, leur outillage, leurs pro-

---

(1) Ne nous occupant ici que des marionnettes populaires, nous ne pouvons que signaler au passage des tentatives comme celles de M. Maurice Sand (*Théâtre de Nohant*), de M. Lemercier de Neuville (*Pupazzi*), d'Amédée Rolland et Jean Duboys (*Théâtre de la rue de la Santé*), de MM. Henri Signoret et Maurice Bouchor (*Théâtre de la galerie Vivienne*) où les marionnettes, dûment stylées, s'adressaient surtout à un public d'artistes et de lettrés.

cédés d'expression, etc... Magnin, à qui il faut toujours
en revenir quand on parle de ces petits êtres, pense que
pour s'être produites sur le théâtre de Bacchus il fallait
que les marionnettes de Pothin aient été de grandeur
naturelle. Pure hypothèse. La poupée égyptienne de la
collection du Louvre, dont la tète laisse à son sommet
un trou propre à recevoir une tringle, et la marionnette
de Panticapée, dont les jambes sont pourvues des deux
trous nécessaires pour livrer passage aux fils moteurs,
ne sont pas sensiblement plus grandes que nos marionnettes foraines. Le mécanisme de ces marionnettes
avait atteint de bonne heure un très haut degré
de perfection, comme en témoigne le traité *de Mundo*
faussement attribué au Stagyrite et paraphrasé, en ces
termes, par Apulée :

« Ceux, dit-il, qui dirigent les mouvements et les gestes
des petites figures d'hommes faites de bois n'ont qu'à tenir le
fil destiné à agiter tel ou tel membre, pour qu'aussitôt on voie
leur cou fléchir, leur tète se pencher, leurs yeux prendre la
vivacité du regard, leurs mains se prêter à tous les offices
qu'on exige : enfin leur personne entière se montre gracieuse
et comme réellement vivante ».

Deux points sont à retenir de ce passage : 1° que les
marionnettes antiques étaient mues par des fils ; 2° qu'on
les taillait dans le bois. Mais on les faisait aussi en
métal, en ivoire, en os. C'est au moyen d'un fil qui se
croise et dont chaque bateleur tire un bout à soi que
manœuvrent les marionnettes de l'*Hortus deliciarum*.
Mais ici les mains qui font mouvoir les deux marionnettes ne sont pas cachées ; de plus elles tirent les fils

dans le sens horizontal et non dans le sens perpendiculaire. Le procédé est bizarre. Bizarres aussi, mais plus savantes, les marionnettes automatiques de la Renaissance, mues par un ressort caché, eau, caoutchouc, aimant. Bartholoméo Néri imagine ensuite de faire glisser les marionnettes dans des rainures où les soutenaient des supports maintenus perpendiculairement par des contrepoids. C'est le système adopté de nos jours par MM. Signoret et Bouchor pour les marionnettes de leur Petit-Théâtre. Il ne laisse pas d'être assez compliqué. Les casteliers actuels en ont un autre, bien plus simple, qui consiste tout uniment à glisser la main sous la robe des marionnettes, le pouce dans une manche, l'index dans la tête et le médius dans l'autre manche. « Ces trois doigts, dit M. Lemercier de Neuville, suffisent pour donner la vie à la marionnette. Elle peut saluer, dire oui ou non, prendre un objet, frapper avec un bâton. Sans doute les bras ne sont que des moignons qui ne se rabattent qu'imparfaitement le long du corps, mais cette gaucherie rend leurs gestes beaucoup plus drôles, sans leur enlever leur ressemblance. Un *operante* habile, faisant bien accorder ses gestes avec ses paroles, procure au bout d'un instant l'illusion de la réalité. Ce n'est plus une poupée qu'on voit, c'est un être vivant qui agit et parle librement, qui pense, pleure, rit et a toutes les passions de l'humanité Sous ses oripeaux, la main devient un véritable acteur. On ne le voit qu'à mi-corps, il est vrai, mais on s'inquiète peu du reste. Le coup de pied traditionnel de la farce est remplacé par le coup de bâton et cela suffit ». C'est ce bâton, toujours en mouvement chez Guignol, qui fait que les marionnettes actuelles sont toutes en bois plein et résistant. Si l'on en a vu paraître d'une autre matière, assurez-vous que ce n'étaient point des marionnettes de la foire. Telles, par exemple, les marionnettes du Petit-Théâtre, où le bâton ne jouait aucun rôle, qu'on fabriquait de feuilles de papier superposées dans un moule. Cela donnait une sorte de cartonnage représentant la face antérieure d'un corps : on obtenait par le même procédé, dans un autre moule, la face postérieure du corps. Les deux parties étaient soudées ensuite à la colle de pâte. Les pieds, cependant, étaient de plâtre, la tête un moulage de plâtre et d'étoupe, les mains seules de bois.

La marionnette populaire n'a pas de corps ou, plutôt, c'est l'avant-bras du castelier qui lui fait ce corps. Telle quelle, toute en tête et en mains, il lui faut un théâtre où se produire. Nous avons vu que Pothin le névrospaste emprunta celui de Bacchus. Mais, d'une représentation tout exceptionnelle, peut-on tirer de sérieuses inductions ? Les marionnettes antiques avaient évidemment leurs théâtres à elles, très rudimentaires et très simples. Magnin pense qu'ils se composaient d'une charpente à quatre pans (πῆζμα τετράγωνον) que l'on couvrait de draperies et dont le plafond était assez élevé « pour que, placé dans le haut de cette sorte d'*episcenium* improvisé, le maître du jeu pût diriger sans être vu les mouvements de ses comédiens ». Cette disposition se retrouve à peu de chose près dans les Guignols actuels. Le plafond seulement s'est abaissé depuis que les marionnettes, au lieu d'être agitées du dessus par des fils, sont mues du dessous par les mains. Le castellet moderne viendrait ainsi en droite ligne des anciens. Ce qui confirme Magnin dans cette opinion, c'est que ce petit appareil théâtral est employé (le nom et la chose) dans toutes les contrées qui ont gardé l'empreinte de la civilisation grecque ou romaine : l'Orient même l'a conservé ; on le trouve en Perse, à Constantinople, au Caire. Seulement là, comme chez nous dans les boutiques de marionnettes ambulantes, qu'il faut portatives, on a supprimé la partie supérieure du plafond, suppression qui a entraîné un autre changement : on ne fait plus voir dans ces petits théâtres les pantins qu'à mi-corps et avec la main.

Nos castellets (1) parisiens, à l'exception d'un ou deux, comme celui des Tuileries, qui a des prétentions justifiées au grand air, sont de petites baraques quadrangulaires, larges d'un mètre cinquante à deux mètres environ, sur un mètre de longueur. Posés de plein pied sur le sol, ils présentent à l'intérieur une cavité ou *trappe*, percée de telle sorte que le castelier s'y puisse tenir droit, la tête à quelques centimètres seulement du rebord de la scène qui est généralement à claire-voie de manière à laisser passer le son. Pendues à une tringle devant le castelier, la tête en bas, les marionnettes attendent. Des planchettes et des étagères supportent, comme dans une armoire, les différents ustensiles dont Guignol fait usage jusqu'à l'abus :

---

(1) Le *castellet* est la loge de Guignol. Le mot est certainement un dérivé de *castel*. Il a fourni *castelier* et *castollier*, nom des marionnettistes qui, à l'intérieur, font mouvoir les marionnettes.

bâtons, cloches, marmites, vases de nuit, etc. Deux portants mobiles se rabattent à volonté de l'extérieur sur la
scène et complètent cette apparence d'armoire. Les
décors seuls sont machinés comme dans les grands
théâtres. S'ils changent quelquefois d'acte en acte, ce
sont généralement des décors omnibus, intérieur de
forêt, salon, place publique, qui peuvent s'adapter à
toutes les pièces. Il en est qui ont été brossés par de
véritables artistes, tels que ceux des Guignols de Versailles et des Tuileries. La plupart sont exécutés à bas
prix par des spécialistes de la place Pigalle et des Batignolles. Les marionnettes elles-mêmes sont fournies
par des ouvriers spéciaux. Beaucoup sortent des ateliers
de M. Charles Ferry. On n'en fait faire que la tête et
les mains ; l'ouvrier les livre brutes : c'est au castelier
de les peindre et de bâtir le costume. Une tête et des
mains de marionnette coûtent en général de 3 à 5 francs ;
une main seule vaut 0 fr. 50 ; une tête de Polichinelle,
qui demande plus d'effort, quelque savoir artistique, se
paie de 15 à 20 francs : le Polichinelle complet, sabot et
bosses compris, revient à 40 francs et plus. Observez
que chaque Guignol possède au moins trois jeux com-
plets de marionnettes. On dépense beaucoup de têtes et
de mains chez Guignol. Les gens s'y assomment fort et
ce au grand détriment des nez et des oreilles. Par précaution, certains casteliers les ressemellent de cuir peint.
Plus ils sont laids, d'ailleurs, plus franche est la joie du
public.

Castellets, décors, marionnettes, connaissons-nous enfin tout Guignol ? Que non pas ! Nous n'avons point vu
encore le *sifflet pratique* ou, comme on dit plus simple-

ment, la *pratique*. Guignol, sans la pratique, ne serait plus Guignol. La pratique est ce petit instrument fait de deux morceaux convexes de métal, de nacre ou d'ivoire, noués par un ruban de percale, qui donne à la voix du castelier ce timbre extravagant, cette intonation de crécelle rouillée, ce je ne sais quoi d'emphatique et de sardonique tout ensemble qu'aucun organe humain ne possèdera jamais. Le sifflet pratique vient-il, comme on l'a prétendu, de la bouche de cuivre qu'Eschyle et ses successeurs avaient adaptée aux masques tragiques et comiques? Nous a-t-il été transmis par les névrospastes de l'antiquité qui l'auraient imaginé pour varier leurs intonations « et surtout pour communiquer à la voix de leurs acteurs quelque chose de l'accent particulier que contractait celle des comédiens antiques en passant par la bouche d'airain des masques de théâtre et pour reproduire ainsi le timbre métallique auquel l'oreille des auditeurs était accoutumée »? Je ne me chargerai pas de trancher la question. Toujours est-il qu'on ne concevrait point un bon Guignol sans sa pratique. La pratique, c'est la voix génuine de Polichinelle et il n'en a point d'autre. Bien longtemps avant qu'il n'ait surgi à fleur de rampe, comme un diable de sa boîte, on l'entend dans la coulisse qui multiplie les cascades et les trilles. Le castelier reprend sa voix ordinaire pour les autres personnages : la pratique appartient à Polichinelle et à Polichinelle seulement. C'est tout ce qui lui reste de son antique royauté, le dernier privilège, mais combien enviable! que n'ait pu lui ravir le flot égalitaire. Patience! On y viendra.

IV

Mais Guignol sera-t-il encore de ce monde ? Il y tient
déjà si peu de place !... Une baraque en bois, trois
jeux de marionnettes, quelques décors, avec des chaises
pour les mamans et des bancs pour les gamins : voilà
Guignol. Une simple corde sépare le public extérieur du
public payant. Seuls, deux ou trois Guignols ont une
installation plus confortable. Celui des Tuileries, par
exemple, construit par Duranty avec une visible préoc-
cupation d'art : rotonde couverte dans une bordure de
fusains, bancs en gradins, promenoir circulaire. L'architecture du monument est coquette. Il semble bien aussi
que les marionnettes y soient plus raffinées qu'ailleurs :
elles sont l'œuvre d'un artiste du dernier empire,
Lebœuf, dont le *Spartacus nègre* fut fort remarqué au
Salon de 1860. L'établissement de ce petit théâtre ne
coûta pas moins de 7,000 francs à Duranty. Il en vaut
aujourd'hui le double. Un Guignol presque semblable, à
Versailles, vient de se revendre 10,000 francs. Les Guignols ordinaires, plus modestes, ne passent guère, à la
liquidation, 1,200 ou 1,500 francs. C'est encore une
somme. Mais les frais de première installation ne sont
rien chez Guignol. Ce qui coûte, c'est l'entretien. Pour
si réduit qu'il soit, le personnel s'y compose toujours
d'un employé ou deux, d'un musicien et d'une femme,
qui est généralement la femme même du directeur et
qui s'occupe de la perception des places. L'employé ou
castelier est le plus souvent un enfant de la balle, un
gavroche dont l'enfance s'est passée autour des Guignols

et de qui la vocation, compliquée d'un certain lazzaronisme, s'est déclarée de bonne heure. Nonobstant, ne devient pas castelier qui veut. Le métier est très diversement rémunéré. Au carré Marigny, les casteliers sont payés de 5 à 7 francs par jour, qu'ils jouent ou qu'ils ne jouent pas. Encore les double-t-on, dimanches et fêtes, d'un ouvrier au cachet. Mais, dans les Guignols inférieurs, ils ne touchent guère plus de 40 à 50 sous. Salaire dérisoire! Aussi ont-ils d'autres ressources. La plupart font un métier en chambre. Le castelier ordinaire du Luxembourg est tapissier à façons : l' « extra » qui lui prête la main, dimanches et fêtes, garçon épicier. Trois autres « extras » des Champs-Élysées travaillent en semaine — *horresco!* — dans les égouts. Il n'y a en général qu'un castelier à gages fixes dans chaque Guignol. Il suffit pour faire mouvoir tous les personnages. Ceux-ci, d'ailleurs, sont rarement plus de deux en scène. Là où ils sont davantage, c'est qu'il y a, derrière la rampe, deux casteliers au moins, comme au Guignol des Tuileries. La première qualité d'un castelier, c'est donc qu'il sache varier ses intonations (1) : il y parvient sans trop de peine. La seconde, qu'il ait un larynx solide : ceci est un don naturel. La voix, chez Guignol, ne porte que criée. Aussi les pneumonies sont-elles fréquentes chez les casteliers de plein air. Des apprentis, après trois jours, exténués, ont dû renoncer à la profession. « Trois jours, me disait un castelier, M. Roile, qu'une « pneumonie du thorax » a contraint lui-

(1) Anatole Cressigny se vantait d'avoir vingt voix différentes !

même de prendre une retraite prématurée, c'est ce qu'il faut chez nous pour juger son homme. Si, après ces trois jours, vos cordes vocales ne sont pas démolies, c'est que vous avez l'étoffe d'un castelier ». Les Guignols lyonnais, établis pour la plupart dans des salles fermées, demandent moins d'effort. On y peut parler à voix moyenne. Chaque rôle est tenu, d'ailleurs, par un castelier différent : Madelon est joué par une femme. Rien de semblable à Paris. La profession, pour pénible qu'elle soit, est cependant si tentante que le chômage volontaire est inconnu chez Guignol. Quand une loge a perdu son castelier en titre, le directeur n'a qu'à se rendre au carré Marigny : il y a toujours là cinq ou six casteliers sans emploi, rôdant autour des baraques dans l'attente d'un embauchage.

Et voici la troisième qualité requise d'un bon castelier : qu'il joue artistement de la *pratique*. Le maniement de la pratique ne s'apprend pas du premier coup. L'instrument, pour que les mots se détachent bien, doit être placé à l'entrée du larynx. Les débutants manquent de s'étrangler. Quatre fois sur cinq ils avalent leur pratique. On connaît l'aventure du bon Nodier, recourant, pour des leçons de pratique, à un castelier du carré Marigny.

« Tout à votre disposition, M. Nodier, dit celui-ci. Voici ma pratique. Collez-vous-la dans le larynx et essayez. »

Nodier s'exécute.

« Parlez maintenant, dit le castelier.

— Heu... heu... heu..., fait Nodier.

— Mais parlez donc, continue le castelier.

— Je ne peux pas, dit enfin Nodier en rendant la pratique : je sens que je vais l'avaler.

— Bast ! vous n'en mourrez pas.

— Hé ! mais...

— Puisque je l'ai avalée moi-même plus de dix fois ! »

Nodier, tout féru qu'il fut de marionnettisme, s'en tint là de ses essais. « Je ne serai jamais castelier, disait-il mélancoliquement. J'avais la vocation, mais c'est l'estomac qui manque d'habitude... »

Le castelier est la cheville ouvrière des Guignols. Mais un Guignol sans musique paraîtrait bien funèbre. Chaque Guignol a donc son musicien : celui des Tuileries a même tout un orchestre qui joue des airs à la mode et qui est payé par la direction. Dans les autres Guignols, le musicien vit de sa quête : il n'a point de salaire. Les charges du directeur sont encore assez lourdes. Il ne lui faut point compter qu'avec le castelier, le décorateur et le fabricant de marionnettes : il lui faut acquitter un droit de place très élevé. On en jugera par ce fait que certains emplacements, comme celui du Guignol de Mᵐᵉ Hause (1), dont la location était de 600 francs il y a quelques années et qui ont été mis en adjudication depuis, rapportent maintenant à la Ville 1.120 francs. Et au droit de place viennent s'ajouter le droit des pau-

---

1) C'est, comme je l'ai dit, l'ancienne loge d'Anatole Cressigny et l'un de nos meilleurs guignols, au sens traditionnel. Le castelier actuel, fort habile, en est un tout jeune homme, M. Ernest Blondel. Mᵐᵉ Hause exploite elle-même son théâtre, tandis que son mari continue au Petit-Parquet sa profession de garçon de bureau.

vres, les droits d'auteurs, la patente, le droit de roulage du théâtre, quand il « va-t-en ville », etc., etc. Sans doute ces droits sont très variables. Ils n'en montent pas moins, en moyenne, à 1,600 ou 1,800 francs par an et par Guignol. Et, en même temps que grossissaient les frais, diminuait le chiffre des recettes.

« D'abord nous sommes trop, me disait un castelier : puis l'âge d'or des Guignols est passé. C'était jadis la marotte des Parisiens. En 1870, les obus tombaient aux chevaux de Marly que nous jouions à banquettes pleines.

— Et à quoi tient ce changement du public ? demandai-je à mon interlocuteur.

— Principalement, me répondit-il, au développement des moyens de communication. Il y a vingt ans encore, les jardins publics étaient noirs de monde, les jeudis et dimanches. Maintenant, au premier coup de soleil, les Parisiens filent à la campagne avec leurs mioches... »

Mon interlocuteur n'exagérait point. Les Guignols des Champs-Élysées font encore recette. Mais, au Luxembourg, c'est la misère : « Il y a des jours, me disait la directrice, où nous n'étrennons même pas : d'autres où nous faisons 40 sous de recette... Puis il y avait autrefois les représentations en ville. Cela rapportait de 40 à 50 francs. Ces séances deviennent de plus en plus rares : on chipote, on rabat nos prix de moitié. Vingt francs pour se transporter à domicile avec tout son matériel, un castelier et un musicien : le jeu, comme on dit, n'en vaut pas la chandelle ! »

Même antienne partout, mêmes doléances.

« Et cette guerre qu'on nous fait depuis quelque temps, Monsieur, ces bruits sourds qui circulent ! On trouve maintenant Guignol immoral ; mais Guignol se surveille ! Guignol ne lâche pas de vilaines expressions ! Ça lui est arrivé, il y a cinq ou six ans, où un castelier que je ne vous nommerai pas, dans le feu de l'improvisation, laissa échapper le mot de Cambronne. Quel émoi ! Le castelier fut renvoyé séance tenante et nous adressâmes une protestation collective aux journaux pour décliner toute solidarité avec ce malappris... Et enfin voilà qu'on parle de nous ôter le carré Marigny qui était, de temps immémorial, la terre d'élection des marionnettes. Cette fois, ce sera le dernier coup : Guignol aura vécu... »

> Les petites marionnettes.
>   Ladiralonlette,
> Font trois tours et puis s'en vont,
>   Ladiralonlon !...

Les Chevaliers du Grand-Trimard

—

CHEMINEAUX ET VAGABONDS

A Edouard Beaufils.

Son baluchon sur l'épaule, un chapeau défoncé sur
les yeux, l'air inquiet et comme aux aguets, un homme
s'avance sur la route. Est-ce un paysan, un ouvrier?
Mais alors pourquoi ces précautions, ce regard en
dessous, ces brusques crochets dans les cépées voisines,
quand miroite sur l'horizon la plaque d'un garde
champêtre ou les aiguillettes d'un brigadier de gendarmerie? Bien certainement l'homme que voici n'a point
la conscience tranquille. Pourtant la route est son
domaine. C'est là qu'il vit; c'est là qu'il est « chez lui ».

La route! Le mot n'évoque pour nous qu'un long
ruban grisâtre qui file droit à travers plaines ou qui
serpente au flanc des collines. Sur le damier polychrome
de la culture beauceronne, lorraine ou quercinoise, le

7

ruban se déroule jusqu'à l'horizon, fait un coude ici, là
franchit une rivière, croise d'autres rubans pareils à lui
et dessine avec eux sur les glèbes un treillis capricieux
et mouvant. Il ne nous dit rien, ce ruban. Si vous saviez
comme il parle au cœur du vagabond ! Indifférent aux
poteaux indicateurs qui renseignent sur sa destination,
notre homme va devant lui, au hasard : aller devant soi,
dans l'ignoré, dans l'inconnu, est un besoin pour certaines âmes. La route ne mènerait nulle part qu'elle
exercerait encore sur ces âmes une fascination mystérieuse. Les rapports des agents de la sûreté nous appren-
nent qu'à Paris, aux approches de mars, la population
des terrains vagues et des bouges souterrains est agitée
d'un obscur frémissement, pareil à celui des oiseaux
voyageurs aux approches de leurs migrations : les premiers bourgeons du printemps ont à peine crevé leurs
enveloppes qu'une partie de cette population se met en
marche sans but déterminé, par la première route
qui s'ouvre devant elle, pour le plaisir de cheminer sans
doute, mais aussi et surtout pour échapper à l'uniformité du décor quotidien, pour aller du connu vers
l'inconnu. L'homme que voici appartient à cette population étrange : c'est un membre de la grande tribu des
chemineaux, tribu redoutable et redoutée, que les scrupules de conscience n'embarrassent point outre mesure,
qui vit de mendicité, d'escroqueries et de vols, qui ne
recule pas au besoin devant un crime et qui fait peser
sur les cultivateurs du pays de France une terreur
mystérieuse et sacrée, car tout chemineau, pour nos
paysans, est immanquablement doublé d'un « jeteur de
sorts » et il lui suffit d'un regard pour « sécher » les

meilleures laitières du troupeau, gâter les recoltes, compromettre les couvées, tarir la sève aux veines des plants nouveaux.

I

Il existe une statistique de l'indigence. Comment et pourquoi n'en existe-t-il pas du vagabondage ? C'est que, par essence. le chemineau est défiant et rusé. Comme il se sait en marge du Code, il a soin aussi de rester en marge des grandes routes. A la première alerte. il se rase comme un lièvre derrière un talus ou dans quelque luzerne hospitalière. Les gendarmes. sur leurs torses bombés. étalent des buffleteries et des cuivres qui permettent de les distinguer d'assez loin. Et toutes ces considérations réunies font que les chemineaux se moquent de la gendarmerie.

En voulez-vous une preuve ? Cela se passait en 1895. La gendarmerie française reçut l'ordre de procéder. le même jour, sur toute la surface du territoire, au dénombrement de tous les vagabonds qu'elle rencontrerait sur les voies de communication. L'ordre fut exécuté à la lettre. Qu'arriva-t-il ? C'est que le dénombrement des vagabonds pour toute la France donna seulement. en chiffres ronds. 25,000 unités. Par surcroit, la plupart de ces 25.000 vagabonds étaient tout bonnement des roulotiers ou des banquistes, gens pouvant arguer d'une profession connue et d'un domicile, qui, pour être instable. n'en constitue pas moins un domicile. Quant aux chemineaux proprement dits, il échappèrent presque tous aux investigations de la maréchaussée. Leur nombre exact ne put être connu. C'est en se basant sur les registres des abris communaux et sur divers autres documents qu'on est parvenu à l'évaluer approximativement à 350.000.

350.000 ! Le chiffre est si considérable qu'il faut faire effort pour l'admettre. N'y a-t-il point là quelque exagération? Bien au contraire, paraît-il. Il y a quelques années un cultivateur de Roumare (Seine-Inférieure), M. Ernest Désaneaux, dans une pétition au Conseil général de ce département, se plaignait d'être obligé d'héberger, bon gré, mal gré, dans les dépendances de sa ferme, de 4 à 500 chemineaux par an. Par surcroît, un beau matin, les gendarmes menacèrent de lui dresser procès-verbal pour exercice illégal de l'hospitalité !

« Eh ! répliqua M. Désaneaux, pensez-vous que ce soit par plaisir ou par esprit de charité que j'ouvre mon huis à tant de vagabonds? Mais je sais trop ce qu'il m'en coûterait de le leur fermer et que je m'exposerais à des représailles dont il n'y a que trop d'exemples autour de moi... »

Encore si M. Désaneaux était une exception ! Mais la plupart des cultivateurs de nos départements du centre sont logés à la même enseigne. Quelques communes ont bien essayé de canaliser l'invasion en lui ouvrant des abris spéciaux. Il existe 176 de ces abris dans l'Yonne, 202 en Eure-et-Loir, 300 en Seine-et-Oise, 334 dans la Somme, 347 en Seine-et-Marne, 418 dans la Marne, etc. Ce sont de simples hangars bâtis à l'écart des habitations et sans autre mobilier que des planches inclinées servant de « couchoir », comme dans les salles de police. A Ferrières-Fontenay (Loiret), par exception, l'abri

est plus confortable : un ami des « coureurs », comme
on dit dans les campagnes, des « trimardeurs », comme
ils s'appellent entre eux, légua une rente de cinq
cents francs à cette commune pour l'établissement d'un
abri dont le rez-de-chaussée, composé de deux pièces
— côté des hommes : côté des femmes —, serait réservé
aux vagabonds des deux sexes. Le garde-champêtre
habite l'étage au-dessus : il reçoit les arrivants, leur distri-
bue les couchettes et les rations de pain 250 grammes).
Sur un cartouche, dans la salle des hommes, on lit
le quatrain suivant où l'excellence de l'intention supplée
aux défaillances de la facture :

> Pauvre passant, brisé par la souffrance,
> Ici couché, souffre ton triste sort.
> Perds pas courage et garde l'espérance :
> L'égalité n'arrive qu'à la mort.

L'abri de Ferrières-Fontenay n'a qu'un défaut :
son exiguïté. Dans les autres abris, il est vrai, la place
n'est pas aussi limitée : ceux de Seine-et-Oise, en une
seule année, ont hospitalisé 75.000 chemineaux : ceux
de l'Eure-et-Loir 52.250 : ceux de la Marne 42.500 :
ceux de l'Indre-et-Loire 39.000 : ceux de la Somme
38.000 : ceux du Loir-et-Cher 36.000 : ceux du Loiret
33.000 : ceux de l'Yonne et du Nord 27.000 : ceux de
la Drôme 15.000 : ceux des Deux-Sèvres 10.000. etc.,
etc. Je ne donne que les chiffres les plus importants.
Par malheur ces abris, au point de vue hygiénique,
laissent fort à désirer. L'Académie de médecine, plus
d'une fois, protesta au nom de la santé publique :
l'épidémie de typhus qui sévit à Soissons en 1893 prit

naissance dans un asile de chemineaux : une infection
semblable fut introduite à Reims, la même année, dans
les mêmes conditions; enfin, si l'on en croit les D⁻ˢ Lange
et Ballestre, c'est à des nomades espagnols et italiens
qu'il, faudrait attribuer les épidémies meurtrières de
variole qui désolèrent Bordeaux en 1894, Nice et la
Côte-d'Azur en 1901-1902. Les abris ne devraient pas
seulement être aérés et nettoyés tous les jours : il y
faudrait des étuves pour la désinfection des vêtements,
comme dans les asiles de l'Hospitalité de nuit.

II

« Les chemineaux sont les sauterelles de nos départements du Centre et de l'Ouest », écrivait récemment
un cultivateur. L'unique différence c'est que les chemineaux ne vont pas en troupes. Ces vagabonds sont
presque toujours des isolés. On en peut donner plusieurs raisons : la misanthropie d'abord, puis l'amour
de l'indépendance, surtout la crainte de l'espionnage et
de la dénonciation. Le chemineau se défie de tout et de
tous, même de ses camarades de misère. C'est à son
isolement qu'il doit l'impunité dont il jouit. Il n'ignore
pas que la police vient presque toujours à bout d'un
crime collectif, tandis que, là où manquent les compli-
ces, elle a vite perdu les traces du criminel.

Rappelez-vous Vacher, le sinistre chemineau qui s'en
allait par les routes, son baluchon sur l'épaule, d'un
air tranquille et bon enfant, se louant dans les fermes
pour des besognes temporaires, repartant au matin pour

une nouvelle destination, ne se cachant de personne, exhibant ses papiers aux gendarmes et passant le front haut à travers la société, comme un brave homme dont la conscience est pure, la moralité au-dessus de tout soupçon, et qui n'a contre lui que sa misère et son invétéré besoin de vagabondage.

Oui, vraiment, avec son bonnet de peau de loup, ses petits yeux clairs sous ses sourcils hirsutes, le rire continuel qui découvrait ses dents blanches et aigues, on l'aurait pris pour le héros même de M. Jean Richepin, pour ce chemineau de fantaisie qui fit courir tout Paris à l'Odéon, qui mariait les couples au passage, ramenait la tranquillité dans les familles, l'abondance dans les ménages et jouait au petit pied, dans ses pérégrinations éternelles, le rôle d'une providence ambulante.

Brusquement tout se découvre : Vacher « passe des aveux », comme on dit dans la langue du barreau. Et qu'apprend-on ? Ici la stupéfaction, l'horreur prennent des proportions tragiques. Cet être d'apparence inoffensive, ce vagabond aux yeux clairs, qui promenait sa chanson et son rire sur les chemins de France, était un carnassier de la pire espèce. C'est la folie du sang qui allumait cette flamme joviale dans ses yeux : c'est sur des os, sur des muscles humains, qu'il aiguisait ses dents : c'est au râle de ses victimes qu'il accordait sa chanson de marche... Pour comble d'épouvante, cette brute féroce ne s'attaquait qu'à des jeunes filles, à de tout jeunes garçons. Il profitait des ombres troubles du crépuscule, du silence des champs, de l'isolement de ses victimes, paissant leurs moutons ou leurs vaches à l'écart des habitations. Doucement, l'air honnête et poli, il s'approchait comme pour demander sa route. Les pauvres petits n'avaient aucune défiance... Et alors, d'une détente de ses jarrets nerveux, le monstre leur sautait à la gorge, les couchait à terre et leur tranchait la tête d'un coup de rasoir. Ce qui se passait ensuite, la plume se refuse à l'écrire. Vacher avait ainsi assassiné vingt-deux personnes. Un sillon de sang marquait chacun de ses pas. Il était partout, en Bretagne, en Dauphiné, en Provence, en Normandie, et partout il laissait derrière lui un cadavre.

La liste de ses forfaits est close pour toujours. Le « tueur de bergers » comme on l'appelait, ne tuera plus personne. Mais qu'il ait pu, pendant sept années, circuler librement sur les routes de France sans qu'un soupçon l'effleurât, sans qu'un gendarme lui mît la main au collet, sans qu'un juge d'instruction pénétrât le terrible secret de ce front obstiné et dur où bouillait la folie du sang, voilà ce qui passe vraiment l'imagination.

Et, sans doute, tous les chemineaux ne sont pas des Vacher : mais on peut poser en principe que ce sont tous des paresseux. Or, la paresse est mauvaise conseillère et l'on compterait les chemineaux qui échappent à ses suggestions.

Le fait est qu'il n'y a qu'un cri dans nos campagnes contre les « coureurs ». Étrangers à toute vergogne, ils ne quémandent pas la charité, ils l'exigent. Leurs façons ordinaires sont celles des anciens batteurs d'estrade, des truands et des tire-laine. Ils vivent comme eux, la plupart du temps, de déprédations et de larcins ; ils sont la terreur des clapiers et des poulaillers.

Malheur aux volailles imprudentes qui vaguent à leur portée ! Sitôt vues, sitôt happées.

On leur passerait encore ce sans-gêne. Mais s'il est de ces chevaliers du Grand-Trimard qui, poétiquement, près d'une source, sur un feu de brindilles et d'herbes sèches, se contentent de rôtir leur chasse et de la digérer ensuite sous le couvert des cépées, il en est d'autres, de mœurs moins idylliques, qui n'hésitent pas à pénétrer dans les fermes en l'absence des habitants pour crocheter les serrures et vider les bas de laine. Leurs sens se sont aiguisés au grand air : ils ont des ruses et une patience d'Apaches. Pieds nus pour amortir le bruit de leurs pas, la figure enduite de poix ou de suie pour n'être pas reconnus, ils se glissent dans les sillons ou derrière un talus d'où ils peuvent observer à l'aise le mouvement des habitations. Leurs yeux ont pris à cet exercice une acuité extraordinaire : leurs oreilles sont dressées à surprendre les moindres bruits. La ferme est-elle vide ? Ils bondissent de leur cachette, enfoncent la porte d'un coup d'épaule et font main basse sur l'argent du fermier. Celui-ci, à son retour, trouve son chien assommé, ses meubles fracturés, ses économies envolées. Bien heureux encore si quelqu'un des siens n'est pas resté sur le carreau ! On sait que Brière, pour sa défense, prétendait qu'un chemineau avait pénétré de nuit dans sa maison et y avait assassiné de la sorte ses cinq enfants. Quoique condamné à mort par le jury d'Eure-et-Loir, c'est au léger doute qui subsiste dans les esprits sur l'identité véritable de l'assassin que « l'ogre de Corancez » a dû d'être gracié par le président de la République.

La version de Brière ne mérite peut-être pas grand crédit: encore est-il que les exemples ne manquent point d'attentats analogues commis par des vagabonds. Sans parler de Ravachol, le trimardeur anarchiste dont on a pu dire que sa chanson de marche était déjà tout un programme de gouvernement :

Cré nom de D...!
Pour être heureux,
Faut couper les curés en deux...

Simon l'étrangleur, un des types les plus sinistres de chemineaux qui aient précédé le Tueur de Bergers, sous prétexte de solliciter l'aumône s'introduisait ainsi dans les fermes isolées, gardées par de vieilles femmes ou des enfants. Lui résistaient-ils ? Il les étranglait avec son mouchoir. Sa force musculaire était prodigieuse : il fallut quatre hommes pour le maîtriser. Aux assises de 1897 il eut à répondre de sept assassinats ou tentatives d'assassinat commis dans les fermes de l'Eure, du Calvados et de l'Orne, à la Folletière-Abenon, à Orbec, etc. Plus récemment (1902), à Maule (Seine-et-Oise), on arrêtait un chemineau nommé Eugène Hue, au moment où il cambriolait l'habitation du maire: l'enquête révéla que le même individu, en juin 1900, avait assommé à coups de barre de fer un fermier de Cressenville (Eure), qui l'avait surpris en train de crocheter son armoire. Enfin, et quoique les chemineaux soient pour la plupart des solitaires, on en a vu qui, tentés par l'espoir d'un riche butin dont la conquête exigeait la collaboration d'un certain nombre de poignes expérimentées, se formaient en

syndicat au sortir de quelque abri où ils s'étaient con-
certés à cet effet et déployaient contre leurs victimes un
raffinement de cruauté à rendre jaloux les mânes des
anciens « chauffeurs » : une de ces bandes, barbouillée
de suie, pénétrait il y a quelques mois dans une ferme
isolée, à Fonfrède, près de Saint-Genest-Malifaux, où
habitent les trois frères Mathivet, âgés de 70, 72 et 79
ans, avec leur sœur ainée âgée de 80 ans, les ligotait
et les étendait devant le foyer la plante des pieds sur
un feu de braise, moyen considéré comme infaillible,
depuis Shinderhannes et Sans-Quartier, pour délier la
langue des thésauriseurs.

D'ordinaire pourtant et sauf les cas d'absolue nécessité ou quand l'homme est un « criminaloïde » avéré
comme Vacher et Simon l'étrangleur, on peut poser
en principe que le chemineau ne tue pas. Un crime
met en émoi une région ; un vol ne donne de sollicitude qu'aux volés. Notre homme, d'ailleurs, compte
avec raison sur la terreur qu'il inspire. Au besoin, si
la terreur ne suffit pas, il recourt au bâillon. S'est-il
trompé dans ses calculs ? La ferme est-elle gardée et
trouve-t-il à qui parler ? L'antienne change. Obligé de
filer doux devant l'attitude énergique de son hôte, il biaise,
il *drogue*, comme on dit dans l'argot du vagabondage.
Droguer, c'est apitoyer les gens par le récit d'une
infortune imaginaire : c'est aussi l'éblouir, le fasciner
par la révélation de prétendus secrets extraordinaires
contre la grêle, le tonnerre et la dyssenterie. Il y a dans
tout chemineau l'étoffe d'un sorcier. Le plus commun
de ses tours, emprunté aux *scholares* nomades du
moyen-âge, consiste à s'introduire subrepticement dans

les étables et à y déposer de la fiente de loup : le bétail, flairant l'ennemi. rue. brise ses longes. s'échappe en folles galopades. C'est le moment qu'attend notre coquin pour entrer en scène. Il persuade au fermier qu'on a jeté un maléfice sur ses bêtes et qu'elles ne reprendront leur tranquillité qu'après une conjuration dont il connait la formule. Le fermier s'exécute-t-il ? L'homme pénètre dans l'étable. ramasse la fiente qu'il y avait déposée subtilement : les bêtes se calment et le fermier y va de son écu.

L'expérience l'a rendu prudent. Même s'il ne croit pas à la *jettatura* et au mauvais œil, il sait pourtant ce qu'il en coûte de rabrouer un chemineau. Que de granges, que de meules de paille. autour des fermes d'où on le chassait, ont brusquement pris feu dans la nuit ! Tout l'horizon est rouge des incendies allumés par ce fugace et insaisissable malfaiteur. Quelquefois même, c'est la ferme qui s'embrase tout à coup. Une grande partie des incendies qui ont éclaté dans l'Eure et dont la fréquence devint telle à un certain moment que les compagnies d'assurances refusaient de renouveler leurs contrats furent attribués aux chemineaux : en un seul trimestre et dans le seul arrondissement de Chateaubriand, on compta treize incendies allumés par ces malandrins. L'absence de toute police rurale leur est un brevet d'impunité.

En quelques localités, les paysans ont bien essayé de faire leur police eux-mêmes. A dix ou douze, chaque nuit, ils « patrouillaient » dans la campagne. Il est rare qu'ils ne soient pas rentrés bredouille. Si, par grand hasard, le malfaiteur capturé, on l'enfermait dans quelque réduit en attendant l'arrivée des gendarmes, la prison au matin était vide, l'oiseau s'était envolé. Comment? Mystère! Les paysans sont persuadés que les chemineaux possèdent un talisman merveilleux qu'ils appellent *l'herbe à couper le fer*. En réalité ce prétendu talisman est un imperceptible étui en étain nommé *bastringue*, facile à dissimuler dans un coin de la bouche ou du nez et qui contient tout un arsenal de cambrioleur : une pince-monseigneur, une vrille, deux limes et cinq lames de scie avec leur archet. Pas de serrures, de verrous, de barreaux ni de grilles qui résistent à l'emploi du *bastringue*.

Autre instrument professionnel : le *manchon*. On appelle ainsi une sorte de grande mitaine fort épaisse, fabriquée avec de vieux chiffons et saupoudrée extérieurement de poivre ou de napthaline, où le chemineau, en cas de lutte possible avec un chien de forte taille, introduit son bras gauche pour en agacer la bête et y attirer impunément ses coups de crocs, tandis que de son bras droit, resté libre, il lui travaille les côtes avec sa *masse*. Longue de quarante centimètres environ, renflée à son extrémité comme un casse-tête, cette *masse* ou massue n'est jamais apparente au poing du chemineau qui la dissimule soigneusement dans une fausse poche de son pantalon. Seuls, des yeux exercés la devinent à la courroie de cuir qui pend hors de la poche : c'est une arme terrible et dont la vue effaroucherait les passants : pour rassurer ceux-ci, l'homme affecte de n'avoir à la main qu'une inoffensive baguette de saule ou de noisetier.

Mais où apparaît surtout l'ingéniosité du chemineau

professionnel, c'est dans la confection de sa literie volante ou, comme on dit en argot, de son *plumard* : tressé avec des branchages et des jets d'osier, le *plumard* se roule et se déroule à volonté. Roulé, il ressemble aux couvertures des soldats en campagne et se porte comme elles en bandouillière ; déroulé, il forme un vrai sac de couchage où l'homme se glisse à la brune et disparait entièrement : le *plumard* ressemble alors à un fagot.

J'en aurai fini avec l'énumeration des ustensiles de diverses sortes qui composent le porte-manteau ordinaire des chevaliers du Grand-Trimard, quand j'aurai dit qu'on y trouve fréquemment des buses et des vieilles baleines de corset. La présence de ces galants accessoires ne laisse pas d'intriguer d'abord. Elle ne s'explique que trop, si l'on veut bien avoir égard au grand nombre d'églises qui sont dévalisées chaque année : la cour d'assises de la Gironde, en novembre dernier, condamnait encore à cinq ans de réclusion un chemineau du nom d'Aristide Thomas qui, dans le courant de juin, n'avait pas dévalisé moins de quinze troncs.

Les églises d'Armage, d'Yeu, de Sablé, de Laigné-en-Belin ont été cambriolées à la même époque par d'autres chemineaux et tous les troncs vidés par le même procédé : un buse ou une baleine de corset enduit de glu et délicatement insinué par l'orifice.

III

On a remarqué que le mouvement d'émigration des chemineaux emprunte presque toujours les routes de l'ouest et du sud-ouest. Cela tient sans doute aux abris naturels qu'ils rencontrent le long de ces routes bordées de grandes forêts, mamelonnées de collines crayeuses dont les carrières désaffectées leur offrent un abri temporaire et sûr.

Septembre les voit revenir sur leurs pas. Chemin faisant, les plus vieux, les chevaux de retour, soucieux de leurs aises et de couler un hiver confortable, se paient le luxe d'un petit procès-verbal pour grivellerie ou bris de clôture qui leur vaudra d'être logés six mois durant aux frais de l'État dans une de ces jolies prisons modern-style, éclairées à l'électricité, passées au ripolin et meublées en pitchpin verni dont Fresne, jusqu'à nouvel ordre, demeure le type le plus parfait. Ces sybarites, en argot du vagabondage, s'appellent les « hivernants ». En 1891, raconte M. Hubert du Puy, conseiller à la cour d'appel de Dijon, un chemineau rencontrait deux gendarmes à cheval en tournée dans l'arrondissement de L... et se jetait sur eux avec d'ignobles invectives :

— « Descendez donc de vos chevaux, canailles ! J'entends être arrêté tout de suite à cet endroit même.

— Pourquoi ici plutôt qu'ailleurs ? demandent les gendarmes.

— Pour qu'on m'envoie dans la prison de S... où l'on est bien traité », répond le délinquant.

Le même magistrat cite un prétoire de Normandie qui est saisi à chaque audience correctionnelle d'affaires d'une nature spéciale : les vagabonds y viennent casser les lanternes à gaz, « afin d'être incarcérés dans la maison d'arrêt du chef-lieu qui jouit d'une réputation particulièrement avantageuse ». Des faits analogues se passent tous les jours à Paris. A la neuvième chambre, un vieux vagabond, aux approches de l'hiver dernier, priait le président Toutain de lui accorder son « billet de logement ».

« Soit, dit M. Toutain avec bienveillance, on va vous envoyer à Nanterre ».

Nanterre n'est pas une prison ; c'est un asile de l'État où l'on hospitalise les vieillards indigents et qui, à la vérité, laisse fort à désirer. Mais enfin on y entre et on en sort le front haut. Les chemineaux ont leur point d'honneur à eux : celui-ci ne voulait pas de l'asile.

« La prison, mon juge ! La prison, pas l'asile ! Autrement, je vous en préviens, je fais *un sale coup !* »

Et, pour l'empêcher de mettre sa menace à exécution, il fallut lui accorder les six mois de prison qu'il réclamait.

Une statistique récente évalue à 25.000 le nombre des « hivernants » volontaires qui viennent chaque année demander à l'État ou aux départements une hospitalité que celui-ci et ceux-là sont impuissants à leur refuser. C'est moins du dixième de l'effectif total de la grande armée des chemineaux : le gros de l'émigration, gaillards bien découplés, soucieux de grand air et de liberté, préfère regagner la capitale. Qu'y devient-il ? Partie font élection de domicile chez Fradin et dans ces garnis de la « Place Maub' » où on loge « à la corde » pour deux sous par nuit : partie sous les ponts, dans les gares et les terrains vagues qui avoisinent es fortifications, surtout dans ces fameuses carrières

d'Amérique tant de fois décrites par les chroniqueurs
du pavé.

La police connaît ces repaires. Elle y jette le filet
de temps à autre. Maxime du Camp a raconté comment, il y a quelques années, elle tomba dans les
carrières d'Amérique au milieu d'une formidable
ripaille, où cinquante convives, réunis autour d'un
grand feu, dévoraient à belles dents un baril de
harengs saurs, un interminable ruban de boudins et
une motte de beurre qu'ils dépeçaient à poignées,
tandis qu'un ancien cabotin de banlieue, debout, un
verre de casse-poitrine en main, glapissait d'une voix
de rogomme les *Gueux* de Béranger.

Ces cinquante réveillonneurs étaient des chemineaux
en disponibilité, y compris l'ancien cabotin. Tous les
chemineaux, en effet, ne naissent pas chemineaux.
Sans doute la majorité d'entre eux sont des professionnels du grand trimard. Il y a en France 300.000
enfants abandonnés, dont 200.000 environ sont assistés
par la charité publique ou privée et dont les 100.000
autres, chemineaux en herbe, vaguent au hasard par
les rues et les routes, livrés à toutes les suggestions de
l'instinct. Un de ces pauvres êtres, à vingt ans, avait
déjà collectionné vingt condamnations, une par année !
Sans métier, ignorant de toute loi morale, façonné au
vol et plié à la mendicité, il s'était fait chemineau par
nécessité plus que par vocation, quand la *Société de
protection des engagés volontaires* intervint et le
sauva : après trois ans de présence sous les drapeaux,
il était devenu « le meilleur soldat de son régiment » :
sur la recommandation de son capitaine, il fut pourvu

8

d'un petit emploi lui assurant une existence honorable.

Beaucoup de chemineaux, du reste, ont été formés par leurs propres parents à la mendicité et au vagabondage. On cite souvent, comme une des hontes de l'Angleterre, le marché d'enfants « dressés à mendier » qui se tient à Londres, entre Spitafield et Bethnal-Green, tous les lundi, mardi et vendredi de chaque semaine. Fillettes et garçons se rendent par centaines à ce marché pour s'y faire louer à la journée, à la semaine ou au mois par des entrepreneurs de mendicité publique. Que les Anglais supportent un tel état de choses, c'est leur affaire. Le malheur est que nous avons aussi notre marché d'enfants. M. Lépine en découvrait un, l'autre jour, sur le versant de la butte Montmartre, dans une de ces sinistres ruelles qui grimpent autour du Sacré-Cœur. Avec moins de cynisme on y rencontrait le même marchandage ignoble, la même exploitation sacrilège de l'enfance. Le pis est que beaucoup des parents qui louaient ainsi leurs enfants n'avaient même pas l'excuse de la nécessité. L'un d'eux, dont l'enfant, âgé de douze ans, n'avait jamais fréquenté l'école, était boutiquier dans la rue Lepic et jouissait d'une certaine aisance. Le rapport de police signalait un autre enfant condamné à la mendicité forcée et qui appartenait à une famille de « tisserands en velours occupés dans une usine de Pantin et touchant de bons salaires. » D'autres fois l'incurie des parents à l'égard de leur progéniture passe vraiment toute imagination : on arrêtait le 6 août 1897, dans les rues de Neuilly-sur-Marne, trois petits vagabonds de onze à douze ans, Émile B...., Henri B... et Pierre M...., en train de se partager une aune de saucisson « chipée » à quelque étalage. Pressés de questions, les délinquants finirent par avouer qu'ils étaient de Paris, qu'ils avaient quitté le domicile paternel depuis trois semaines, non pour échapper à de mauvais traitements, mais tout simplement pour le plaisir d'être leurs maîtres, de voir du pays et d'errer à leur guise par les chemins. On les ramena chez leurs parents : ceux-ci n'avaient même pas signalé au commissaire de leur quartier la disparition des trois gamins !

Quoi d'étonnant si le vagabondage fait des recrues continuelles dans des milieux aussi relâchés, aussi dépourvus de tout esprit de famille ? La pente est rapide qui mène de l'école buissonnière à la mendicité et au vice. On a une première fois manqué l'atelier ou la classe ; on a musé par les rues avec quelques gamins du voisinage ; on est rentré sous le toit paternel avec dégoût ; les récidives se sont multipliées ; mauvais apprenti, on est devenu un ouvrier médiocre, incapable de tout travail régulier, comme de toute habitation fixe. Un pas de plus et on arrive à s'enrégimenter dans la grande armée des nomades. C'est l'histoire, douloureuse et si profondément observée, du *Coupable* de François Coppée et c'est l'histoire de la majorité des chemineaux.

IV

À côté de ces professionnels-nés du vagabondage, et qui ne sont pourtant pas ceux dont il faut le plus désespérer, car il n'apparaît point qu'ils soient rebelles à toute action moralisatrice et, en s'y prenant à temps, on a quelque chance de les ramener dans la bonne voie, les rapports de police signalent une autre catégorie de chemineaux qu'on peut considérer comme irréductibles, ceux-là. parce que le vagabondage chez eux est le résultat d'une détermination mûrement réfléchie et prise en connaissance de cause : les déclassés des professions libérales.

Notaires véreux, comédiens sans emploi, ratés de la médecine et du droit. on trouve de tout, même d'anciens ecclésiastiques frappés d'interdit, parmi les chemineaux de cette catégorie. Tel ce vagabond arrêté en novembre 1902, à Nantes, et trouvé porteur d'un ciboire et d'une patène : on crut à un dévaliseur d'églises : l'homme exhiba ses papiers : ancien desservant de la paroisse de X. les objets étaient bien sa propriété. Qui ne se rappelle encore le scandale causé par l'arrestation à Mont-de-Marsan, en 1897. d'un trimardeur déjà condamné trois fois pour mendicité, vagabondage et ivrognerie, et qui avait trouvé moyen, jusque-là, de cacher à la justice son véritable état-civil ? Fils d'un préfet de la monarchie de juillet, petit-fils d'un gouverneur de l'Ile-Maurice. il portait un des grands noms de l'armorial : le jeu, un goût immodéré de l'alcool, de chute en chute, l'avaient jeté au grand chemin.

C'est également à l'alcool qu'Onésime Loyé attribue sa déchéance. Ancien professeur de l'Université, Loyé est ce même chemineau qui toutes les fois qu'il passe en justice, sous l'inculpation de vagabondage et de mendicité, ne manque jamais de répondre en alexandrins aux questions du président.

« Votre nom ?

Onésime Loyé, c'est ainsi qu'on me nomme.

— Votre âge ?

Voilà bien cinquante ans que je suis honnête homme.

— Votre domicile ?

La terre est mon seul lit, mon rideau le ciel bleu.

— Votre profession ?

Aimer, chanter, prier, croire, espérer en Dieu.

— Pourquoi avez-vous mendié ?

J'avais faim, magistrat : aucune loi du monde
Ne saurait m'arrêter quand mon estomac gronde.... »

Et l'interrogatoire se déroule ainsi, à la stupeur du président et au grand ébahissement des auditeurs qui ne sont point accoutumés à voir un prévenu s'exprimer couramment dans la langue d'Orphée.

Onésime Loyé n'est du reste pas une exception. Nombreux sont les poètes parmi les chemineaux. Il en est même, comme Pierre-Emile Jouin, qui ont publié des recueils de vers. Sordide, les cheveux et la barbe en broussaille, le teint de cette nuance indéfinissable qui tire à la fois sur l'amadou et la pulpe des aubergines, Pierre-Emile Jouin, qui s'asseyait pour la trente-et-unième fois l'autre jour sur les bancs de la correctionnelle, n'a d'autre crime à son passif que son vagabondage invétéré. Ce pauvre homme, d'allure inoffensive, est connu de tous les tribunaux de France. Quand on lui demande sa profession, il répond fièrement : « Poète » et, à l'appui de son dire, ne manque pas d'exhumer des

profondeurs de sa souquenille un exemplaire maculé
de ses œuvres complètes, éditées à Condé-sur-Noireau,
qu'il dépose sur le bureau du Président et qu'il reprend
à la fin de la séance, en donnant comme excuse que
c'est le seul exemplaire qui lui reste.

> Par les soleils brûlants, par les mornes saisons,
> Je suis l'errant qui va sans but et sans patrie.
> Traînant sans fin le poids de son âme flétrie.
> Et j'ai connu l'ennui des lugubres prisons...

C'est sur ce quatrain mélancolique que s'ouvre le
recueil du poète-chemineau. Les juges, d'ordinaire, se
montrent bons princes à son égard. Ils ne le condam-
nent qu'au minimum.

« Pourquoi m'accableriez-vous de vos sévérités ? leur
disait-il en présentant sa défense. Vous connaissez le
caractère inoffensif de ma vie errante. Vagabond je suis,
vagabond je resterai en dépit des lois. De raisons, je
n'en ai qu'une à vous offrir : ma nostalgie de l'inconnu,
mon dégoût du banal.... »

V

Tous les chemineaux, disais-je, ne sont pas des
Vacher : hélas ! ils ne sont pas tous non plus des Pierre
Jouin. Ce brave homme, s'il n'apparaissait pas qu'il
fût tiré, comme ses œuvres, à un seul exemplaire,
serait capable de nous réconcilier avec la corporation
des chevaliers du Grand-Trimard. Les faits sont là mal-

heureusement. Le vagabondage est une des plaies de notre époque et il n'est que temps d'y porter le fer rouge. Si l'indigence est respectable et mérite toute la sollicitude des pouvoirs publics et de la bienfaisance privée, on n'en peut dire autant de cette fainéantise suspecte qui se promène par les routes en quête d'un « bon » coup à tenter.

« Il faut qu'au commencement de la belle saison la France présente le spectacle d'un pays sans mendiants », disait un jour Napoléon à son ministre de l'Intérieur. Malgré le caractère impératif de cette phrase, on sait assez que les lois napoléoniennes ne furent pas plus efficaces contre le vagabondage que ne l'avaient été précédemment les ordonnances royales. Les lois plus récentes qui ont été portées contre le vagabondage ont-elles eu elles-mêmes tous les résultats qu'on en attendait ? Il n'y paraît guère jusqu'ici.

Peut-être M. Louis Rivière a-t-il donné la meilleure raison de ces insuccès répétés en reconnaissant qu' « ils tiennent pour une bonne part à la difficulté extrème que présente la question ». Il ne s'agit pas, en effet, de réprimer simplement une action délictueuse. Le problème touche aux droits primordiaux de la liberté humaine. Sans doute le gouvernement a le devoir de vérifier l'identité de l'inconnu qui circule sur les routes, sans ressources et sans métier ; mais ce voyageur est peut-être un ouvrier inoccupé en quête de travail, « et quel droit plus sacré que celui d'aller chercher autre part un gagne-pain qui fait défaut au lieu habituel de résidence ? »

De fait tous les systèmes répressifs employés au cours

du siècle dernier reposent sur une distinction essentielle entre le mendiant et le vagabond. Par le décret du 5 juillet 1808 sur « l'extirpation de la mendicité », puis par la loi des 16-26 février 1810, qui a pris place dans le code pénal sous les articles 269-282, le mendiant est traité avec une douceur relative, à la condition d'être domicilié et connu. S'il est incapable de gagner sa vie, il devra être hospitalisé dans un établissement public : s'il est valide, il sera interné dans un dépôt répressif « pour y apprendre à gagner sa vie par le travail ». Le vagabond, au contraire, sera envoyé tout de suite dans les maisons de détention, puis sera mis, sa peine terminée, à la disposition du gouvernement.

Comme l'a fait remarquer M. Rivière, trois sortes d'établissements eussent été nécessaires pour l'exécution des mesures précédentes : 1° des hospices pour les vieillards infirmes ; 2° des dépôts de mendicité pour les mendiants valides ; 3° des maisons de détention pour les mendiants vagabonds. Or, tout ce qu'on créa, ce fut des dépôts de mendicité. Chaque département dut en avoir un : mais c'était là une création coûteuse et 37 dépôts seulement fonctionnaient en 1814. En outre, leur organisation était extrèmement défectueuse et en beaucoup d'endroits, comme le constatait la circulaire ministérielle du 6 mai 1815, les administrations départementales avaient favorisé, inconsciemment ou non, la réclusion d'individus hors d'état de travailler et retenu trop longtemps des individus qu'il eut fallu mettre tout de suite en liberté.

Telles quelles, ces façons de *workhouses* rendaient encore de grands services. La Restauration, prise par d'autres soins, eut le tort de s'en désintéresser. Il n'en subsistait plus que 22 en 1818, 7 en 1830, et ce nombre tomba même à 4, lorsque la loi du 10 mai 1838 eut rendu leur entretien facultatif pour les départements. Les choses changèrent un peu sous le second Empire, qui revint à la tradition de Napoléon Ier et favorisa la création de nouveaux dépôts. Leur nombre était remonté à 40 en 1870. Mais la solution du problème n'en était pas beaucoup plus avancée et parce qu'on n'avait pas compris qu'il fallait distinguer entre les vagabonds volontaires et les vagabonds par nécessité.

La distinction n'apparut pour la première fois que dans les articles de la loi du 27 mai 1885. Cette loi, dite loi Waldeck-Rousseau, du nom de son auteur, avait pour but de débarrasser le sol national de tous les vagabonds vraiment dangereux. De 1887 à 1896, 8.830 condamnés pour vagabondage quittèrent ainsi la France, dont 4.525 furent dirigés sur la Guyane et le reste sur la Nouvelle-Calédonie.

Il est donc injuste de prétendre que la loi de 1885 n'a eu aucun effet. Mais il faut reconnaitre qu'elle n'a pas eu tous les effets qu'en attendait son auteur, soit que le nombre des vagabonds ait augmenté proportionnellement au chiffre de la répression, soit qu'en supprimant la surveillance et en la remplaçant par l'interdiction de séjour la loi ait refoulé les vagabonds vers les campagnes et contribué à l'état de crise dont elles se plaignent actuellement.

Pour remédier à cette crise, bien des moyens ont été proposés. Il y a d'abord le projet de loi Cruppi, qui organise une police rurale et astreint les nomades de toute catégorie à se munir dans les bureaux des sous-préfectures d'une carte d'identité. M. Paul Strauss a déposé de son côté, sur le bureau du Sénat, une proposition de loi connexe, tendant à réglementer sur de nouvelles bases l'assistance aux vieillards et infirmes indigents, car c'est là qu'il faut toujours en arriver : à savoir de ne point confondre le vagabond professionnel avec l'indigent valide ou invalide, mais qui, en tout état de cause, s'il est une charge pour la société, n'est point pour elle un danger. Autant on doit de pitié à celui-ci, autant on doit être sévère pour celui-là. Les projets de loi à l'étude donneraient toute satisfaction sur ce point aux desiderata de la population agricole, puis-qu'ils stipuleraient que les circonstances atténuantes ne pourraient être accordées par les tribunaux que pour les premières condamnations. A partir d'un nombre de condamnations suffisant pour bien établir l'intention de vivre sans travailler, cinq par exemple, l'article 463 ne serait plus applicable et la durée de l'emprisonne-ment serait obligatoirement fixée entre cinq et dix ans.

Cette mesure, ne mettrait pas seulement un terme à l'industrie des « hivernants » : elle aurait aussi pour effet de débarrasser définitivement le sol national des vagabonds qui rançonnent nos campagnes et dont quelques-uns les ensanglantent. En résumé, de bonnes maisons d'assistance par le travail pour les indigents recommandables, une pénalité extrêmement forte pour les vagabonds irréductibles, c'est à quoi l'expérience d'un siècle de lutte contre le vagabondage semble avoir conduit nos législateurs.

Le Trafic des Cheveux

A Frédéric Le Guyader.

Les petits métiers pittoresques de jadis s'en vont l'un après l'autre. Quand, d'aventure, il s'en trouve un qui résiste, que la centralisation économique n'ait point tout à fait ruiné, c'est un sujet d'émerveillement. Qui se doutait, par exemple, qu'il y eût encore des tondeurs de chevelures? La nouvelle a surpris comme une révélation. Vraiment, ces nomades du coup de ciseaux n'ont point tous disparu? On trouve encore leur boutique dans les foires? Et il y a toujours de naïves ménagères pour se prendre au miel de leurs offres?

Parfaitement. « Quand on parcourt les rues d'une grande ville, écrivait, en 1853, un rédacteur de la *Quaterly Review*, on est frappé des curiosités exposées dans ces arsenaux de Vénus : les laboratoires des « artistes capillaires ». D'où viennent les magnifiques coiffures qu'étalent ces figures de cire qui pivotent

lentement sur elles-mêmes ? Et ces nattes brillantes
que nos belles. pour réparer les torts de la nature,
mêlent traitreusement avec les leurs? »

La question peut sembler frivole : elle ne l'est point
tant qu'on pense. Aujourd'hui, comme en 1853, le
commerce des cheveux fait l'objet de transactions
importantes et donne le branle à de nombreux intermédiaires : industriellement, il occupe un personnel
considérable, qui va du *tondeur* au *posticheur*, en
passant par *le douilleur*, *l'onduleur* et *l'implanteur*.
La lutte économique. les variations de la mode, ont pu
l'éprouver momentanément. Ce n'en est pas moins
une de nos « spécialités » les plus florissantes et
où continue de s'affirmer le mieux notre ancienne
suprématie. Le rédacteur de la *Quaterly Review* que
nous citions au début de cet article le constate formel-
lement et — pour remonter à un demi-siècle — la
constatation n'a rien perdu de son exactitude. Sans
doute une grande partie des cheveux qui alimentent les
marchés d'Amérique et d'Europe viennent de l'étranger :
mais, centralisés à Paris, de préférence à Londres,
Vienne et Amsterdam, ils reçoivent dans cette ville une
préparation qui, passant à juste titre pour plus soignée
et de meilleur aloi, leur assure, comme à bon nombre
d'autres articles parisiens se rattachant à l'industrie de
la toilette féminine, une supériorité incontestable sur
les produits similaires de l'Allemagne, de la Hollande
et de l'Angleterre.

I

Sans vouloir tenter ici ce qu'un humoriste d'Outre-
Rhin nommait un peu lourdement « la psychologie du
capillamentum artificiale », il est permis de rappeler
que la vanité humaine n'a point attendu jusqu'à nos
jours pour tirer parti des ressources qu'une chevelure
étrangère pouvait offrir à un crâne deshérité de cet
attribut. L'usage des postiches remonte fort haut dans
l'histoire, comme l'atteste une perruque trouvée dans
le temple d'Isis, à Thèbes, et conservée au Musée
Britannique. Les femmes grecques se servaient de nattes
artificielles. Il en était de même des matrones romaines.
Chateaubriand fait dire à Velléda dans son entretien
avec Eudore : « Nos cheveux sont si beaux que tes
Romaines nous les empruntent pour en ombrager leur
tête : mais le feuillage n'a de grâce que sur la cime de
l'arbre où il est né. Vois-tu la chevelure que je porte ?
Eh bien ! si j'avais voulu, elle serait maintenant sur le
front de l'impératrice : c'est mon diadème, je l'ai gardé
pour toi ! » Martial, Tertullien, saint Jérôme, témoignent
tour à tour du développement qu'avait pris le trafic des
cheveux à l'époque de la décadence. Juvénal en tire
d'âpres conclusions contre son temps ; mais Ovide, déjà,
avait parlé des cheveux que les esclaves de la Germanie
envoyaient aux Romaines :

Nam tibi captivos mittet Germania crines...

Le moyen âge marqua un temps d'arrêt pour le trafic des cheveux. Les cheveux longs étaient en grand

honneur, chez les hommes comme chez les femmes,
mais on les voulait naturels. Cela n'allait point sans
quelque excès pourtant, puisque Serlo, prélat normand,
prêchant devant Henri II d'Angleterre et sa cour, prit
pour prétexte de son sermon le luxe damnable de leur
chevelure. L'éloquence du prédicateur toucha les assis-
tants « Sur quoi, nous dit-on, l'évêque, tirant aussitôt
de sa manche une paire de ciseaux, constata son triomphe en dépouillant en un clin d'œil le chef du monar-
que. » Triomphe tout passager ! La vogue des cheveux
longs reprit de plus belle au xviie siècle, qui fut le siècle par excellence du « postiche ». Louis XIV donnait
l'exemple : il avait pour fournisseur un certain Binette
qui, à force d'ingéniosité et par l'imprévu de ses
« créations », était devenu une manière de personnage
dans l'État. C'est Binette qui créa les perruques in-folio,
in-quarto, in-trente-deux, les perruques rondes, carrées, pointues, les perruques à boudins, à papillons, à
deux ou trois marteaux, etc., etc. Son tour d'imagination ne le portait point vers la coiffure féminine, qui
resta négligée jusqu'après la Régence. Mais à ce
moment, et tandis que les perruques masculines tombaient en discrédit, les femmes commencèrent de dresser sur leur tête ces énormes bastilles capillaires, dont
la savante édification, plus encore que le concours du
coiffeur, eût réclamé celui d'un architecte ou d'un ingénieur. La fameuse coiffure imaginée par Marie-Antoinette et représentant « des collines, des prairies émail-
lées, des ruisseaux argentins et des torrents écumeux,
des jardins réguliers et des parcs anglais », est demeurée le type de ces manifestations d'une mode qui pas-

sait en extravagance tout ce qui s'était vu jusqu'alors.
La Révolution ramena les femmes à plus de simplicité.
Elle eut plus de peine à débarrasser les hommes de ces
gênantes cadenettes qui leur battaient sur le dos et dont
ils ont fini par quitter le privilège aux laquais de grande
maison, en même temps que les perruques cherchaient
un suprême refuge sur le crâne dégarni des *aldermen*
de la Cité...

Les postiches d'aujourd'hui ne se portent plus aperte-
ment : s'ils continuent de venir en aide à la coquetterie féminine, si les hommes eux-mêmes leur font de
fréquents emprunts, cela ne va point, de part et d'autre,
sans quelque mystère et passablement d'hypocrisie.
Habilement mêlés aux cheveux naturels, ils ne s'en
distinguent pas à première vue. Un bon posticheur
possède dans ses assortiments toutes les nuances de
cheveux connues. Elles sont moins nombreuses, d'ailleurs, qu'on pourrait le croire, et toutes se ramènent
en fin de compte à deux types bien tranchés qui correspondent, d'après le Dr Prichard, à des modalités de
race et de climat.

Suivant cette théorie, les habitants les plus blonds
de la terre se trouvent au nord du 48° degré de latitude,
en Angleterre, en Belgique, dans les pays scandinaves,
en Allemagne et dans la Russie septentrionale. La zone
qui s'étend entre le 48° et le 45° degré et qui comprend
le nord de la France, la Suisse et une partie du Piémont,
traverse la Bohême, l'Autriche, et touche aux provinces géorgiennes et circassiennes de l'empire du Czar,
paraît être un terrain mixte, mais où prédominent les
cheveux brun foncé. Au-dessous de cette zone, l'Espa-

gne, Naples, la Turquie, situées à l'extrémité méridionale de la carte, sont peuplées par des races à cheveux
noirs. De sorte que la population de l'Europe, prise en
masse, du Nord au Midi, présente dans la couleur de
ses cheveux une gradation parfaite, dans laquelle le
blond clair des latitudes les plus froides passe, par des
transitions insensibles, au noir bleuâtre des bords de la
Méditerranée. Il y a cependant des exceptions remarquables, par exemple les Celtes de Cornouailles, d'Irlande, du pays de Galles, qui ont conservé les cheveux
noirs : d'un autre côté, Venise, sous une latitude presque méridionale, a toujours été renommée pour ses
belles chevelures dorées, reproduites avec amour par
Titien et son école. Mais ces cas isolés ne prouvent
qu'une chose, — c'est que la race détermine principalement, entre autres particularités ethniques, la couleur et le tissu des cheveux. L'effet du mélange des
races est très sensible, quand on compare les habitants
des grandes capitales, telles que Londres, Paris, Vienne,
avec les populations de leurs pays respectifs. Cependant
la fusion qui s'opère rapidement au sein de ces vastes
agrégations d'hommes avance aussi, quoique plus lentement, dans les contrées qui forment, en quelque
sorte, les grandes routes des nations. C'est ainsi que les
cheveux châtains de l'Europe centrale ont une teinte
neutre, résultat naturel du mélange des races blondes
du Nord avec la vieille population du Midi... (1).

---

1) Je me suis servi, pour l'exposé de cette théorie, de la traduction publiée
par la *Revue britannique* (n° de novembre 1856).

On peut remarquer qu'il n'est question dans cette théorie que des cheveux européens : c'est que, sauf une exception, ce sont les seuls cheveux qui entrent dans la fabrication des postiches. Les cheveux des nègres sont trop crépus : les races sémitiques, qui font de la femme un objet de luxe, la soustraient au tondeur en l'enfermant dans le harem. Seuls, les cheveux des femmes de race jaune donnent lieu à une importation régulière. Le commerce du cheveu, ainsi presque exclusivement limité à l'Europe, ne s'y exerce encore que sur certains points déterminés : l'Allemagne, la Belgique, la Bohème, l'Italie, l'Espagne, la presqu'île scandinave et la France. Et, quant à la manière dont procèdent les industriels qui s'y livrent, elle est à peu près la même un peu partout : c'est le tondeur qui tient le premier rôle et c'est lui dont la boutique ou la tente sert de théâtre à l'opération préliminaire d'où découlent toutes les autres.

II

Vous l'avez vue, peut-être, dans votre enfance, cette boutique du tondeur. Elle avait je ne sais quel air de wigwam. Des chevelures de toutes couleurs, comme scalpées au tomahawk, pendaient en trophées devant la porte. Avec un peu d'imagination, on se serait cru chez un chef Huron ou Pawnie, en pleins romans de Gustave Aymard et de Fenimore Cooper. Un industriel à mine de tortionnaire faisait le boniment sur le

9

seuil (1). Le public hésitait, alléché tout ensemble et
terrifié. Enfin un mouvement se dessinait dans les
premiers rangs : une femme et une jeune fille, quelque
belle enfant trainée par sa mère et qui pleurait ner-
veusement, donnaient l'exemple aux moins hardies.
Dès lors la boutique ne désemplissait plus. Une fois le
seuil redoutable franchi, on se trouvait dans une tente
divisée en deux compartiments ou « mansions »,
comme les théâtres du moyen âge, et dont l'un, en
effet, fleuri d'étoffes chatoyantes, de rubans, de fichus
et de châles, représentait assez bien le paradis, tandis
que l'autre, nu et sombre, avec sa chaise de torture,
ses ciseaux et son crible, figurait une manière d'*Infernum*.

Bien entendu, l'*Infernum* était dissimulé sous un
large rideau : le paradis, au contraire, s'étalait ingénu-
ment. Mais, pour y pénétrer, il fallait avoir passé d'abord
par l'*Infernum*. Ce n'était peut-être pas très théo-
logique, et c'était très malin. L'épreuve, au reste,
durait peu. A peine entrée, la « patiente » était couchée sur une chaise. L'opérateur défaisait tout de suite
la chevelure, l'étalait, la saisissait à poignée, et, d'un
coup de ciseaux, la tranchait net à ras de crâne. Rien
de plus expéditif. Cette façon de guillotine sèche ne
laissait pas plus à discuter que l'autre : sitôt pris et
sitôt exécuté. La victime, un peu confuse et rougis-

(1) D'après le président Habasque, la formule la plus ordinaire de ce
boniment était : « Vendez vos cheveux, les femmes. On les prend courts et longs,
noirs et blonds! » (Cf. *Notions historiques, géographiques, etc., sur le littoral du
département des Côtes-du-Nord*, Nantes (1865.)

sante, pénétrait alors dans la seconde pièce, le « paradis », recevait le foulard ou les boucles d'oreille qu'elle
avait choisis dans l'éventaire et s'en allait plus loin
rajuster sa coiffe vide, où les feuilles sèches, l'étoupe,
le crin prenaient la place des cheveux vendus.

Cette scène singulière, à laquelle j'ai maintes fois
assisté pour ma part, se reproduisait presque sans
variante, il y a quelques années encore, dans tous les
marchés et pardons de Bretagne. « Mes compatriotes
bretonnes, écrivait Chateaubriand au commencement
du siècle, se font tondre à certains jours de foire et
troquent le voile naturel de leur tête pour un mouchoir
des Indes (1). » Il n'en fallait pas tant : un mouchoir
de Cholet, un foulard rouge à fleurs, y suffisaient le plus
souvent. Mais l'aventure n'avait rien que de banal. Le
Midi, l'Est, le Centre fournissaient également à l'acha-
landage du tondeur. La différence était dans le nom
qu'on lui donnait : en Bretagne, on l'appelait le
touser; en Provence, le *pioussaire* (2); dans les pays
de langue d'oïl, le *tondeur*. Son cercle d'affaires
était encore assez large. Mais insensiblement, et à
mesure que les mœurs des provinces voisines rece-

1) Alexandre Bouet, qui écrivait au même temps, dit que ce sont les Normands qui ont introduit en Bretagne le trafic des cheveux et que ce trafic
était de date récente. « La plupart des femmes, ajoute-t-il, ne présentent ainsi
leurs têtes aux ciseaux qu'avec une espèce de remords et en fuyant les regards
autant qu'on peut le faire dans un champ de foire. » (Cf. *Breiz-Izell.*)

(2) J'ignore l'origine et le sens de ce mot. D'après un marchand de cheveux
en gros, M. Thonet, il viendrait du cri de « *Piou! Piou!* » que lançaient les
anciens tondeurs en guise d'appel.

vaient l'influence de la capitale et s'uniformisaient sur
son plan, le trafic des cheveux se spécialisa dans certaines contrées, moins civilisées ou plus pauvres. C'est
ainsi que les tondeurs ont définitivement abandonné
chez nous la Normandie, l'Ile-de-France, la Touraine,
la Beauce, etc. Mais, enfin, il n'est pas besoin de
remonter très haut dans le passé pour se rappeler le
temps où ils tenaient boutique en pleine banlieue parisienne. C'étaient les cheveux blonds et spécialement la
nuance *épi mûr* qui faisaient prime (1); nos ménagères séquanaises en avaient d'admirables. Elles les
cédaient quasi pour rien, en échange d'une indienne
à fleurs ou de quelque menu colifichet. Avec le
temps leurs exigences s'accrurent: il fallut les payer
en bon argent sonnant et trébuchant. Le bonnet de
coton, qui inspirait à Robert Browning son joli récit
de voyage au *Cotton-cap-night country*, était encore
la coiffure paysanne la plus répandue : il avait l'avantage de dissimuler les nuques dégarnies, et, au besoin,
on y remplaçait le chignon absent par un gros bourre-
let d'étoupe ou de crin. Mais du jour que le chapeau
prit la succession du bonnet, ce fut fini de l'expédient.
Nos ménagères de l'Ile-de-France, de la Normandie et

1) La vogue de cette nuance de cheveux semble avoir été générale à cette
époque (comme elle l'est redevenue depuis quelques années). Dans l'article de
la *Quaterly Review*, précédemment cité, on lit que les cheveux blonds étaient à
peu près les seuls qui se vendaient à Londres (ils venaient d'Allemagne, par
l'intermédiaire de *fermiers hollandais*) et, de préférence, une « certaine nuance
dorée dont on faisait le plus grand cas. Ce précieux article valait, dit
l'auteur, 8 shellings (10 francs) l'once, presque le double du prix de l'argent.
Aujourd'hui (1853) cette rage est passée et les cheveux brun foncé de France
sont surtout recherchés. » La mode, une fois encore, a changé.

des provinces limitrophes durent renoncer à trafiquer
de leur chevelure : plus coquettes, elles se seraient mal
satisfaites d'étaler des toquets à fleurs sur des crânes
qu'on eût dit touchés de pelade. Elles prirent le bon
parti qui était de résister aux séductions du « tondeux ».
Celui-ci n'en put mais. Sa clientèle l'eut toute quittée
bien vite et il ne lui resta plus qu'à plier bagage et
qu'à porter sa boutique ailleurs.

On ne rencontre plus guère aujourd'hui le tondeur
de chevelures qu'en Bretagne, en Vendée, en Savoie,
dans le Limousin, l'Ardèche, la Lozère, l'Auvergne et
les Pyrénées. C'est généralement un employé aux gages
d'un patron sédentaire, lequel centralise en magasin les
produits de la tonte. Tel de ces patrons possède ainsi
jusqu'à quatre et cinq boutiques ambulantes, montées
chacune par deux employés. Les plus modestes tiennent eux-mêmes boutique et battent l'estrade en personne. C'est au printemps et à l'automne qu'apparait le
tondeur. Il exerce son industrie de mai à juillet et de
septembre à novembre, aux mois chauds, où les cheveux trop longs et trop lourds sont une gêne pour la
tête et où l'on est le plus tenté de s'en débarrasser :
c'est aussi l'époque des grandes foires, des assemblées,
des « pardons » qui attirent la foule sur un même point.
L'interruption du trafic pendant juillet et août s'explique par une raison analogue : c'est le temps où l'on
moissonne.

L'arrivée du tondeur est signalée selon les lieux par
les roulements du tambour de ville ou la corne-à-bou-
quin du garde champêtre. Faute de ces moyens de
publicité, le tondeur fait son boniment lui-même en

plein vent, aux quatre aires du champ de foire, comme un banquiste de profession. Par nécessité il doit connaître la langue du pays; s'il l'ignore, il loue sur place un truchement, et ce lui est presque une obligation dans certaines contrées, comme la Bretagne, où les nuances dialectales sont très marquées d'un canton à l'autre. Un attroupement ne tarde pas à se former devant la boutique. On s'y montre les étoffes, les fichus, les châles exposés; on discute les prix. Ceux-ci varient évidemment avec la qualité de la chevelure. Les vieilles femmes, accompagnées de jeunes filles de quatorze à seize ans, sont les plus nombreuses, les plus âpres : elles ont escompté fort à l'avance le prix qu'elles tireront des cheveux de l'enfant : il entrera dans les revenants-bons du fermage. Arrive-t-il que l'enfant résiste? Les sollicitations maternelles, la promesse d'un ruban ou d'un foulard, le *bagou* étourdissant du tondeur et l'espèce de suggestion magnétique que dégage ce diable d'homme ont tôt fait de la décider. Ces rencontres de l'intérêt et de la coquetterie, l'amusant conflit de ces petites passions déchaînées, n'ont pas manqué de solliciter les poètes. L'un d'eux, M. Onésime Pradère, imagine un dialogue entre le tondeur et une jeune fille. Le tondeur lui montre tour à tour des mouchoirs, des dentelles, une croix, un anneau d'or. A chacune de ses offres, la jeune fille répond énergiquement :

Non, non, non, non, ma chevelure
Est un trésor, m'assure-t-on.
Je n'eus jamais d'autre parure :
Je ne veux pas la vendre... non !

Cela se chante sous le titre : *Veux-tu me vendre tes cheveux?* et a été publié chez Choudens par l'auteur des vers. qui est aussi l'auteur de la musique. La conclusion du dialogue est d'un sentimentalisme que n'eut point désavoué Loïsa Puget :

> Un an plus tard, la jeune fille
> Venait les larmes dans les yeux,
> Ange sauveur de sa famille,
> Vendre ses longs et beaux cheveux.
> Depuis six mois, sa vieille mère.
> Pauvre et malade. souffrait tant
> Qu'elle vendait (ô peine amère !)
> Ses cheveux pour un peu d'argent.

> *Refrain :*

> « O mes cheveux, c'est pour ma mère
> « Que vous tombez sous les ciseaux :
> « C'est pour soulager sa misère.
> « Tombez. vous reviendrez plus beaux ! »

Rien de moins sûr. En réalité il faut dix années pleines pour qu'une chevelure repousse et, si elle a été coupée après la puberté, c'est miracle qu'elle repousse aussi belle (1). Le tondeur s'aperçoit tout de suite si on

(1) Un médecin écossais, le Dr Pincus, a voulu résoudre scientifiquement le problème de la pousse des cheveux. Il pratiquait à cet effet sur la tête de gens bien portants des tonsures d'un pouce de diamètre et comparait chaque jour. à l'aide d'un instrument de précision, la croissance des cheveux nouvellement rasés avec celle des autres. Il aurait reconnu ainsi, par observation, que. contrairement à ce que croient beaucoup de personnes, les cheveux fréquemment coupés poussent bien moins vite après la coupe qu'avant. Si, par suite de l'extrême élasticité des cheveux, il lui avait été impossible de déter-

lui livre une chevelure neuve ou de seconde coupe. La
qualité du cheveu est ce à quoi il fait d'abord attention. Le plus recherché, celui qui sera revendu aux
posticheurs comme extra-fin, est le cheveu qui possède
d'un bout à l'autre la même nuance. On ne le trouve
point sur toutes les têtes. En général, les cheveux
bretons, blonds et lourds, sont gâtés par la pointe qui
est rouge, *queue de bœuf*, en argot de tondeurs. Les
cheveux d'Auvergne sont plus fins. mais moins longs.
Les cheveux bruns n'ont pas de patrie; on les rencontre un peu partout, mais principalement dans le centre.
Quant au cheveu noir, qui vient de Savoie et d'Italie,
il a presque toujours des reflets rougeâtres: les pointes
tirent sur le roux : c'est du cheveu de troisième qualité
bon seulement pour la teinture. Aussi bien, la Chine
encombre-t-elle le marché de cheveux noirs (1). Ils ne
valent point ceux d'Europe : ils sont plus gros et il faut
les amincir chimiquement. Cela ne va point sans les
rendre plus cassants. A ce détail près, on ne les distinguerait point des cheveux savoyards ou italiens. On les
soumet comme eux à la teinture. De ces longues et

miner exactement la vitesse de la croissance. par contre il avait observé qu'en
laissant pousser les cheveux d'une personne sans jamais les couper, la longueur maxima obtenue variait entre 51 centimètres et 1 mètre 15.

Suivant une autre statistique, dont nous ne garantissons pas l'absolue
exactitude. les chevelures blondes sont en générale plus fournies que les bru-
nes. Ainsi, en moyenne. une brune n'aurait guère sur la tête plus de soixante-
dix kilomètres de cheveux, tandis qu'une blonde est susceptible d'en avoir jusqu'à cent vingt. Cela tiendrait à ce que les cheveux bruns sont plus épais
d'ordinaire que les blonds : un cheveu de brune pourrait porter, en effet, un
poids de 113 grammes, alors qu'un cheveu de blonde cassera presque toujours au-delà de 68 grammes.

(1) Il y a à Paris une usine spéciale où l'on ne traite que le cheveu chinois.

rudes nattes ténébreuses, l'oxygène et le détrempage
ont vite fait de tirer une superbe perruque « véro-
nèse ». Mais la mode est changeante. Les chignons rouges, pareils à une flambée de coque-
licots, ne jettent plus leur fulgurance sur la nacre
des cous féminins. On en est au blond d'épi mur, au
« cendré-rosé », et, pour cette nuance délicate, un posticheur m'affirmait que toutes les cornues du monde
n'arriveraient point à la communiquer artificiellement
aux cheveux qui ne l'auraient point naturellement. Le
« cendré-rosé » nous venait surtout de Suède : mais
les tarifs protectionnistes de M. Méline en ont suspendu
l'importation. Mesure fâcheuse à tous égards ! Les cheveux de Bohème et de Belgique, sur lesquels on a voulu
se rabattre, sont d'un blond trop cru (1). Ils ne manquent
point de finesse pourtant, mais les pointes en sont
« queue-de-bœuf », comme aux cheveux bretons.

C'est encore l'Ardèche, la Lozère et l'Auvergne qui,
dans le tas, fournissent le plus de cette variété. Aussi
est-ce vers ces provinces montagneuses et quelque peu
sauvages que la plupart des *pioussaïres* ont, dans ces
dernières années, orienté leurs tentes. Ils y font, quoi
qu'ils disent, d'assez bonnes affaires. Sans doute les
filles y sont moins naïves qu'autrefois, et il faut reconnaitre en outre qu'il y a dans le métier des pertes et
des déchets assez fréquents : telle chevelure, souple et
veloutée sur la tête, se révèle, après la tonte, cassante
et sèche : telle autre est mêlée de cheveux bifides ou

(1) La Bohème n'en importe pas moins chez nous 8.000 kilos de cheveux;
la Belgique 3.000.

trifides qui se détortillent comme du chanvre. Mais il est vrai que le bénéfice du tondeur est encore assez beau. S'il lui arrivait jadis de se procurer une chevelure contre un mouchoir de poche, le prix moyen qu'il en obtenait du marchand en gros restait ordinairement inférieur à 9 francs la livre (1). Elle en vaut le triple et le quadruple aujourd'hui.

III

La récolte du tondeur est généralement finie à la Saint-Jean d'été. Ce jour-là s'ouvre, à Limoges, une grande foire aux cheveux, rendez-vous de tous les tondeurs provinciaux et des marchands en gros parisiens qui forment leur principale clientèle. La foire aux cheveux dure jusqu'au 27 juin. Elle ne se tient pas en plein vent, mais dans les hôtels où sont descendus les tondeurs. On y établit le cours : on y débat les prix. Après quoi, s'il reste au tondeur un stock suffisant de cheveux invendus, ce qui est généralement le cas, il se rend à Paris avec sa marchandise. Il refait le même voyage à la fin d'octobre. Tantôt il annonce par circulaire son arrivée dans un hôtel ; tantôt il passe en personne chez les marchands de cheveux en gros. Le cheveu brut se vend au kilo. Dans les bonnes années (on entend par là celles où le cheveu est d'égale longueur), le kilo peut atteindre 90 francs. Dans les moyennes, il descend à 50 francs. Les lots sont faits d'avance. Si l'on veut choisir, le prix s'élève brusquement à 120 francs et davantage. L'empressement du tondeur à se débar-

(1) Cf. Habasque, loc. cit.

rasser de sa marchandise vient de ce que le cheveu a plus de valeur vendu immédiatement après la coupe.

Cheveux blonds, rouges, bruns, noirs, châtains, sont mêlés dans les lots du tondeur, mais non les cheveux frisés. C'est que le cheveu frisé, comme le cheveu blanc, fait une variété à part dont le prix est très différent du reste. Il y a quinze ou vingt ans, il était encore peu recherché. On s'en servait seulement pour « faire du crêpé » ou de petits travaux insignifiants. Aujourd'hui la « frisure naturelle » vaut, une fois travaillée, entre 0 fr. 50 et 3 fr. le gramme. C'est le prix qu'on en demande en magasin. Pour le tondeur, il ne la vend point séparément ; il en fait de petites mèches : mais on n'a droit à l'une de ces mèches que sous réserve d'acquérir un lot de cheveux d'au moins cent livres pesant. Bien entendu, on n'honore point du nom de frisures les cheveux de négresses, qui sont trop crépus et dont on ne peut rien tirer. Pour la bonne qualité du produit, il faut que le cheveu ondule et frise naturellement de la pointe.

Reste le cheveu blanc, réparti en *plat* et *frisé*. Plat et dans toute sa longueur, il est déjà extrêmement rare et ne se trouve, le plus souvent, que sur des têtes encore jeunes, mêlé à des cheveux d'une autre nuance. On l'obtient par « épilage ». Il mesure alors soixante-dix centimètres de long et, s'il est d'un beau blanc argenté, que les pointes en soient de même nuance que la racine, il peut atteindre un prix formidable : 7 et 8,000 francs le kilo. C'est le tarif des marchands en gros. On ne saurait s'étonner après cela que les posticheurs demandent jusqu'à 2,000 francs pour une simple natte de cheveux blancs plats. Heureusement pour les petites bourses que la chimie vient en aide à l'épilage. On fabrique chimiquement du cheveu blanc avec du cheveu foncé noir ou brun : on se sert à cet effet de cheveu gros et résistant (le cheveu fin ne résisterait pas aux six ou sept bains d'eau oxygénée qui sont nécessaires : il serait « cuit » tout de suite).

Quant au cheveu blanc de frisure naturelle, il n'a pas de prix. Sa rareté est telle, me disait M. Raoul, le célèbre posticheur de l'avenue de l'Opéra, qu'il n'y a peut-être pas quatre maisons à Paris qui puissent se vanter d'en tenir à la disposition de leurs clients. Le gramme en vaut de 20 à 30 francs. Certaines personnes, blanchies avant l'âge et dont les cheveux ondulent naturellement, ont ainsi une véritable fortune sur la tête. Et M. Raoul me citait comme exemple ce cas bien parisien de la femme d'un officier sans fortune possédant une admirable chevelure blanche ondulée et qui, chaque jour, ramassait avec soin les démêlures qui restaient aux dents du peigne. Elle les disposait ensuite en mèches de différentes longueurs et, au bout de l'an, passait chez le posticheur :

« Je dois régler aujourd'hui ma couturière, » lui disait-elle.

Le posticheur entendait à demi-mot : c'était la formule convenue, et la bonne dame s'en allait avec 5 ou 600 francs qui lui servaient à payer ses robes.

Les ouvriers qui travaillent le cheveu brut portent un nom spécial : on les appelle des *douilleurs*. Ce nom un peu étrange vient de *douille*, qui est un des synonymes argotiques du cheveu. Le salaire maximum des

douilleurs varie entre 6 et 7 francs. Il faut en général
deux ans pour faire un bon douilleur, et c'est un apprentissage qu'on peut juger assez court. Encore cet apprentissage est-il rémunéré presque aussitôt par un salaire
moyen de 0 fr. 50 à 1 franc. Soit un de ces sacs de cheveux, de 50 à 60 kilos, que les douilleurs livrent annuelle-
ment aux marchands en gros : les mèches y sont tassées
en tampons et liées à leur sommet par une cordelette. Le
douilleur les délie, met de côté et rassemble les mèches de
même nuance. Après quoi, il s'occupe de leur donner la
même longueur. L'opération porte un nom spécial :
on l'appelle le *détirage en pointe*. Pour l'exécuter, le
douilleur prend un plateau de bois surmonté d'une
carde et, sur cette carde, étend la mèche qu'il maintient
par la superposition d'une seconde carde. Toutes les
pointes qui dépassent la partie inférieure du plateau
appartiennent naturellement aux cheveux les plus longs.
Le douilleur les amène à lui et en fait un bottillon ; il
obtient ainsi une première longueur. La carde trans-
versale qui maintient les cheveux est mobile ; il l'avance
d'un cran ; de nouvelles pointes dépassent le bord du
plateau : il les amène à lui comme les précédentes et
obtient des cheveux d'une taille inférieure. La carde est
encore avancée d'un cran, puis d'un autre et ainsi de
suite jusqu'à épuisement de la *cardée*. Tout y passe,
en effet, jusqu'aux petits cheveux dédaigneusement
appelés *fonds de carde* et qui, trop courts pour entrer
dans la composition des nattes, seront utilisés plus tard
pour la confection des crêpés.

Ce travail de détirage en pointes, qui multiplie le
nombre des mèches, réduit aussi leur volume d'un

dixième ou davantage. Le douilleur procède alors à l'*élentage* (1), c'est-à-dire au nettoyage des mèches. Reste à convertir ces mèches en nattes, frisures et crêpés. A cet effet, une fois les mèches nettoyées, le douilleur reprend ses cardes et, comme tout à l'heure il a étiré les cheveux en pointes, il les étire maintenant en têtes. Il les noue ensuite à leur sommet, les range dans des cartons suivant leur nuance et, quelques jours après, les soumet à un lavage intensif (2). Accrochées le long des murs au sortir de cette lessive, les mèches, préalablement tordues, laissent couler toute leur eau. Veut-on en faire des frisures? On les roule sur de petits moules cylindriques de bois ou de verre qu'on enveloppe de papier et qu'on ficèle avec soin. On garde ces moules deux ou trois jours dans une étuve et on ne les en retire que lorsqu'ils sont sur le point de glisser des cheveux : la frisure est alors « marchande ».

Plus compliquée est la préparation des crêpés.

« Prenez des mèches, me disait un praticien, nattez-les sur deux fils tendus parallèlement, vous avez ainsi une tresse mince et longue. Plongez-les dans l'eau bouillante, séchez dans l'étuve, coupez les fils, déliez la tresse : elle s'échappe en masse bouffante et légère : elle est crêpée ».

Frisures et crêpés sont fort à la mode aujourd'hui. Les nattes, au contraire, qui étaient jadis très épaisses

(1) La *lente* (lat. *lens*) désigne toutes sortes de pellicules, entre les œufs de poux.

(2) Lavage à la potasse. Seules les mèches de premier choix sont nettoyées avec de la farine de sarrazin qui enlève la graisse sans faire perdre au cheveu de son poids et de son brillant.

et pour le moins à trois branches, ne se font plus qu'à une seule branche et servent seulement pour les petits chignons en boudins. Un marchand en gros, M. Thouet, me disait qu'il vendait jusqu'en 1890 de 18 à 20,000 nattes par an, quand il n'en a vendu cette année que 300. Ajoutez que les nattes à trois branches pesaient de 120 à 130 grammes : les nattes actuelles ne dépassent point 55 grammes. D'où un déchet important sur la quantité vendue et que ne compense point la vogue des frisures, qui sont courtes et légères.

Le plus délicat du métier pour le *douilleur*, c'est le travail d'assemblage des cheveux, et principalement quand il s'agit de cheveux de démêlures. Les pointes et les têtes y sont généralement confondues : il faut ajuster les pointes avec les pointes et les têtes avec les têtes. Cela demande quelque habitude. Un bon ouvrier peut cependant mettre en ordre de 10 à 12 kilos de démêlures par jour.

Ces cheveux de démêlures font en effet, et tout au moins à Paris et dans quelques grandes villes, une concurrence assez forte aux cheveux des tondeurs. Combien de ménagères, ignorant le parti qu'elles en pourraient tirer, les jettent à la rue ! Dans les quartiers populaires seulement, les ouvrières, prévenues par voie d'annonces ou d'affiches, les conservent soigneusement et les apportent, à la fin de l'année, chez le coiffeur. Les chiffonniers ramassent les autres et leur font subir un premier travail d'arrangement (1). Après quoi ils les repas-

(1) 14.000 kilos de cheveux de démêlures entrent ainsi chaque année dans la circulation.

sent au marchand en gros, qui les « élente », les élonge ou les frise et les revend à sa clientèle, mêlés à des cheveux de coupe. Cette clientèle du marchand en gros comprend deux catégories d'industriels :

1°. — Le *posticheur* :

2°. — Le *coiffeur*.

Il arrive assez souvent que le marchand de cheveux en gros est lui-même posticheur, c'est-à-dire qu'il « implante » lui-même les perruques, frisures, crêpés, bandeaux, etc., que le coiffeur revend au détail. Mais il ne travaille pas sur la personne comme le posticheur proprement dit, qui, lui, fait le postiche sur commande. Le posticheur proprement dit n'est que posticheur. Le coiffeur est encore et premièrement barbier : il ne vend des postiches que par surcroit.

C'est dans cet art du postiche surtout qu'apparait la vraie supériorité de l'industrie parisienne. Aussi le cheveu travaillé entre-t-il pour un chiffre considérable dans notre mouvement d'exportation. Ce chiffre a un peu baissé néanmoins en ces dernières années, par suite de la crise économique. Les États-Unis, par exemple, se fournissaient presque exclusivement chez nous de cheveux travaillés. Cheveux bruts et cheveux travaillés étaient frappés à l'entrée d'un droit uniforme de 30 à 40 pour 100. Ce droit a été supprimé pour le cheveu brut et ne frappe plus aujourd'hui que le cheveu travaillé. Il faut voir là le dessein très évident de soustraire à notre influence le marché américain pour développer l'industrie indigène du postiche. De fait, l'Amérique, qui nous achetait jadis pour 2 millions de cheveux travaillés, ne nous en achète plus que pour 300.000 francs.

Autre mécompte, résultant de l'interdit dont les cheveux chinois ont été frappés dans nos ports. Nous en recevions chaque année par Marseille 100.000 kilos environ. La peste et le choléra en ont fait suspendre l'importation [1] et c'est un coup sensible pour notre industrie. Le cheveu chinois ne se prête pas seulement à la teinture : il s'emploie aussi au naturel. Sa qualité est pourtant très grossière : mais l'usage qu'on en fait ne demande point un grand luxe de raffinement. La majeure partie des cheveux chinois est réexpédiée de Paris, sous forme de bandeaux implantés, aux marchands juifs de Varsovie. Un seul de nos industriels en expédie ainsi, pour cette destination, de 4 à 500 kilos par mois. Les bandeaux sont revendus, parait-il, aux femmes des Juifs Polonais, qui s'en servent pour cacher en public leurs chevelures naturelles, dont la vue est exclusivement et jalousement réservée aux maris.

Malgré ce mécompte momentané et l'interdiction du marché américain, l'industrie du postiche reste encore assez florissante chez nous. Les ouvriers et les ouvrières qui s'y emploient sont des privilégiés relatifs. Il est curieux cependant que les femmes ne s'y portent point davantage. Les posticheurs se plaignent de manquer d'ouvrières. Une implanteuse peut gagner pourtant jusqu'à 7 fr. 50 par jour. L'apprentissage demande entre six mois et un an et l'on gagne tout de suite aux menus ouvrages (garnitures de ressorts, montures, etc.)

(1) Cette importation a repris.

10

2 fr. 50 ou 3 francs. Dès qu'on sait « faire la perruque »,
le salaire est doublé (1).

IV

Et, à en croire les tondeurs, c'est bien ce qui montre
que tout le « boni » du métier est passé au posticheur
et au marchand en gros. Sans cela pourraient-ils accorder des salaires si élevés ? Au contraire, les tondeurs
ont à lutter chaque jour contre des difficultés grossissantes. Certaines provinces leur sont définitivement
fermées : d'autres ne « rendent » plus comme autrefois. C'étaient les Côtes-du-Nord qui étaient jadis
l'Eldorado, le Chanaan des tondeurs. Le président
Habasque s'étonnait, en 1865, de l'importance qu'y
avait prise le trafic des cheveux : « Des renseignements que j'ai lieu de croire exacts, écrivait-il, m'ont
fait connaître que MM. Le Gambre père et fils en expédient chacun pour 60 ou 70.000 francs : MM. Toutin
frères, pour 30.000 ; Danguy, pour la même somme ;
Basile Goulet, pour 25.000. Vallée aîné en vend au
détail pour 8 à 9,000 francs, et les autres marchands
détaillants réunis en peuvent débiter pour 100.000
francs au moins. Ainsi, ce commerce opère, dans les
Côtes-du-Nord, un assez grand mouvement de fonds.

(1) Ajoutons que le matériel du posticheur est très peu compliqué : des
aiguilles, un canevas, des têtes de carton ou de bois, il ne lui en faut pas
davantage. Mais « il y a la manière », et la manière est tout pour un bon
posticheur.

A la vérité, ce département fournit à lui seul autant de cheveux que les quatre autres départements de la Bretagne ensemble ». C'est le contraire à présent. Les Côtes-du-Nord, dans toute leur partie française au moins, sont réfractaires au tondeur : il lui faut, pour trouver matière à son industrie, pousser dans les cantons reculés de l'intérieur et battre jusqu'aux îles elles-mêmes ; mais le beau temps de la tonte est passé là comme partout (1). Les ménagères sont plus coquettes, partant plus exigeantes ; elles connaissent la valeur de

1) Serait-ce pour cette raison que les attentats des « chasseurs de chevelures » se multiplient d'une façon si inquiétante depuis quelques années ? Voici bout à bout cinq ou six faits-divers qui en disent long sur l'audace de ces malandrins. Il s'agit dans le premier d'une femme d'une soixantaine d'années, nommée Jenny Bourraflour et demeurant à Paris, rue du Fer-à-Moulin, que les agents arrêtèrent au moment où elle sortait du square Saint-Pierre de Montmartre. Il paraît que cette femme fréquentait régulièrement les jardins publics, où elle se promenait avec des allures de grand'maman. L'œil doux, la mine avenante, on lui eût donné, comme on dit, le bon Dieu sans confession. Elle avait pour les marmots toutes sortes d'attentions, mais c'était surtout les petites filles qui étaient l'objet de sa sollicitude maternelle. Elle les cajolait, les prenait sur ses genoux, leur contait des histoires ou les bourrait de friandises ; puis, à un moment donné, quand les pauvrettes y songeaient le moins, elle sortait de sa poche une paire de ciseaux, et crac ! d'un coup sec, elle tranchait leurs nattes et filait par le plus court chemin.

La femme Bourraflour était une chasseuse de chevelures. Chasseuses de chevelures aussi, ces deux femmes misérablement vêtues qui s'installèrent un jour à l'église Saint-Honoré d'Eylau, derrière M⁰⁰ Réjoux et sa fille Jeanne. M⁰⁰ Réjoux et sa fille venaient de s'asseoir dans une des chapelles latérales, quand l'enfant ressentit un léger chatouillement à la nuque. Mais la sensation fut si rapide qu'elle n'y prit point garde. C'est seulement à la sortie de l'église que M⁰⁰ Réjoux s'aperçut avec une douloureuse stupeur que les cheveux de la petite Jeanne, réunis sur le dos en une tresse magnifique, avaient été tranchés ras. Elle se rappela les deux pauvresses qui s'étaient installées derrière elle. M⁰⁰ Réjoux et sa fille n'étaient restées que dix minutes dans l'église et ces

leurs cheveux et ne s'en défont plus à moins de 15 ou 20 francs. Nous voilà loin de la classique indienne ou du foulard rouge « à treize » dont on les contentait jadis.

« Il n'y a pas si longtemps, nous disait un tondeur,

deux pauvresses étaient les seules personnes qui les eussent approchées. Aucun doute ne pouvait donc subsister : la petite Jeanne avait été victime de deux chevalières du scalp.

De Paris, passons à la province. Nous sommes à Saint-Nicolas-de-Redon, en pleine campagne, près de l'Etang-au-Mée : une gentille fillette, Marie Poilane, âgée de 13 ans, domestique chez M. Giteaux, y ramasse des choux pour ses maîtres. Deux chemineaux s'approchent par derrière, la saisissent à bras-le-corps, tranchent sa chevelure en deux coups de ciseaux et s'enfuient à travers champs. Marie Poilane, menacée d'être jetée dans l'étang voisin si elle crie, a pris le sage parti de se taire. Ses agresseurs ne l'en gratifient pas moins, en manière de remerciement, de quelques coups de pied dans le genou droit.

Marie Poilane et Jeanne Réjoux étaient des fillettes. Autre est le cas de Mlle X..., qui, à sept heures et demie du soir, sur le quai de Barbin à Nantes, subit, il y a quelques jours, un outrage analogue de deux malandrins appartenant, comme les chemineaux de l'Etang-au-Mée, à la dangereuse corporation des chevaliers du scalp. Mlle X.., jeune ouvrière de 25 ans, possédait pour son malheur une admirable chevelure de ce blond cendré à la mode si recherché des marchands. Ce trésor capillaire ne pouvait manquer de tenter les voleurs. Menacée d'être jetée dans la rivière voisine, Mlle X... fit comme Marie Poilane et se tut. Elle y perdit ses beaux cheveux, mais gagna d'avoir la vie sauve. On ne saurait le lui reprocher.

Dans trois sur quatre des faits divers que je viens de citer, on aura remarqué que les chasseurs de chevelures avaient agi par couples. C'est en effet la manière ordinaire des membres de la corporation : l'un des bandits maintient solidement la victime : son complice manœuvre les ciseaux. Il y a plus de sécurité dans cette façon de procéder. Il y a aussi moins de profit, et c'est pourquoi quelques professionnels préfèrent agir isolément.

Tel le fameux Simonin qu'on arrêta il y a trois ou quatre ans et qui s'était fait une réputation particulière comme chasseur de chevelures. Ce Simonin ne s'adressait qu'aux femmes galantes. Il les attirait chez lui, et, tandis qu'elles dormaient, les tondait ras jusqu'au cuir. On crut d'abord à du sadisme. Simonin passa pour un érotomane. En réalité, comme la femme Bourraflour,

qu'en Bretagne les femmes faisaient cadeau de leurs
cheveux au saint de la paroisse pour le remercier d'une
guérison, d'un héritage, d'une faveur quelconque. Les
saints qui passent là-bas pour guérir la migraine en
recevaient que c'était une bénédiction, et les sacristains
nous les revendaient pour presque rien... »

C'est fini aussi de ce petit commerce. Puis il y a la
concurrence des chiffonniers, les malaxages chimiques
des posticheurs, enfin les tarifs de M. Méline.

« Bref, concluait notre interlocuteur, le métier est
malade. Le cheveu ne va plus. On n'y est point encore
de sa poche, mais ça viendra. »

il coupait des chevelures, non pour le plaisir de les couper, mais pour le bénéfice qu'il retirait de leur vente.

Comme toutes les professions, les chevaliers du scalp ont pourtant leurs
déséquilibrés, leurs maniaques, et il s'en trouve certainement parmi eux qui
obéissent à d'autres mobiles que la cupidité. Mais c'est l'exception. Un bon
spécimen du genre fut ce Julien Bauer, né à Francfort-sur-le-Mein, qui se
donnait comme ancien étudiant à l'Université de Bonn, d'où il était venu à
Paris pour apprendre le français : il s'embusquait ordinairement, à la brune,
dans les rues tranquilles qui avoisinent l'Odéon. On le voyait aussi dans le
jardin du Luxembourg. Chaussé de chaussons de lisière, il étouffait ses pas
pour s'approcher des fillettes et des jeunes filles sur lesquelles il avait jeté
son dévolu. C'était une sorte de scalpeur-fantôme, invisible et insaisissable.
Ses victimes ne s'apercevaient de la disparition de leurs nattes qu'une fois de
retour chez elles. Les plaintes cependant affluaient de toutes parts au commissariat du quartier. On doubla, on tripla la surveillance : Bauer finit par
être arrêté et, dans la chambre d'hôtel de la rue Claude-Bernard où il était
descendu, on trouva une trentaine de nattes parfaitement sectionnées, dont ce
dangereux maniaque s'était fait un traversin.

Les cas du genre de Julien Bauer sont, malgré tout, assez rares. Ils
relèvent de l'infirmerie du Dépôt et non du Dépôt lui-même. Neuf fois sur
dix, le chasseur de chevelures est, non pas un fou, mais un industriel sans
vergogne et c'est par pur intérêt qu'il commet son crime.

Qu'y a-t-il de vrai dans ces doléances ? Il est certain que les ménagères françaises sont moins « coulantes » qu'autrefois sur le prix de leurs cheveux, et il est certain encore que beaucoup de provinces sont maintenant fermées au tondeur. Mais le commerce d'exportation a-t-il autant diminué qu'on l'affirme ? L'Amérique continue à se fournir chez nous de cheveux bruts. Elle ne nous refuse que le cheveu travaillé et, d'autre part, l'exportation du postiche a considérablement augmenté en Europe : il n'est fine perruque que de Paris. L'équilibre se rétablit de la sorte ou à peu près.

« Le cheveu va toujours, le cheveu ira toujours, disent les marchands en gros, mais les tondeurs sont gens suspects ; ils ne se gênent point pour alourdir de beurre ou de cire les cheveux qu'ils nous vendent ; nous leur répondons par la chimie. Sont-ils bien venus à se plaindre ? »

Deux Tableaux de la Vie Terreneuvienne

A M. Pierre Baudin.

I. — LA LOUÉE DE LA MER

Qui passerait par le Vieux-Bourg à tout autre moment de l'année que le 2 décembre ne prêterait qu'une attention distraite à cette enfilade de masures branlantes, échelonnées le long des routes de Dinan à Dol et de Rennes à Saint-Malo.

Vainement vous chercheriez au-dessus d'elles la flèche d'un clocher, les bras d'un calvaire : ces masures semblent poussées là au hasard. Quelques-unes sont de vraies ruines; la plupart ne tiennent debout que par miracle. Pourri d'humidité et mêlé aux poussières végétales en suspension dans l'atmosphère, le chaume qui les coiffait a fini par se résoudre en une sorte de tégument verdâtre, suffisamment riche en humus pour nourrir toute une flore de plein vent :

glaïeuls, camomilles, renoncules pavoisent les toits, d'avril à septembre. C'est l'unique coquetterie de ces bicoques. Trois ou quatre constructions seulement, aussi surannées que leurs voisines, mais couvertes en ardoises et surélevées d'un étage, témoigneraient que le Vieux-Bourg connut des jours plus prospères. L'une d'elles, où s'enroulent les rinceaux d'un gracieux portail Renaissance, dut servir autrefois d'église paroissiale ; les autres étaient à usage d'école et de mairie ; la plus vaste, au croisement des deux routes, abritait l'*Hôtellerie de la Poste*. Fameuse du temps des diligences, qui avaient leur relai principal au Vieux-Bourg, cette hôtellerie n'a pas changé de destination ; elle a seulement baissé d'un cran dans la hiérarchie commerciale : l'hôtellerie n'est plus qu'une auberge. Auberges aussi, l'église, la mairie, l'école et toutes les masures qui leur font suite et qui, trop misérables pour se payer le luxe d'une enseigne, se contentent d'accrocher une touffe de gui au-dessus de leurs portes. Et le voyageur qui traverse en temps ordinaire ce hameau singulier, exclusivement composé de cabarets, s'enquerrait volontiers si les débitants, pour se donner l'illusion d'une clientèle, n'ont pas fait la gageure d'aller boire à tour de rôle les uns chez les autres.

Renseignements pris, le Vieux-Bourg est une façon de ville morte, déclassée administrativement au profit d'un bourg voisin, Miniac-Morvan, qui a hérité de sa mairie, de son école et de son église. Un jour seulement par année, le 2 décembre, le Vieux-Bourg renaît à la vie : comme par enchantement, les cinquante auberges de ses cinquante masures se remplissent d'une clientèle si pressée et si dense qu'il faut encore bâtir pour elle, au dehors, des pavillons, des hangars et des tentes, et que les habitants, des bénéfices rapportés par cette journée unique, tirent de quoi vivre sans rien faire les 364 autres jours de l'année. C'est que, le 2 décembre, le Vieux-Bourg n'est pas seulement le rendez-vous de tous les fermiers et fermières des localités voisines ; il ne s'y tient pas seulement un marché de bœufs, de moutons, de chevaux, de porcs et d'ânes : il s'y tient aussi un marché d'hommes. Des points les plus éloignés de la région, de la Ville-ès-Nonais, d'Erquy, de Châteauneuf, de Saint-Coulomb, de Cancale, de Dol, de Pleudihen, à pied, à cheval, en carriole, par chemin de fer, les gars à vendre, solides et bien marchands, accourent par centaines à la foire du Vieux-Bourg. Ils ont la démarche roulante, les yeux clairs, le cuir ocreux ; pour costume, des tricots, des vareuses et des bérets. La Patouillette, chez les paysans gallots, est le petit nom d'amitié de cette foire étrange, dont les pluies de décembre et le piétinement des animaux font communément un vrai bourbier : les pêcheurs terreneuviers qui y vont chercher un engagement lui donnent un autre nom, moins trivial et plus grave : la Louée de la mer ou la Louée ès marins (*mé* et *maraw*, en patois de la Haute-Bretagne).

On sait que, bien différente sur ce point, comme sur beaucoup d'autres, de la pêche « à Islande », la pêche à Terre-Neuve n'est pas une industrie exclusivement métropolitaine : Saint-Pierre possède aussi sa flottille hauturière. Réservée au personnel de cette flottille qui

arme et désarme chaque année dans le Barachois, la
« louée » du Vieux-Bourg attire principalement les
marins des quartiers de Saint-Malo, de Dinan et de
Saint-Brieuc. Granvillais et Fécampais embarquent de
préférence sur les « banquiers » ou « banquais »
métropolitains ; leur recrutement, qui ne diffère pas de
celui des marins du commerce, se fait par l'intermédiaire des « marchands d'hommes » et des capitaines.
L'opération présente beaucoup plus de variété dans la
région bretonne, ce qui ne tient pas seulement à la
prédominance de l'élément breton dans les équipages
terreneuviers, mais au fait que certaines spécialités
maritimes, comme l'armement colonial, les chauffauds
du French-Shore et les établissements du golfe Saint-
Laurent, ne recrutent leur personnel qu'en Bretagne.
De novembre à mars, les Terreneuvas, comme on
appelle indistinctement les pelletas, saleurs, soudeurs,
chauffaudiers, capelaniers, graviers, etc., restent à
terre, pratiquant la petite pêche côtière ou s'occupant à
des travaux de culture. L'armement pour Terre-Neuve
est en progression continue depuis 1897. L'an passé,
tant à Saint-Malo qu'à Saint-Servan, 84 navires sont
partis pour Terre-Neuve. En 1901, on n'en comptait
que 78. Même progression dans les autres ports, particulièrement à Cancale et à Fécamp. Le chiffre total des
navires métropolitains armés pour Terre Neuve, qui
était de 160 en 1897, est monté successivement à 183,
en 1898 ; à 190, en 1899 ; à 202, en 1900 ; à 213 en 1901 ;
à 220 en 1902. Celui des navires coloniaux, qui était de
184, en 1899, est monté à 193, en 1900 ; à 201, en 1901 ;
à 206, en 1902. Parallèlement au chiffre des navires,

le mouvement des importations augmentait d'année en année. On en peut juger par ce fait que les arrivages à Bordeaux, principal centre de l'importation moruyère, qui étaient, en 1875, de 10 millions de kilogrammes (chiffre rond), en 1880, de 14 millions, en 1890, de 23 millions, passaient, en 1900, 40 millions. La statistique ne manque pas d'éloquence. Toutefois ce ne sont pas les armateurs qui ont le plus bénéficié de ce développement d'une industrie qui eut ses bons et ses mauvais jours, sans atteindre jamais au rendement actuel. Près de 10.000 hommes sont actuellement engagés pour Terre-Neuve, et il n'est pas exagéré de dire que le salaire de ces hommes est presque d'un tiers plus élevé que celui qu'ils touchaient il y a dix ans. La loi de l'offre et de la demande commence à faire sentir ses effets chez les Terreneuvas : ils ne courent plus après les engagements ; ce sont les engagements qui courent après eux. Dans ces conditions, à quoi bon se déranger ? Sans doute, sous la Grand'Porte de Saint-Malo, où se tient une sorte de foire permanente aux Terreneuvas, quand passe un loup de mer à tournure de capitaine, on entend encore de ces dialogues comme ceux qu'a saisis à la volée M. Herpin (1).

« Monsieur, voulez-vous un bon « avant » de doris ?...

— Monsieur, voulez-vous un bon pelletas, un bon gravier, un bon saleur ?... »

(1) Cf. *Terreneuvas*, par E. Herpin. — Rennes, 1896. Sous forme de roman, l'auteur a tracé dans cet émouvant petit livre une peinture très fidèle de la vie à terre du pêcheur moruyer. — V. aussi *Fantôme de Terre-Neuve*, par Léon Berthaut, Paris, 1904, qui complète fort heureusement et dans une note plus réaliste le livre de M. Herpin.

De plus en plus, ce marché aux hommes de la Grand'-
Porte est déserté par les marins sérieux et l'on n'y trouve
plus que le rebut, mêlé aux mousses et aux novices,
dont il y a toujours surabondance. Aussi bien, même
au temps de sa vogue, la Grand'Porte n'abritait guère
sous son guichet que les marins de Saint-Malo, de
Saint-Servan et de leurs faubourgs, les hommes du Clos-
Poulet, comme on les appelle, qui forment les équipages des goélettes métropolitaines. Les équipages des
goélettes coloniales se recrutent, au contraire, presque
en totalité, pendant les foires d'hiver, dans les villages
de l'intérieur. L'occasion est bonne, en même temps
que la ménagère, contre écus sonnants, se débarrassera
de son veau ou de ses « courous » (porcets), pour
prendre langue avec les camarades, « voir venir » les
patrons de pêche et débattre avec eux les conditions de
la campagne prochaine. Il y a de ces foires dans toute
la région · à Plancoët, le dernier samedi de novembre ;
à Plouër, le 2 décembre ; à Pleurtuit, le 8. Mais la
plus importante se tient au Vieux-Bourg et, nonobstant
la difficulté des communications, c'est encore dans ses
remous que les racoleurs coloniaux viennent de préférence jeter leurs filets.

J'avais pris, pour accéder au Vieux-Bourg, l'embran-
chement de Lamballe à Lison. Peu de monde au
départ du train ; mais, en cours de route, des capitaines
et des patrons terreneuviers sont montés dans mon
compartiment et dans les compartiments voisins. Ma
présence ne les gêne en rien et ils continuent à s'entre-
tenir tout haut de leurs affaires. Les plus âgés ne
paraissent pas avoir dépassé la quarantaine : rasés de

frais, la mise soignée, presque élégante, un pardessus
ou un caoutchouc sous le bras, — vrai luxe pour des
marins, — n'étaient leurs bottes et leur casquette en
cuir bouilli, on aurait peine à les distinguer des premiers bourgeois venus. Ils ont en général de bonnes
figures pleines et franches, bien en chair, « retapées »
par un mois de séjour dans leur famille. Mais en voici
d'autres, dans le compartiment d'à côté, dont la tête
âpre, les yeux durs, les maxillaires saillants, la carrure
énorme, ne laissent pas d'inspirer une certaine appréhension. Ils fument, qui le cigare, qui la pipe, —
des pipes en écume de mer, aux fourneaux sculptés
comme des proues. Évidemment, c'est « une bonne
position » que celle de capitaine au Banc, même sur
les goëlettes saint-pierraises. Si leurs « avances » sont
assez faibles (600 francs environ), les capitaines banc-
quiers ont droit à trois parts pleines, à une gratifi-
fication qui varie de 500 à 1.000 francs, à 3 ou 4 0 0 sur
le produit net de la pêche (1). En outre, comme racoleurs, ils touchent tant par homme engagé, et l'échelle
des primes est ainsi établie que, plus l'engagement est
faible, plus la prime est élevée. Aussi mes compagnons
se montrent-ils fort scandalisés des prétentions crois-
santes du personnel colonial. Eux-mêmes pourtant sont
presque tous des matelots de 3e classe; ils ne possèdent aucun brevet ou certificat, et c'est par pure tolé-
rance qu'ils sont assimilés à des patrons au cabotage

(1) Je ne donne la que les conditions officielles. Mais tous les capitaines
ont des engagements secrets avec l'armateur, un « fixe » convenu avec lui et
qui n'est pas porté sur le rôle.

Gagnant par campagne de 3 à 4.000 francs, quelquefois davantage, ils supportent mal que leurs hommes exigent aujourd'hui « des 7 à 800 francs d'avances », alors que, pour la moitié de cette somme, on avait naguère « autant de pelletas et de saleurs qu'on voulait. » Sans compter le denier à Dieu, qui augmente proportionnellement : de 25 francs, le voilà monté à 40, même à 50. Et ce n'est pas fini...

« Est-ce qu'il n'y a pas un avant de doris, l'autre jour, à Plancoët, qui a eu le toupet de me demander 60 francs de denier à Dieu? » s'écrie un des interlocuteurs, en accompagnant son exclamation d'un formidable coup de poing sur la banquette.

J'ai pour vis-à-vis un jeune patron terreneuvier, un blond aux yeux pâles, presque timide, fort intelligent d'ailleurs et qui me sera précieux pour mon enquête. Nous lions connaissance. C'est la cinquième ou sixième fois qu'il se rend à cette « louée » du Vieux-Bourg, où hommes et choses lui sont familliers et prochains. Il accepte de me piloter : nous ferons la route ensemble, *pedibus cum jambis*. Par exemple, j'ai eu tort de ne pas mettre de bottes.

« Vous verrez tout à l'heure... »

De fait, il pleut déjà. Une aube sale, crasseuse, embue les vitres de notre compartiment. Nous chargeons des voyageurs à toutes les gares. Le train finit par être comble : il se débonde brusquement à la station de Miniac et lâche sur le quai un flot trouble de capitaines, de « pisteurs », de matelots et de forains. Tout ce monde jure, crie, peste, sacre, s'ébroue. Puis le défilé s'organise. Mêlés à la foule des paysans aux blouses

empesées, raides comme des feuilles de zinc, qui
traînent leurs aumailles à la foire, nous déambulons par
petits groupes vers le Vieux-Bourg, dont les maisons
s'estompent confusément sur la hauteur. Il pleut
toujours : une pluie fine, aux mailles serrées, qui
enveloppe le paysage dans un réseau de tristesse. En
pente douce, flanquée de grands arbres aux teintes
roussies par l'automne, la route monte droit à travers
champs. On compte trois kilomètres de la gare au
Vieux-Bourg, et la grisaille de l'atmosphère fait paraître
interminable ce long ruban de route nue, rectiligne,
où l'eau miroite par grandes flaques et qu'emplit un
défilé ininterrompu de chars à bancs, de roulottes
et de banneaux. Une guimbarde, chargée à couler
bas, nous étoile de boue au passage. Rétive, la bête
a fait un écart, failli verser dans la douve avec son
chargement.

« En v'la d'une embardée ! crient nos hommes au
conducteur. T'es donc pas f... de mettre le cap sur le
Vieux-Bourg ? Il te crève les yeux pourtant ! »

On rit. Le Vieux-Bourg, d'ailleurs, ne fait que de
s'éveiller. Il est à peine huit heures. Tandis que les
animaux, qui continuent d'arriver par files serrées,
prennent place sur le « marchix » avec leurs conducteurs
des deux sexes, les forains qui occupent les banquettes
du carrefour achèvent de consolider leurs tentes ou de
dresser leurs étalages. A deux cents mètres du bourg, on
n'avance plus qu'entre une double haie de roulottes, de
carrousels, de tirs, de ménageries, de « points de vue, »
alternant avec les grands parapluies rouges qui abritent
les éventaires des chapeliers et des marchands de

rouenneries. Dans les douves, sur les talus, entre les tentes, partout des mendiants, la sébile au poing, harcelant l'ouïe de leur aigre *miserere*. Noublions pas les fritures en plein vent : trois galets, sur un feu de tourbe, font office de trépied ; des chapelets de saucisses et de cervelas brandillent à la ceinture du marchand ; dans un bain de graisse rissolent les cimereaux, sortes de fouasses plus substantielles, fabriquées avec de la farine, des œufs, du lait et du beurre et auxquelles la légende assigne une origine fabuleuse : « cimereaux » viendrait de Kymris ; les premiers cimereaux seraient contemporains d'Hu-Kadarn et de· la fée Koridwen ! Pleurtuit en garda longtemps la spécialité. On les y fabriquait, d'après le délicat poète Louis Boivin, « dans des huttes curieuses, ressemblant beaucoup à des huttes de charbonniers. » Le secret, à la longue, transpira : aujourd'hui, tout le pays dinanais et malouin fabrique et consomme des cimereaux.

Devant l'*Hôtellerie de la Poste*. engoncés dans leurs costumes neufs, les bras ballants, des mousses se tiennent en permanence sous la pluie. Les premiers arrivés au Vieux-Bourg, ils s'en iront aussi les derniers. Pour le moment, malgré l'enfantine jactance de leurs foulards ponceau, ces pauvres petits ne semblent pas très rassurés. Dès qu'un capitaine fait mine d'approcher, on les voit qui se précipitent. Mais les capitaines ont d'autres soucis en tête : des mousses, m'explique mon cicerone, on en trouve tant qu'on veut : ce sont les patrons et les avants de doris qui regimbent à l'appel. Le fait est qu'on n'en aperçoit guère pour l'instant. Une boue noire, fétide, transforme les routes en marécages :

mon compagnon parlait d'or tout à l'heure, et il n'est que trop vrai que des bottes, même d'égouttiers, ne sont point céans un vain luxe. De temps à autre, un maigre rayon de soleil filtre entre les nuées qui pèsent sur le paysage ; la pluie cesse, mais pour reprendre presque aussitôt. Je commence à me morfondre... Attention ! Voici nos gens. Il nous ont vus, mais n'ont eu garde de s'arrêter. Ils poussent droit aux auberges où ils savent que les capitaines, tôt ou tard, les iront relancer. Mon compagnon en happe un au passage.

« Tu n'es pas engagé, Jean-Louis ?

— Bast ! J'ons ben le temps.

— Farceur ! Si tu n'étais pas engagé, ce n'est pas un bout de causette entre deux mics qui te ferait si peur que ça.

— Voulez-vous voir mon permis ? » demande l'homme.

Il fouille sous sa vareuse, en sort un papier sali, maculé, qu'il tend à mon compagnon : c'est la preuve qu'il n'est pas engagé, puisqu'en échange du denier à Dieu, et comme garantie de sa bonne foi, tout marin doit remettre au capitaine son permis d'embarquement.

« Eh bien ! puisque tu es libre, reprend mon compagnon, veux-tu que nous fassions marché ensemble ?

— Nenni, réplique l'homme, j'préférons attendre...

— Vous voyez, me dit le capitaine. Ce Jean-Louis est un bon matelot et j'aurais aimé le prendre à mon bord certainement. Mais c'est un rusé compère. Et la plupart des bons matelots sont comme lui : ils attendent, ils refusent de s'embarquer sans biscuit, comme ils disent ; ils ne viennent à la « louée » que pour savoir

quelle est la moyenne des avances et mieux poser
leurs conditions ensuite. Si je veux traiter avec lui, il
faudra que je l'aille relancer à domicile dans trois ou
quatre jours. »

L'homme est entré dans une auberge. Nous l'y sui-
vons. Les salles sont déjà pleines à déborder et il nous
faut jouer des coudes un bon quart d'heure durant
pour découvrir enfin, dans une arrière-cuisine, un bout
de banc et un coin de table où déguster une mocque
de cidre. Des gars, à une table voisine, sirotent des
« glorias ». Ils ne font pas mine de nous voir et, de
notre côté, nous affectons à leur égard la plus complète indifférence. Mais on sent que les deux parties
s'observent en dessous, se mesurent et se tâtent du coin
de l'œil avant le corps-à-corps final. Qui l'engagera,
ce corps-à-corps ? L'amour-propre s'en mêle et les deux
parties risqueraient de rester sur la défensive jusqu'au
soir, si quelque incident futile, la maladresse d'une
servante, la chute d'une carte sous la table, ne fournissait le prétexte attendu pour nouer la conversation.
Nous amorçons de la sorte un avant de doris qui battait
inutilement le briquet pour allumer sa pipe. Mon capitaine lui offre sa boîte de tisons. Voilà les chiens
rompus. On cause : l'avant se prête à nos ouvertures
et nous nous levons tous les trois pour débattre au
dehors les conditions de l'engagement. Précaution
superflue : arrivés sur la route, plus d'avant. Tandis
que nous nous faisions jour vers la porte, un de ses
« pays », qui racolait pour le compte d'un autre capitaine à bord duquel il était lui-même engagé comme
patron, nous l'avait soufflé au passage. Mon compagnon

ne se montre pas autrement surpris du procédé.
« C'est une affaire à recommencer », dit-il simplement.
Nous entrons dans une autre auberge. Même scène que
tout à l'heure. Mais, cette fois, nous avons la main
plus heureuse et nous tombons par surcroît sur un
patron de doris. Les pourparlers ont l'air de vouloir
aboutir. Le capitaine et le patron se retirent à l'écart :
le gars veut-il être engagé au tiers franc, au cinquième,
au grand mille ? La discussion est longue, serrée,
minutieuse. Sur la question du denier à Dieu, elle
manque un moment de s'achopper : notre homme
exige 60 francs. Le capitaine ne veut donner que 50,
maximum fixé par l'armateur : s'il le dépasse, il y sera
de sa poche. Mais l'homme tient bon. Le capitaine finit
par céder et nous rentrons dans l'auberge. Nous tou-
chons à la minute psychologique. Le capitaine commande une mocque de cidre, ouvre son carnet, frappé à
chaque page d'un timbre de quittance à dix centimes,
et y griffonne la formule consacrée :

« Miniac-Morvan, le 2 décembre 1901, le nommé X.
(nom et prénoms) s'engage aux conditions suivantes
comme patron de doris : une part au tiers franc ;
700 francs d'avances ; 150 francs de gratification (1) ».

Les formules sont identiques pour les avants de doris,
les mousses, les novices, les seconds, les maîtres
d'équipage : seuls les salaires varient et les modes
d'engagement. Sur un même bord et à égalité de fonction, il est rare que les conditions soient les mêmes

(1) A toucher au retour, si l'homme couvre les avances qui lui ont été
faites. Pour le denier à Dieu, on s'entend verbalement. La somme n'est pas
inscrite sur le carnet.

pour tous les hommes. Tel désire être engagé au tiers franc, qui consiste dans une part à toucher sur le tiers net des bénéfices d'une campagne, défalcation faite de la commission de vente de 3 pour 100, des gratifications, des frais d'achat des engins divers pour pêcher la boëte et du cheval salé pour pêcher le bulot. Tel préfère l'engagement au cinquième, où les avances de départ sont dites avances perdues : dans ce cas, le lot du pêcheur est formé par le cinquième du prix de vente, défalcation faite des gratifications et d'un cinquième des frais de vente, pilotage, courtage, intérêt des fonds, achat ou pêche de la boëte, etc. Ces deux modes d'engagement, le premier surtout, sont les plus répandus dans la région de Saint-Malo. Mais il y en a d'autres, moins connus et qui mèlent les deux modes.

« Actuellement, me dit mon capitaine, les bons patrons de doris en arrivent à exiger 6 ou 700 francs d'avances perdues, plus un engagement au grand mille allant jusqu'à 50 francs du mille pèché sur leur doris. Un de ces patrons m'a même demandé la suppression du 3 pour 100 de commission que l'armateur impose à l'équipage pour ses frais de vente. Certains patrons, enfin, mais c'est le plus petit nombre, préfèrent l'engagement uit au salaire fixe. Isaac B..., à mon bord, est ainsi engagé à raison de 990 francs de salaire fixe, sur lesquels il touchera 900 francs d'avances. Les 90 francs qui restent sont gardés par l'armateur pour le bitter et le tabac de B..., car la coutume s'est établie sur les goélettes coloniales que les patrons de doris, en plus de leurs boujarons d'alcool, aient droit à deux bitters par jour... »

La formule est transcrite. Mon compagnon repose la plume et se tourne vers l'homme pour lui donner lecture de l'engagement qu'il vient de libeller. Celui-ci, défiant plus que de raison, se fait répéter jusqu'à trois fois chacun des articles.

« Sommes-nous d'accord ? demande le capitaine.

— Oui, dit l'homme après un court moment d'hésitation.

— Alors, tope-là, » dit le capitaine.

Les deux hommes se frappent à tour de rôle dans la main. Puis le capitaine tend la plume au patron.

« Pose ton « signe » à côté du timbre, lui dit-il, ou, si tu ne sais pas écrire, fais une croix. »

L'homme, en lettres « moulées », de sa grosse main crevassée par le gel, brûlée par l'acide des encornets, péniblement trace son nom au bas de la feuille. Le capitaine aligne devant lui trois pièces d'or, montant du denier à Dieu convenu. Les yeux de l'homme s'allument d'une brève flamme : il prend les trois louis, les roule dans un coin de son mouchoir et fait un nœud par dessus. En échange, il remet au capitaine son permis d'embarquement, sans lequel aucun marin ne peut contracter de service. Le capitaine fait apporter une tournée de *glorias*. On se « tope » dans la main : on trinque une seconde fois.

« A propos, dit le capitaine, si tu connais un bon matelot qui veuille être avant sur ton doris... »

L'homme se gratte l'oreille.

« Il y a cinq francs pour toi, continue le capitaine.

— J'ai peut-être votre affaire, dit l'homme en se levant. Espérez-moi une minute. »

Il revint, en effet, au bout d'un quart d'heure, avec un avant qu'il poussait devant lui et qui avait plus l'air d'un novice que d'un matelot. Mon capitaine ne fut pas dupe.

« Tu n'as jamais été avant, dit-il au nouveau venu.

— C'est-à-dire...

— Oui, comme novice, tu as peut-être remplacé quelquefois sur les doris des avants disparus ou malades.

— Justement...

— Eh bien ! mon garçon, tu dois comprendre que je ne peux pas te payer cette fois le prix d'un bon avant...

— Je ne suis pas exigeant, dit l'autre, visiblement déconcerté.

— Si c'est comme ça, on pourra peut-être s'entendre, » reprit mon capitaine, qui tira son calepin et se mit en devoir d'écrire les nom et prénoms du postulant...

J'abrège la scène, qui ne serait que la répétition des précédentes et des autres scènes qui se déroulaient au même moment à toutes les tables, dans les cinquante auberges des cinquante maisons du Vieux-Bourg. Partout, comme ici, des têtes boucanées de capitaines banquais, penchés sur leurs calepins et griffonnant un engagement, tandis que les gars, en face d'eux, une longue pipe blanche aux dents, supputent entre deux lampées de *mic* ou de *gloria* les chances de leur prochaine campagne. Le cidre et l'eau-de-vie aidant, le ton des conversations commence à s'échauffer. On s'interpelle d'une table à l'autre ; on rit ; on chante ; on crie : « Par ici les mics ! — Non, par ici ! » Les servantes affolées ne savent à qui entendre. D'innommables mélanges stagnent en flaques polychromes sur les tables ; le plancher, en dessous, n'est qu'une mare. Sur le coup d'onze heures, les poulets bouillis font leur apparition au bras levé des servantes. Avec les cimereaux, c'est le plat de résistance de la frairie terreneuvienne. On les sert dans des chaudrons, autour desquels la tribu fait cercle. Les femmes sont au premier rang. Sitôt le prix de leurs « courous » en poche, elles ont rejoint les hommes à l'auberge. Elles veulent leur part de la bombance. Tout à l'heure, le déjeûner fini, on se rendra en chœur devant les boutiques des marchands de rouenneries ; on paiera un fichu neuf à la femme ou à la promise, un tricot à l'enfant, un cotillon à la mère. Mais la presque totalité du denier à Dieu passera entre les mains des aubergistes et des forains. Il en restera quelque chose aussi à la somnambule extra-lucide qu'interroge sur le balcon de sa roulotte une grosse commère en marmotte de couleur vive, Bordelaise métissée de Romanichel, agitant une longue baguette blanche dont elle frappe à tour de rôle les spectateurs : « Dites-moi ce que fait la personne de la société que je touche avec ma baguette ?... — Elle fume. — La nuance de ses cheveux ? — Rouge carotte. — La forme de son nez ? — En pied de marmite ». Il n'en faut pas davantage pour convaincre l'assistance des vertus divinatoires de la facétieuse pythonisse. On fait queue sur les marches de sa roulotte. Qui sait ? Les limbes du banc n'ont peut-être pas de secret pour elle. Pelletas, saleurs, graviers, que l'énigme de votre destinée tourmente, pour trente centimes elle « tirera votre planète », elle vous ouvrira tout grand le livre de l'avenir... Mais où le spectacle est le plus imprévu, le plus poignant aussi, c'est dans la partie du marché réservée aux novices et aux mousses. La plupart sont accompagnés de leur mère. La bonne femme, chaussée de lourds sabots de « foutaie », coiffée du « pignon pointu » de Pleudihen ou des « coques » rondes de Pleurtuit, disparaît à moitié sous un énorme parapluie de cotonnade et, quand passe à portée un capitaine, l'interpelle d'une voix obséquieuse :

« Par ici, cap'taine. Voulez-vous point d'un joli p'tit mousse, cap'taine ?

— Où qu't'as navigué, mon gars ? »

Neuf fois sur dix, c'est la mère qui répond pour l'enfant. Celui-ci pourrait se troubler, perdre la tête : il ne saurait pas faire ses conditions. L'enfant, ô tristesse ! devient entre les mains maternelles une façon d'article de foire, une marchandise vivante dont on détaille les avantages comme on ferait d'un poulain ou d'un « courou. »

« Il est ben p'tiot, vot'gars, la mère.

— Si l'on peut dire ! Mais, cap'taine, ardez-moè ses bras et ses poignets ! Il est fort comme un Turc, donc ! Et courageux à l'ouvrage, faut voèr ! Ben sûr qu'il vous fera « l'étale » comme pas un de son âge.

— Et qu'est-ce qu'il demande, vot'gars ?

— Pas grand'chose, certainement : trois cents francs d'avances, deux tiers de part et vingt francs de denier à Dieu.

— Allons ! Allons ! Vous êtes folle, la mère. Adressez-vous à d'autres.

— Voyons, cap'taine, vous fâchez pas. On pourrait p't-être ben s'entendre tout de même. Qu'est-ce que vous nous offrez ?

— Deux cents francs d'avances et dix francs de denier à Dieu.

— Ouais ! Il n'est donc point pour vous, not'gars. »

Mais, s'il n'est point pour ce capitaine-là, l'enfant sera pour un autre qui se montrera plus coulant sur les conditions ou qui s'y prendra plus adroitement. Il se tait, tandis que sa mère et le capitaine débattent devant lui les conditions du marché : mais de ses grands yeux de misère il regarde l'homme à qui il appartiendra peut-être tout à l'heure. Sera-ce pour lui un protecteur ou un bourreau ? Tant de petits mousses sont partis qui ne sont pas revenus, et il court sur ces capitaines banquais des histoires si terribles ! C'est le mousse du *Baucis*, les os rompus à coups d'épiquois ; c'est le mousse du *Dauphin*, la figure démolie à coups de corne de brume ; c'est le mousse de la *Gabrielle*, dont la brève carrière maritime ne fut qu'un long, un atroce martyre. L'enfant avait le mal de mer : pour l'aguerrir, on le mit au peloton de punition, le piffon (barre de bois pesant quatre kilos) sur l'épaule. On l'y laissait des journées entières ; l'enfant, au moindre roulis, trébuchait, glissait sur le pont, se relevait trempé jusqu'aux os, et, tout grelottant de froid, reprenait sa pénitence. Puis, comme il ne s'aguerrissait pas assez vite, on lui supprima son bonnet et son cache-nez : on lui releva jusqu'aux coudes les manches de sa veste et de sa che-

mise et jusqu'aux cuisses son pantalon. Les tempéra-
tures de 25 et 30 degrés au-dessous de zéro ne sont pas
rares sur le Banc. Sa peau prenait toutes les couleurs.
Il s'y formait des plaies qu'on avivait à coups de pied
et de bâton. On le priva de nourriture, et, comme il fut
surpris maraudant des miettes de biscuit dans la cambuse, on le déculotta complètement pour lui donner le
fouet. Il ne disait rien, ne faisait pas un mouvement ;
on « tapait » encore sur lui qu'il était mort.

Le martyrologe de la pêche à Terre-Neuve n'est que
trop riche en pages de ce genre. Et la brutalité, les
sévices, la mort même, ne sont rien. S'il est vrai,
comme on le fait dire à M. Faubournet de Montferrand,
commandant la division de Terre-Neuve, que les syphi-
lisés soient dans la proportion de 80 pour 100 parmi les
mousses terreneuviers (1), la conscience s'insurge à la fin ;
il ne lui paraît pas possible que les pouvoirs publics,
éclairés par une enquète impartiale, continuent à s'enfermer dans leur indifférence olympienne. Cette enquète
ne peut se faire en France. On le voit assez par la
manière dont est conduite l'instruction de la plupart des
crimes et délits commis à bord : contre l'opinion généralement accréditée, ces crimes et délits de droit commun relèvent de la justice ordinaire : mais, neuf fois sur
dix, me disait un commissaire de la marine, le parquet
renvoie l'affaire devant le tribunal maritime en allé-
guant qu'elle n'est point de sa compétence. Or, les tribunaux maritimes ne peuvent prononcer que des

(1) Ce chiffre, que j'emprunte à M. Aujar (je n'ai pu le retrouver dans le
rapport de M. Faubournet), me paraît vraiment un peu exagéré.

condamnations relativement légères, et l'opinion, mal éclairée, interprète à complaisance l'involontaire modération de leurs arrêts. Il faut ajouter que rien n'est difcile comme l'instruction de ces affaires. Six et sept mois se sont écoulés quelquefois depuis l'accomplissement du délit ou du crime, et l'on n'imagine pas les déformations qu'a subies entre temps la vérité dans l'esprit des marins, dont le témoignage est fort suspect en général. Si l'on voulait conduire des instructions sérieuses, il faudrait en charger le croiseur de l'État et que ce croiseur restât en permanence sur les Bancs. Mais il n'y fait que passer : il lui faut visiter par surcroît Saint-Pierre, le French-Shore, les établissements du golfe Saint-Laurent, etc. Dix mille hommes, en qui couvent toutes les frénésies de l'alcool, sont livrés pendant six mois à eux-mêmes, retranchés de la société et abandonnés aux pires suggestions de l'instinct. La police des Bancs, pour être efficace, devrait s'exercer sans discontinuité de mars à septembre. Veut-on un exemple de la difficulté des instructions actuelles ? Le jeune Augustin Gautier, agé de 16 ans, mousse à bord de la goélette coloniale *Charles-Jules*, accuse le capitaine de s'être livré sur sa personne à des actes immoraux, en août 1901, pendant que le navire pêchait sur le Banc. Le parquet de Dinan ouvre une enquête : deux témoins, Dorléans, saleur, et Le Buchoux, novice, entendus les premiers, font des dépositions accablantes pour le capitaine. Le second du bord, Porcon, se montre beaucoup moins affirmatif. Toutefois il reconnaît avoir reçu les plaintes du mousse et lui avoir conseillé d'appeler l'équipage si le capitaine recommençait. Celui-

ci proteste énergiquement. Flairant le complot qui s'our-
dissait contre lui, il s'est fait délivrer un certifiact
par le médecin de l'hôpital de Saint-Pierre. D'autre part il est très estimé dans le pays, où sa conduite
n'a jamais donné prise à la moindre critique. Mais ses
accusateurs ne désarment pas et n'hésitent pas à mettre en cause le médecin de Saint-Pierre, qui, afin de
disculper le capitaine, lui aurait « délivré un certificat
mensonger. » Finalement le parquet a classé l'affaire,
ne parvenant pas à se débrouiller entre ces témoignages contradictoires.

Je ne dis point qu'il faille supprimer le mousse à
bord de tous les navires, et c'est se moquer des gens de
prétendre qu'homme fait il ne tirera aucun parti des
connaissances techniques si péniblement acquises pendant son apprentissage. « A quoi lui servira, demande-
t-on, de savoir confectionner des nœuds d'agui, des
demi-clefs, des tresses d'amarrage, des épissures rondes,
plates ou carrées, etc., etc., si on l'embarque plus tard
sur ce que, dans l'argot marin, on appelle pittoresquement une « casserole, » c'est-à-dire un cuirassé ? » Il
n'y restera pas toute sa vie, et, si ces connaissances lui
sont inutiles dans la flotte, elles lui serviront quand il
rentrera au commerce. Relativement douce à bord des
pêcheurs côtiers, supportable à bord des longs-cour-
riers et des caboteurs, la condition des mousses n'est
vraiment intolérable qu'à Terre-Neuve et en Islande,
sur ces bagnes flottants que sont pendant six mois les
navires moruyers (1).

(1) C'est aussi l'avis du commandant Faubournet. « La présence d'un mousse.
enfant de 14 ans, dans ce milieu d'hommes rudes, est regrettable à tous points

Ce qui complique le problème, c'est que, si précaire et si dure que soit la condition des mousses, les enfants de la côte témoignent pour ce métier une passion véritable. Tout petits, le vent du large plia leurs poumons à son rythme ; ses iodes et son sodium, mêlés au lait maternel, leur firent le sang riche et agile. Plus tard, de nourricier passé magister, il façonna leur âme à son image : il la voulut fougueuse, inquiète et vagabonde comme lui. Pour les attirer sur la grève, leur souffler à l'oreille ses suggestions perfides, il savait prendre, les jours d'été, des inflexions d'une douceur irrésistible. L'ensorceleur les suivait au foyer domestique, se faufilait sous les portes, entre les planches, par le trou des serrures, et venait rôder, la nuit, autour de leurs lits-clos, des lits en formes de caissons superposés, pareils à ceux qui, dans les navires, garnissent les postes des équipages. Le logis sentait la vieille botte et la rogue. Des « cirages » s'égouttaient devant l'âtre : pour plafond, des gaffes et des avirons couchés transversalement sur les poutres. Peu s'en fallait que l'enfant ne se crût à bord. L'illusion était presque complète par les gros temps d'équinoxe, quand la chaumine, craquant par tous les joints, tanguait et roulait comme une goélette en dérive ; l'embrun cinglait les vitres ; la

de vue, sans présenter aucune utilité bien réelle. Le mousse est censé faire la cuisine : mais il n'a aucune aptitude pour s'acquitter de cette fonction : en réalité, il est mis en supplément à tous les travaux, sans besogne bien fixe. On ne devrait pas embarquer de marins de moins de 18 ans sur les navires banquiers. À cet âge, l'homme des côtes est encore assez jeune pour être formé au métier de la mer, et on ne peut pas objecter que l'embarquement du mousse répond à la nécessité de former des marins. » (*Revue Maritime*, février 1902, *Rapport de fin de campagne du commandant de la division navale de Terre-Neuve.*)

paille du toit volait, s'échevelait avec le bruit sec d'une voile qui se déchire. L'enfant, aguerri par l'habitude, sur sa paillasse de varech dormait à poings fermés. C'est le moment qu'attendait l'hypocrite pour s'engouffrer dans la cheminée, disperser les cendres, mener aux quatre coins du logis son sabbat infernal. Enveloppé dans le tourbillon, le pauvre être, cette fois, perdait pied, s'abandonnait, ne tenait plus à la réalité par aucun fil : son imagination, sur le mouvant et libre Infini marin, courait jusqu'à l'aube la grande aventure. Au réveil, la tête lourde, les paupières bouffies, quand la réalité le ressaisissait dans ses liens, il ne la trouvait que plus insipide et plus morne : il aspirait d'une vigueur décuplée après l'instant où il vivrait son rêve, où il romprait ses amarres et satisferait enfin sa fringale d'indépendance et d'essor...

Mon capitaine, pour compléter son équipage, n'avait plus besoin que d'un novice et d'un mousse. Il avait déjà rabroué quatre ou cinq postulants qui se pendaient à ses chausses, quand nous vîmes venir dans notre direction un couple bizarre, composé d'un homme dont le haut du corps esquissait un commencement d'arc de cercle, la figure toute craquelée par des milliers de petites rides, borgne, monaut, camard, boiteux et bossu par surcroît, vrai magot de paravent qu'accompagnait un gars tout petit, l'air extrêmement jeune, mais affligé d'une voix de basse-taille qui détonnait comiquement sur ses lèvres enfantines. Le vieux nous expliqua qu'il était un ancien marin, mais qu'il avait eu, sous les Tropiques, la maladie appelé *béri-béri* qui l'avait estropié pour le reste de ses jours et forcé de quitter le service. Il nous demanda si, par hasard, nous n'aurions pas besoin d'un mousse et nous présenta son rejeton.

« Quel âge a-t-il ? demanda le capitaine.

— Dix-sept ans.

— Diable ! C'est qu'il en paraît à peine douze.

— Les apparences sont contre lui, c'est certain. Mais il est plus solide qu'il n'en a l'air : l'autre jour, il a encore déhalé du bassin un homme qui se noyait.

— Prenez-moi, monsieur, prenez-moi ! supplie l'enfant. Vous n'en aurez pas repentance, bien sûr.

— Tu n'as jamais servi ?

— Les capitaines me trouvaient trop petit. C'est mon air, je vous dis, qui est cause de tout... »

La scène commence à m'attendrir. Je joins ma prière à celle de l'enfant. Le capitaine, brave homme, se tourne vers le père.

« Enfin ! Je veux bien le prendre. Mais, vous savez, c'est rapport à monsieur... Par exemple, je ne peux pas bailler lourd d'avances.

— Dites tout de même.

— Deux cent cinquante francs.

— J'ai mal entendu certainement. Mais, capitaine, à bord de vos autres collègues, tous les mousses sont payés trois cents francs.

— Possible. Moi, je n'ai qu'une parole : deux cent cinquante francs et cinq francs de denier à Dieu. C'est à prendre ou à laisser.

— Bon ! pour le denier à Dieu, vous irez bien jusqu'à dix francs.

— Topez-là ! »

On entre dans une auberge pour libeller l'engage-

ment. L'enfant ne se tient pas de joie. Il me confie qu'à
cause de sa petite taille il désespérait d'être jamais
engagé. L'an passé, à bout d'expédients, il était parti à
pied pour Saint-Malo, avec l'intention d'embarquer
« par-dessus bord. » Mais, à Pleurtuit, les gendarmes
lui demandèrent ses papiers. Il revint chez son père, la
tête basse. S'il n'avait pas trouvé d'engagement au
Vieux-Bourg, il aurait encore tenté la chance en mars
prochain : chaque année, en effet, des centaines d'enfants
qui n'ont pas trouvé d'engagement se coulent en tapi-
nois dans les cales des steamers et des bateaux passagers. Une fois au large, ils sont sauvés : à Saint-Pierre,
on les livre à l'Inscription maritime, qui, pour rem-
bourser au capitaine le prix de leur passage, s'occupe
de leur chercher une place dans les sécheries du littoral. On cite même une fille de pêcheurs qui se glissa
ainsi dans la cale d'un navire en partance et dénicha
là-bas une place de bonne à tout faire chez le capitaine
du port...

Comme nous sortons de l'auberge, une bordée de pêcheurs, bras dessus, bras dessous, criant, gesticulant, la
figure allumée par l'alcool, s'engouffre sous le porche
et nous refoule à l'intérieur. Mon capitaine, dans la
bande, reconnaît le patron et l'avant qu'il a engagés
le matin. Les deux hommes sont ivres à ne pas tenir
debout. Ils s'effondrent sur un banc et ne retrouvent
un peu d'énergie que pour houspiller la bonne qui
tarde à les servir.

« Jolie acquisition que vous avez faite là ! dis-je au
capitaine.

— Tous nos hommes sont pareils, me répond-il.

Vous connaissez le proverbe du Banc : *l'alcool est la boëte du pêcheur.* Supprimez l'alcool, vous supprimez du même coup l'armement pour Terre-Neuve.

— Est-ce bien sûr ? répliqué-je. A bord des goëlettes américaines, l'alcool est remplacé depuis 1897 par des boissons chaudes, du thé, du café, du vin. L'armement n'a pas souffert au change. »

Cette fois, mon compagnon ne répond pas. Quatre heures sont sonnées, du reste, et il n'a que le temps de rejoindre à pied la station de Miniac-Morvan. Le soir tombe vite en hiver. Aumailles et courous, gagnés de somnolence, aspirent confusément vers la paille chaude des étables : leurs maitres aussi ont hàte de rentrer : la foire n'a plus d'intérêt pour eux, et le Vieux-Bourg, maintenant, appartient aux seuls Terreneuvas. Il ne ferait pas bon les y déranger. Dans les auberges, sous les tentes, la « noce » bat son plein, la petite « noce » du denier à Dieu, prélude de la grande « noce » des avances. Un tumulte de voix rudes emplit les salles, déborde au loin sur les routes, dans la nuit glacée de décembre, mêlé aux pistons hystériques des forains, aux boniments des somnambules et aux abois des chiens de ferme. Et je songe à d'autres nuits qui suivront celles-ci, à des nuits de faction sur le Banc, coupées d'alertes continuelles, hantées par les blancs fantômes des icebergs en dérive, moins dangereux encore que ces paquebots éventreurs, ces *Ocean greyounds* dont l'étrave est teinte du sang de tant d'équipages terreneuviers, à des nuits qui seront pendant six mois les nuits de ces hommes, où ils n'entendront que l'aigre chanson du poudrin dans les vergues et la rauque modulation des

12

cornets de brume prolongeant de bord en bord leur
meuglement de bêtes blessées. Mais eux-mêmes y son-
gent-ils seulement, à ces nuits de leur angoisse future?
Les racoleurs sont partis; la « louée de la mer » est
terminée : l'ogresse a fait au Vieux-Bourg sa rafle périodique de chair humaine... Et voici qu'une à une, derrière nous, les lumières s'éteignent sur la crète du
plateau. L'*Hôtellerie de la Poste* met ses volets la dernière. La paix descend sur le Vieux-Bourg. Il ne pleut
plus. Le ciel est d'une limpidité hyaline. Sous la lune
qui monte, une campagne léthargique et douce s'étale
à perte de vue ; les glèbes luisent, blanches de gel : les
arbres découpent au bord du chemin leur ramure de
verre filé : la flûte d'un crapaud solitaire vibre dans le
silence comme le timbre intermittent de ce paysage de
cristal. Terre-Neuve, les factions sur le Banc, le grésil-
lement du poudrin dans les vergues, le meuglement des
cornets d'appel dans la brume, que tout cela, qui pal-
pite confusément sur l'horizon, semble à cette heure
irréel et lointain !...

II. — LE GRAND DÉPART

Depuis trois semaines les murs de Saint-Malo, de
Saint-Servan, de Cancale et des bourgades environnantes sont tendus de grandes affiches tricolores
annonçant que « le steamer *Burgundia*, capitaine Bres-
son, partira du quai de Trichet pour Saint-Pierre-Mique-
lon le samedi 29 mars 1902, à huit heures et demie

très précises du matin. » Les journées du 25 et du 26 mars seront réservées au chargement des « marchandises et mannes : » celles du 27 et du 28 au chargement des « coffres et bagages. » L'affiche dit que les passagers devront être à bord le samedi 29 mars « pour huit heures au plus tard ; » que chaque passager devra remettre sa carte en embarquant. « afin de ne pas être signalé absent ; » que les cartes seront délivrées aux patrons et capitaines. « le jour des coffres. » au bureau du quai d'embarquement : enfin. — post-scriptum qui parait avoir une certaine importance. car il se détache en lettres grasses sur l'affiche. — « qu'il n'y aura pas de vapeur spécial pour les retardataires. »

Un peu partout, sous le guichet de la Grand'Porte, le long des remparts. sur les quais. des attroupements se forment devant ces affiches et les commentent à voix haute. La *Burgundia* est un des trois steamers affrétés cette année pour le transport du personnel des sécheries et des goélettes saint-pierraises. Les deux autres sont le *Château-Laffitte* et l'*Hélène*. Tous trois. en temps normal, font le grand cabotage. La *Burgundia*, dont le port d'attache est Marseille, arrive des côtes d'Afrique : le *Château-Laffitte*, de Bordeaux. Vieux rouleur de la côte gasconne, qu'un habile maquillage rafraîchit extérieurement. ce *Château-Laffitte*. construit à Soutampton en 1881. n'en a plus pour longtemps à « lover son câble. » comme disent pittoresquement les marins : son sort est fixé, parait-il, et. s'il ne chavire pas en route. on le vendra au retour à quelque entrepreneur de démolition. La *Burgundia* et le *Château-Laffitte*, qui sont des vapeurs d'un tonnage consi-

dérable, peuvent prendre de 1.200 à 1.500 passagers
chacun. Quant à l'*Hélène*, qui appareillera la dernière
et qui est un navire de tonnage moyen, elle n'empor-
tera que 400 passagers. Le prix du voyage, à bord des
trois steamers, est établi à raison de 85 fr. par tête. Les
patrons de pêche, après entente avec les armateurs,
dont quelques-uns, du reste, qui prennent leurs quartiers d'hiver à Saint-Malo, feront la traversée comme
passagers de première classe, arrêtent leur choix sur
tel ou tel navire et préviennent leurs hommes d'avoir
à se trouver au quai d'embarquement, pour « le jour des
coffres, » et, le lendemain, à bord, pour l'appareillage.

Dans la vie en partie double du pêcheur moruyer,
cet appareillage, nommé le Grand Départ, est à la fois
un épilogue et un prologue. Épilogue de sa vie à terre ;
prologue de sa vie au large. Une pièce va finir dont on
ne saurait dire qu'elle était toujours bien divertissante,
mais qui avait pourtant quelque bonne humeur, çà et là
même sa grosse gaîté de cocagne : une autre va commencer, plus grave, dont le dénouement s'enveloppe
d'une ombre mystérieuse, et qui se déroulera loin de
France, dans les limbes brumeux du Banc. Entre temps,
les engagements conclus, — soit dans les foires de l'intérieur, soit à domicile, soit à Saint-Malo même, sous
le guichet de la Grand'Porte qu'encombrent les éventaires des marchands de cimereaux, de *badioux* et de
crayrins et qui est comme un marché permanent de
Terreneuvas, — ont eu lieu, de février à mars, au commissariat de l'Inscription maritime, les revues des équipages moruyers. Chaque équipage est introduit à tour
de rôle dans le bureau du commissaire, où lecture lui

est donnée des conditions de l'engagement. On fait
ensuite l'appel des hommes : « Un tel ? — Présent ! —
Acceptez-vous les conditions de l'engagement ? — J'accepte. » L'homme « pose son signe, » et le commissaire
procède à la distribution des « avances. » Minute ineffable ! Des rouleaux éventrés, les louis s'échappent en
cascade ; les mains se tendent, les yeux brillent. Pata-
tras ! Du fond de la salle s'élève le timbre aigu, le faus-
set glapissant d'un protestataire en jupons, quelque
« hôtesse » à museau de fouine qui s'est faufilée parmi
l'équipage et qui intervient au moment psychologique
pour rappeler à « Monsieur le commissaire » que les
avances en question sont frappées d'une saisie-arrêt.
L'homme, dans les cabarets et les mauvais lieux, a déjà
mangé en herbe la presque totalité de son pécule. La
loi dit bien que le salaire du marin est insaisissable ;
mais, d'autre part, le commissaire de l'Inscription maritime n'a pas qualité pour prononcer sur la recevabilité
ou l'irrecevabilité de l'opposition. C'est affaire au juge,
et sa sentence, avec les délais obligatoires, ne sera pas
rendue avant cinq semaines peut-être. Voilà clos pour
longtemps le paradis de félicité que se forgeait notre
innocent. Le mieux encore est de transiger, insinue le
commissaire : l'homme renoncera de plein gré à une
partie de ses avances et gardera le reste « pour gréer
son coffre. » Marché conclu. L'hôtesse, la première, se
prête à l'arrangement. Une humeur si accommodante
ne laisse pas de surprendre ; elle paraîtra moins méri-
toire quand j'aurai dit que le Shylock féminin a si bien
majoré sa note qu'en la réduisant de moitié elle fait
encore un sérieux bénéfice.

L'oreille tendue, la figure collée aux vitres, anxieuses de connaître l'issue du débat, les familles des pêcheurs, au dehors, guettent la sortie de l'équipage. Pour mieux surveiller leurs hommes, elles les ont convoyés à la ville, se sont empilées avec eux dans ces guimbardes de louage, grinçantes et cahotantes, qui datent des premiers âges de la carrosserie, et ne les ont lâchés qu'à la porte du commissariat. Toute la maisonnée est présente, mère, femme, sœurs, enfants : et c'est que, quand le nouvel engagé, tout à l'heure, ses avances roulées dans son mouchoir, sortira du bureau de la marine, ce ne sera pas trop de leur effort collectif pour l'arracher aux griffes des « pisteurs » qui rôdent sur le trottoir, prêts à happer au passage les marins isolés. « Hé ! matelot, tu as fait un bel engagement. Si le cœur t'en disait, je connais un joli endroit... » Bien vite, crainte qu'il ne morde à l'appât, on l'entraîne dans la direction de la rue du Boyer, qui est la rue des bazars et des magasins spéciaux pour Terreneuvas. Une fois là, il n'est point de ménagère si brouillée avec les ruses de son sexe qu'aux emplettes du mari, cache-nez, bottes, mitons, cirage et tricot, garde-robe du pêcheur moruyer, elle n'arrive à joindre, pour son usage personnel, un coupon de cotonnade et, pour celui des mioches, tout au moins un béret et une paire de galoches vernies. Voilà notre homme « pouillé » de frais, et les siens par surcroît. Nouvelle déambulation par les rues ; nouvelle tentative de l'homme pour gagner au large ; nouvelles supplications de sa smala pour le retenir, le « soulager » de gré ou de force des quelques écus qui lui restent. La liste est si longue des comptes qu'il faudra régler au village chez l'épicier, le boulanger, le mercier, le cordonnier !... L'homme regimbe, s'emporte : « Qu'est ce qui m'a f... des femelles pareilles ? » Bien sûr donc qu'il ne va pas virer de bord comme ça sans trinquer avec les copains ! Mais la femme tient bon ; elle connaît son homme, cette veulerie étrange dont semblent frappés sur la terre ferme la plupart des marins, semblables à ces oiseaux de mer d'une agilité surprenante et qui, sortis de leur élément, font par leur gaucherie la risée des badauds et des snobs. Par dessus tout elle craint cette ville de proie, ce Saint-Malo où la débauche est un négoce comme les autres, où la luxure s'embusque à tous les coins et harcèle jusqu'aux mousses de quatorze ans. Mon Dieu, elle se rend bien compte que son homme est comme tous les hommes et qu'il faut bien qu'il prenne un peu de bon temps par-ci par-là. Une petite « noce » n'est pas pour l'effrayer et même, tout à l'heure, quand on sera remonté dans la guimbarde, elle ne verra pas de mal à ce qu'on s'arrête en route un peu plus souvent que d'habitude, histoire de vider une bolée ou deux dans les guinguettes du Clos-Poulet. Habilement réservé pour la péroraison, ce dernier argument paraît faire son effet sur le récalcitrant. La femme se hâte d'en profiter ; l'homme n'a pas eu le temps de protester que quatre paires de bras l'ont saisi par derrière et hissé dans la vieille guimbarde familiale. Hue, cocotte ! Le tour est joué. Mais, pour un de sauvé, combien qui succombent à la tentation ! D'un coup de reins, l'homme s'est débarrassé des gêneurs pendus à ses chausses. Il est parti Dieu sait où et pour combien de temps ! Et c'est alors dans Saint-Malo un spectacle à serrer le cœur

que celui de ces pauvres familles désorbitées, errant de
venelle en venelle et de cabaret en cabaret à la recherche du disparu. Comment peindre cette battue lamentable, cette chasse à l'homme dégradante, coupée d'affûts
mornes aux carrefours et sur le seuil des mauvais lieux
où l'on soupçonne la présence du chenapan ? Ils ne sont
pas rares, les brutaux et les égoïstes qui n'ont égard
qu'à eux-mêmes et, quand on fait appel à leurs bons
sentiments, qu'on évoque l'image de leurs enfants et de
leur femme, répondent avec cynisme : « Qu'ils fassent
comme moi ! Qu'ils se débrouillent comme je me suis
débrouillé ! » Journellement le commissaire de l'Inscription maritime est assailli de doléances et de lamentations : c'est une mère sans ressources, une femme
chargée d'enfants, dont le fils ou le mari n'est pas revenu
à la maison depuis qu'il a touché ses avances. Puisque
la pêche terreneuvienne est placée sous un régime spécial, pourquoi n'y pas admettre le principe du droit des
tiers et ne pas recourir, comme dans la marine de l'État,
au système des délégations obligatoires ?...

Les dernières revues sont passées, et l'on dirait que,
pris d'un obscur frémissement aux approches de leur
migration annuelle, les navires moruyers ont hâte de
quitter leurs bassins d'hivernage. Mars va les rendre à
la liberté. Les premiers qui s'en vont sont les saint-
pierrais ; puis, c'est le tour des goélettes et des trois-
mâts métropolitains ; enfin, celui des grands steamers
qui transportent à Saint-Pierre le personnel des saleries
et les équipages des goélettes coloniales.

Quand j'arrivai à Saint-Malo, les départs étaient com-
mencés. Malgré le vent glacial qui soufflait du nord-est,

les saint-pierrais avaient tous appareillé : une partie des
banquais métropolitains était déjà sur rade, et les autres,
remorqués par de diligentes « abeilles, » manœuvraient
pour les rejoindre dans le méandre des bassins et des
sas. Le *Survivor*, l'*Aralia*, le *Prosper-Jeanne*, l'*Étincelle* passent ainsi devant moi et vont prendre leur
mouillage entre Harbour et Cézembre. Ce ne sont pas
les plus beaux navires de la flottille terreneuvienne.
Mais leurs coques sont parées et calfatées de frais : le
pont lavé à grande eau ; les doris, la quille en l'air, bien
arrimés à bâbord et à tribord ; et l'œil d'un profane
reconnaîtrait mal dans ces jolies goélettes matineuses
les lourdes barques qui s'abattaient sur rade, par quelque nuit du dernier hiver, la membrure craquante,
suant la saumure et le « massacre, » et d'où s'échap-
paient des spectres aux barbes limoneuses, aux yeux
d'acier froid et comme saisis encore dans l'engourdissement du pôle...

« Avec ces bateaux-là, me disait un vieux loup de
mer, pas besoin de sémaphores ni de lunette d'approche. Au retour du Banc, quand un moruyer embouque
les passes, on sent son odeur de la Grand'Porte, à un
mille de distance... »

Sur le quai de Trichet, devant la *Burgundia*, guimbardes, carrioles, brouettes, véhicules de toute sorte et
de toute dimension ne cessent de décharger des matelas
et des coffres. Il pleut. Le vent a « culé » au sud ; les
voitures ne sont pas couvertes, et les « paillots » des
pauvres gens garderont au fond des goélettes, pendant
huit mois, cette humidité absorbée en une demi-heure
dans le trajet de la gare au quai. Et il est possible que

ce soit aux intéressés à exiger, des entrepreneurs de fac-
tage, des voitures munies de bâches imperméables. La
« question des paillots, » comme on dit ironiquement,
ne regarde que les pêcheurs. Mais que penser de la
commission d'hygiène qui tolère que ces mêmes paillots, déjà tout gonflés d'humidité, restent encore exposés jusqu'au lendemain, sur le pont des vapeurs, à toutes les intempéries de l'atmosphère ? Le fait s'est
produit l'an passé sur le *Château-Laffitte*. Les paillots
sont restés sur le pont, une après-midi et une nuit
durant, et pas une minute, cette après-midi et cette
nuit-là, il n'a cessé de pleuvoir ou de bruiner. Mais,
devant le navire même, une tente, un abri quelconque
serait la moindre des précautions exigées par l'hygiène :
en attendant que paillots et coffres soient hissés à bord,
il leur faut subir en plein air, dans la boue, sous des
ondées torrentielles, la longue et méticuleuse inspection de la douane. Pas un coffre qui ne soit exploré
dans ses moindres recoins, un paillot qui ne soit tâté,
fouillé, retourné dans tous les sens. Disons-le : pour
tracassier qu'il semble, ce luxe de précautions s'explique. Le mal serait petit, si l'homme se contentait
d'embarquer en fraude un litre de tafia ou deux ; mais,
dans les coffres, devant moi, on saisit du « gazmilte, »
du pétrole, de l'esprit-de-vin. « Avec leur manie de
faire du café, malgré la défense, ils mettront un de ces
jours le feu à mon navire, » disait le capitaine.

Elle paraît interminable, sous l'averse, cette inspection des coffres, qui dure depuis l'aube et ne se termi-
nera qu'aux chandelles, avec la distribution des cartes
d'embarquement. Continuellement, à mesure qu'arri-

vent les nouveaux trains, des files de voitures à bras se
détachent de la gare dans la direction du quai de Trichet. Des passagers économes ou qui n'ont pu trouver
de véhicule font le trajet, leur matelas sur le dos ; à
deux, par derrière, les femmes ou les enfants traînent
le coffre. Sur le pont du steamer, les longs bras de la
grue ne cessent d'aller et de venir, au grincement pré-
cipité des chaînes. Enfin les derniers paillots sont à
bord ; tous les coffres sont estampillés ; les douaniers
frottent leurs mains blanches de craie : la grue cesse de
gémir, et la foule des passagers s'écoule bruyamment
dans la nuit. Cette même foule, demain, assiégera le
navire dès la pointe de l'aube. Pourquoi ne pas lui permettre de coucher à bord ? Elle en avait licence autrefois. Mais beaucoup de passagers étaient ivres ; on
craignait les dangers d'incendie : c'est une raison.
D'autre part, cette dernière nuit à terre, dans une ville
inconnue et pleine de tentations, sera vraisemblablement fatale à bien des Terreneuvas. Que ne peuvent-ils
la passer chez eux, en famille ? Il suffirait que les
Chambres de commerce de Saint-Malo et de Saint-
Servan s'entendissent avec les Compagnies de chemins de fer et de tramways sur route pour organiser des trains spéciaux partant de très bonne heure,
les matins d'apareillage, à destination de ces deux localités. Un train de ce genre existe déjà qui part de la
Houle à quatre heures du matin ; un autre va être créé
qui partira de Cancale-Ville à la même heure. Voilà le
système à généraliser...

« Êtes-vous paré, capitaine ?

— Oui.

— Les cales sont fermées ? Tous les coffres et les paillots sont sur le pont ?

— Oui, vous pouvez monter. »

Coutumiers de ces gymnastiques, les gendarmes maritimes escaladent le plat-bord, serrent la main du capitaine et commencent leur tournée d'inspection. Deux hommes de l'équipage les accompagnent avec des lanternes. Le quatuor disparaît dans la cale et en reparaît après une heure d'investigations, chassant devant lui un troupeau d'enfants déguenillés, soixante environ, qu'on a trouvés tapis un peu partout, dans les coins et le recoins de la *Burgundia*.

« Allons, houst ! tas de clampins... Démarrons et plus vite que ça ! »

Les expulsés, sans demander leur reste, sautent sur le quai, s'évadent dans la nuit. Les gendarmes retournent vers le capitaine.

« Nous avons fouillé partout, capitaine, dit le brigadier. Nonobstant, vous ferez bien d'ouvrir l'œil et le bon. Ces gaillards-là, c'est comme le chiendent, qui repousse à mesure qu'on l'arrache. A bord du *Château-Laffitte* il y en avait vingt-neuf, qu'on n'a découverts qu'au large... »

Le capitaine grogne on ne sait quoi dans sa moustache. C'est la première fois qu'il prend des passagers pour Saint-Pierre et il n'est pas encore « bien au courant. »

« Il y a huit jours, continue le brigadier, la goélette *Concorde*, capitaine Hamon, mettait à la voile pour les Bancs avec vingt-quatre hommes d'équipage et soixante-cinq graviers. A souper, le soir, le cambu-

sier s'apercevait qu'il avait quatre-vingt-quatorze convives à servir, soit cinq de plus que son compte. Heureusement que le pilote n'avait pas encore quitté le
bord : on lui a remis les cinq délinquants. Un peu plus,
tout de même, ils auraient fait la traversée aux frais du
capitaine. Je vous dis qu'il n'y a pas de pire peste que
ces « trouvés... »

Les « trouvés! » C'est en effet le nom qu'on donne à
ces déserteurs à rebours, comme dit un rapport du
Père Yves, qui, n'ayant pu réussir à s'engager comme
mousses ou comme graviers, s'embarquent « par-dessus bord, » se faufilent dans les cales et s'y cachent,
comme des rats, entre les coffres des passagers. Gros
embarras pour les capitaines, cependant, obligés de les
rapatrier à leurs frais ou de leur procurer des engagements dans la colonie! Ces « trouvés » ne sont pas diffi-
ciles, et il ne faut pas qu'ils le soient : dans beaucoup
de saleries, on ne les accepte qu'au pair ; encore, si la
morue chôme, ne se gêne-t-on pas pour les remercier.
Nombre d'entre eux sont ainsi condamnés au vagabondage et à la mendicité. Faute d'un gîte et d'un morceau
de pain, on en voit qui sollicitent comme une faveur
d'être « mis à la geôle. » L'expérience de leurs aînés ne
guérit point ces pauvres petits : l'instinct d'aventure,
la nostalgie de l'inconnu sont plus forts chez eux que
tous les raisonnements. Bon an, mal an, il se glisse
dans les cales des steamers et des goélettes une centaine
de « trouvés » qui ne se découvrent au capitaine qu'une
fois la terre hors de vue.

« Vous n'imaginez pas les stratagèmes auxquels ils
recourent pour dépister les recherches des gendarmes,

me disait le commissaire de la marine. On en découvre
pelotonnés dans les coffres, cachés dans la soute au
charbon. J'en ai vu un qui était venu à pied de Guingamp et qui s'était fait coudre dans un paillot. Je suis
sûr qu'il n'avait pas douze ans : il avait une tête ravis-
sante, des yeux d'une telle douceur qu'ils en remuaient
jusqu'au brigadier. Celui-ci, par mégarde, avait buté
contre le paillot. L'enfant fut découvert. Il n'avait pourtant pas poussé un cri sous la lourde botte qui l'écra-
sait. Le lendemain, je l'aperçus qui rôdait autour du
Château-Laffitte. L'œil aux aguets, il semblait attendre. Mais il m'avait reconnu et il fit mine de s'éloigner.
Je me détournai, pris de pitié. Le *Château-Laffitte*
avait lâché ses amarres : quand je me retournai, je pus
voir mon garnement qui avait saisi un bout de filin
lancé du bord par un complice et qui escaladait le bastingage... »

Dans le cabinet où le commissaire, tout en achevant
sa correspondance, me contait cette significative anec-
dote, se tenait depuis quelques instants un petit Malouin
à figure éveillée, garçon de treize à quatorze ans qui
n'avait plus de parents qu'une vieille grand'mère impo-
tente et sans autres ressources que sa pension. Sur les
instances de la bonne femme, le commissaire l'avait
agréé pour saute-ruisseau. Intelligent, le gamin, déjà
nanti de son certificat d'études, pouvait devenir un
excellent employé.

Le commissaire venait de le sonner pour l'envoyer porter différents papiers à bord de la *Burgundia*. Il était cinq heures. « Ce n'est pas la peine que tu
reviennes au bureau ce soir, » lui dit le commissaire.

L'enfant sourit assez drôlement. Ni mon interlocuteur ni moi ne prîmes garde à ce sourire. Quelques minutes plus tard, du reste, je quittai le commissariat. — « N'oubliez pas d'aller faire un tour à la foire Sainte-Ouine, » m'avait dit sur le seuil mon aimable interlocuteur. Cette foire célèbre, qui est l'assemblée véritable des Terreneuvas, se tient le long des remparts sur les quais Saint-Louis et Saint-Vincent. Elle est ouverte depuis trois semaines, et rien ne la distinguerait au premier abord des foires du même genre, n'étaient les éventaires des marchands ambulants, qui lui donnent un cachet particulier : cocardes, pompons, aigrettes, flots de rubans, bouquets de fleurs en papier, houppes de plumes multicolores, et jusqu'à des singes en chenille et des moulins à vent montés sur épingles, il y a là de quoi faire le bonheur de toutes les tribus sauvages de l'Afrique. Et, à voir comme les Terreneuvas mettent à sac ces éventaires, se piquent un peu partout sur le corps ces laissés pour compte de la bimbeloterie parisienne, on songe bien en effet aux enfances d'une race primitive et figée dans son développement. Harnachés comme des griots dahoméens, des mousses à leur premier voyage fument de grosses pipes en noyer verni achetées dans les « bazars à treize. » De groupe en groupe on s'interpelle, on s'invite à venir tâter le mollet de la femme colosse, à contempler le « gaillard d'arrière » de la belle Fatma. — « Hé! Jean-Louis, accoste un peu ici donc, pour voir. » Aguicheuses, quand le marin fait mine d'hésiter, les foraines l'accrochent au passage, le poussent par les épaules dans la baraque ou lui glissent de force leur marchandise dans la main. L'homme, neuf fois sur dix, éclate de rire et se laisse faire. Pour des riens, pour des brimborions à quatre sous la grosse, on lui extorque des sommes extravagantes. La plupart de ces boutiques, pour la circonstance, sont des comptoirs de pièces fausses. Un marin, devant moi, examinait la monnaie qu'on venait de lui rendre : toutes les pièces étaient en plomb ou démonétisées. Celui-là n'était pas ivre et vit clair par hasard. Il refusa les pièces. Soyez tranquilles : elles furent écoulées dans la soirée à quelque autre, plus naïf ou dont l'alcool avait suffisamment troublé la vision.

Comment la police n'intervient-elle pas ? Le laisser-aller est vraiment trop grand, l'indifférence des pouvoirs publics trop olympienne. Mais, chez tous, boutiquiers de la ville, marchands d'articles de bazar, hôteliers, débitants, tenanciers de maisons louches, c'est une complicité générale pour rançonner ces pauvres gens. On les sait de si bonne composition, si peu regardants sur la qualité des jouissances, avides seulement de les épuiser toutes et d'un seul coup avant ces huit mois de claustration absolue entre le ciel et l'eau !... La nuit n'a pas une étoile ; il pleut toujours et, dans les petites venelles sinistres de Saint-Malo, avec leurs pavés pointus, leur niches de madones à tous les carrefours, leurs vieilles maisons aux pignons de verre secoués d'une trépidation perpétuelle, c'est maintenant la galopade des « pelletas, » accordéons en tète, frénétique et vociférante comme au soir d'un assaut. Les magasins ont rabattu leurs contrevents ; la ville haute somnole. Toute vie s'est concentrée dans les auberges.

Il y en a presque autant que de maisons. Derrière leurs vitres tendues d'andrinople, dont le reflet éclabousse la chaussée de flaques rouges, elles flambent brutalement sur deux files, et le contraste est saisissant de cette flambée écarlate avec la petite flamme blanche des veilleuses qui tremblotent mélancoliquement autour des madones compitales. Pour la circonstance, hôteliers et cabaretiers ont obtenu « la permission de la nuit, » faveur exceptionnelle qui ne s'accorde que deux ou trois fois l'an, à Noël et aux veilles des Grands Départs. Pour la circonstance aussi, le personnel féminin, dans chaque auberge, a été renforcé de recrues nouvelles, *barmaids* ou professionnelles de la galanterie, dont les manches et le tablier ne sont qu'une livrée d'occasion : quand leur poste n'est pas dans l'arrière-boutique, il est sur le seuil pour y racoler les errants du pavé. De fait, l'auberge tentatrice, pleine de chants, de danses, de cris, de rires et de rixes, ne cesse d'engloutir les bandes vagabondes qui passent à sa portée (1)... Il pleut toujours, désespérément. Une boue fétide noie la chaussée, et l'on entend la mer, derrière les remparts, qui roule lourdement dans la nuit. Lointaine encore, sa

---

(1) Soyons franc : j'ai visité aussi des hôtelleries sérieuses où les filles publiques n'avaient point accès, où des capitaines prévoyants et scrupuleux assuraient à leurs hommes un coucher confortable pour la nuit. On les aurait souhaitées plus nombreuses. L'état de choses dont nous nous plaignons ne date pas d'hier, d'ailleurs. Dans une lettre à Colbert, en date du 20 avril 1675, M⁰ʳ du Guémadeuc, évêque de Saint-Malo, manifestait son inquiétude au sujet des « 2000 matelots et gens de marine, prêts à s'embarquer, qui, s'étant eschauffés de vin, seroient plus à craindre avant leur départ qu'en aucun autre temps de l'année. »

rumeur, à mesure que le flot gagne, s'enfle et remplit
peu à peu tout l'espace. Déjà les courlis donnent des
signes d'inquiétude : chassés des vasières de l'avant-
port, leur aigre caravane fait retraite vers la Rance. Le
môle des Noires est franchi. Encore une heure ou deux
et la marée entrera dans les sas, moussera sur l'eau
morte des bassins, tendra la *Burgundia* sur ses chaînes, l'étrave haute, ses fourneaux allumés, prête pour
le suprème appareillage...

Et voici que, sans attendre le premier sourire de
l'aube, dès cinq heures du matin, les Terreneuvas ont
quitté leurs gîtes de hasard et « mis le cap » sur le quai
de Trichet. Abrutis par une nuit d'insomnie, la lèvre
amère, les paupières bouffies, d'aucuns flageolent sur
leurs jambes, butent contre les réverbères, s'épanchent
au coin des bornes. Mais la plupart, qu'un somme
d'une demi-heure a suffi pour remettre d'aplomb, font
bonne contenance au bras de leurs femmes et se ressen-
tent à peine des excès de la veille. Beaucoup enfin,
que leur capitaine avait pris soin d'héberger sous le
même toit, sont déjà formés en équipages. Leurs sacs
sur le dos, en bon ordre, ils descendent vers les bassins.
Ceux-là sont les sages, les malins, ceux dont on dit à
bord qu'ils ne s'embarqueront jamais sans biscuit. De
fait, j'en vois qui s'arrêtent en chemin, devant les épi-
ceries, pour y faire leurs dernières provisions. Le mousse
ouvre la marche. Il tient en laisse un petit roquet à poil
fauve qui grandira sur le Banc et deviendra le chien
du bord, à moins qu'on ne l'échange là-bas contre un
de ces terre-neuve du littoral, inférieurs comme taille
à ceux de la montagne, mais supérieurs comme chiens

d'eau, nageurs et plongeurs incomparables, dont l'équipage, au retour, trouvera un bon prix de quelque amateur... La flamme des réverbères commence à vaciller ; des ouates blêmes flottent au levant, se nouent, se déchirent, font nappe sur le ciel. Dans ce crépuscule blafard, la *Burgundia*, portée par l'étale et dominant le quai de toute la hauteur de sa coque, découpe une silhouette monstrueuse de bête marine, d'orque ou de cachalot apocalyptique. Le pont, l'entre-pont, les coursives sont noirs de passagers penchés sur les bastingages, accrochés aux haubans, juchés même sur le toit des étables en planches construites pour les quelques vaches étiques qui serviront à l'ordinaire du bord. Une échelle verticale, décorée du nom de passerelle, relie le quai à la coupée. Deux gendarmes maritimes se tiennent en permanence au pied de l'échelle et ne laissent monter les hommes que sur livraison de leur carte d'embarquement.

Le steamer paraît déjà plein à déborder, et pourtant il arrive continuellement de nouveaux passagers qui, après une dernière accolade, une dernière étreinte brusque à leurs femmes et à leurs enfants, escaladent la passerelle et vont se perdre dans les profondeurs de la *Burgundia*. Certains sont dans un tel état d'ébriété qu'il faut les hisser à bord. D'autres, stupides, comme assommés ou frappés d'hémiplégie, ne retrouvent plus leur cartes, ne savent même plus leur nom. Quelques-uns bouffonnent, par habitude ou pour donner le change à leur angoisse. Un éclat de rire secoue la foule en voyant un pelletas monter gravement l'échelle, affublé d'un haut-de-forme, d'une queue-de-

pie et d'un parapluie disloqué. On se croirait aux para-
des de la foire. Mais c'est à bord que se joue la vraie
pièce. Vaille que vaille, avec un plancher volant en bois
brut, on a divisé la cale en deux dortoirs superposés
et reliés par une échelle de meunier. Gare aux faux pas
en descendant ! Les panneaux sont fermés et il ne
tombe de clarté que par les lentilles des hublots. Mais
où poser le pied ? Tout le plancher, aux deux étages de
la cale, disparaît littéralement sous les coffres et les
paillots, coffres de tous les gabarits, paillots de toutes
les nuances, bleus, rouges, verts, à carreaux et à fleurs,
chaque passager s'ingéniant à choisir une combinaison
qui lui soit propre et lui permette de découvrir plus
aisément son bien. La chose n'est point si aisée, quand
il faut se reconnaître, comme céans, au milieu de treize
cents coffres et de treize cents paillots jetés en vrac les
uns sur les autres. Le tri, sans doute, est déjà bien
avancé : nombre de paillots et de coffres ont été reconnus par leurs propriétaires, debout dès la première
heure et qui n'attendaient que le moment de grimper à
bord pour s'emparer des meilleures places. Tous les
coins sont pris et il n'y a plus un pouce de libre le long
de la coque. Aux retardataires de se débrouiller ! Même
ajustés bout à bout, le coffre servant d'oreiller, on se
demande encore comment tous ces paillots pourront
tenir dans la cale, comment dans un espace si restreint,
si avarement mesuré, tout ce bétail humain, dix jours
et dix nuits durant, s'arrangera pour respirer, dormir, boire, manger, se mouvoir, accomplir toutes les
fonctions de la vie.

J'ai hâte d'ajouter que ce serait mal connaître les

marins, rompus par un long apprentissage à tirer parti
des plus imperceptibles surfaces, de croire qu'un pareil
problème les pourrait inquiéter une minute. Tout au
contraire : comme si les hôtes du bord n'étaient pas
en nombre suffisant, tels font leur entrée dans la cale
escortés d'un roquet ou d'un chat ; une cage à serins
bringuebale au poing d'un troisième ; un mousse, avec
onction, porte un couple de poulets vivants. C'est
l'arche de Noé. Et, tandis que ces nouveaux venus
tâtonnent dans le noir à la recherche de leurs paillots
et de leurs coffres, se hélant d'une extrémité à l'autre
du dortoir et tâchant, autant que possible, de se grouper par équipages, les premiers arrivés, sitôt installés,
ont déjà repris leurs habitudes de vie végétative et leur
masque de froide insouciance. Un brelan de passagers,
dans un coin, autour d'une chandelle fichée dans un
goulot de bouteille, parait tout plongé dans les absorbantes douceurs d'une partie d'aluette ; près d'eux, un
novice joue de l'accordéon et, couché sur son paillot,
s'enchante aux grêles notes du mélancolique instrument. J'avise un vieux pêcheur, au pied de l'échelle,
qui rafistole son coffre à demi-crevé par une fausse
manœuvre des déchargeurs. L'envers du couvercle est
tapissé de petites images de sainteté disposées en éventail autour d'une image plus grande représentant la
Madone à la chaise de Raphaël. A l'intérieur du coffre,
pliés et rangés avec soin, les tricots, les bottes, les
suroîts, les mitons ; sur le côté gauche, un petit compartiment réservé pour les aiguilles, le fil, les clous,
le marteau, la provision de basane et de tabac à chi-
quer. « Et puis, voilà mon chapelet, dit l'homme. Ça

fait plaisir à dévider de temps à autre. » Qui a vu
l'intérieur d'un coffre de Terreneuvas peut se pri-
ver d'en voir d'autres : si le gabarit diffère, tous,
au revers du couvercle, sont décorés des mêmes images
de sainteté ; quelquefois d'un rameau de laurier ou
d'un brin de buis bénit du dernier dimanche des
Rameaux glissé dans l'entre-deux. La dévotion de ces
hommes passe toute imagination, et c'est vraiment pour
eux que la foi est un réconfort sans égal : pas un capitaine terreneuvier ne voudrait prendre la mer sans
avoir à son bord une statue de la Vierge. Lors de la
catastrophe du *Vaillant*, parmi les huit hommes qui
furent recueillis sur les Bancs après dix longs jours du
plus épouvantable martyre, il y en avait un qui déclara
être resté tout le temps en oraison ; les autres dirent
avoir récité leur chapelet jusqu'à cinq et six fois par
jour : ils le récitaient sur leurs doigts, faute de rosaire.
Ce matin encore, dans les cales de la *Burgundia*,
comme avant-hier dans les cales du *Château-Laffite*,
une grande lithographie en couleur de la Vierge et de
l'Enfant-Jésus a été suspendue par une main anonyme
qui n'est ni celle du capitaine, ni celle d'aucun des
hommes de l'équipage. Il en est ainsi, paraît-il, à tous
les Grands Départs. D'où qu'elle vienne, l'icone mystérieuse jouit d'une grande considération près des passagers qui la tiennent pour une manière de talisman.

« C'est peut-être bien elle, me dit un pêcheur, qui
nous a déhalés du « pot au noir, » l'année dernière,
sur la *Jeanne-Conseil* où nous étions 779 passagers....
Vous savez l'histoire... L'arbre de couche qui casse....
Le navire qui f... le camp en dérive pendant huit jours..

Heureusement qu'on avait avec nous « la Dame et son petit ». Faut dire aussi qu'on ne cessait pas de les prier matin et soir. Pour lors donc, le neuvième jour, ils nous envoyèrent un anglais qui nous donna la « remoque » jusqu'à Fayol, aux cinq cents diables dans le sudoit, où l'*Isly* et le d'*Assas* vinrent nous chercher la semaine suivante. C'est pas des inventions que je vous conte-là : vous n'avez qu'à demander à Pierre Le Duff et à Jean-Louis Person, qui étaient avec moi sur la *Jeanne-Conseil*. Hé ! Le Duff... »

Mais l'interpellé n'a pas eu le temps de répondre qu'un rauque hululement déchire l'air au-dessus de nos têtes, dresse les passagers sur leurs jarrets et va retentir comme un glas au cœur des femmes et des mères qui attendent sous la pluie devant le paquebot. C'est la *Burgundia* qui fait jouer sa sirène : dans quelques minutes, — le quart d'heure de grâce, — on enlèvera la passerelle. Avis aux retardataires ! Une quarantaine de passagers, tant pêcheurs que saleurs, manquent encore à l'appel, dont dix ou douze seulement rallieront à temps le paquebot. Mais en quel état ! On en apporte couchés sur des civières, ligottés, la bave aux dents, comme des enragés ou des fous. Une fois sur le pont, si on ne les retenait pas, ils se jetteraient par-dessus bord. Hélas ! on ne retiendra pas ce marin de la *Thémis* qui, tout à l'heure, au moment d'embarquer, s'est tiré deux coups de revolver dans la tête ; ni cet autre, Paul Lhermitte, qui roulait depuis la veille à travers les auberges de Saint-Servan et qu'on a trouvé, au matin, dans la vase du port de marée : ni le plus lamentable de tous, ce Joseph Buhot, bon

pêcheur pourtant, sobre et discipliné, qui s'est pendu
à Saint-Méloir-des-Ondes, laissant six enfants en bas
âge. Paix à ces pauvres gens, dont il ne nous appartient plus de sonder la conscience. Mais il en est d'autres
pour qui la parole donnée n'est vraiment qu'un jeu, qui ne
contractent d'engagement qu'avec la formelle intention
de ne pas le tenir, en un mot qui pratiquent l'escro-
querie aux avances comme leur confrères de la capitale
pratiquent le « ramastiquage » ou le « vol à l'esbrouffe ».
La législation, d'ailleurs, jusqu'en 1898, semblait prendre à tâche de favoriser cette malhonnète industrie : le
décret-loi du 24 mars 1852 n'infligeait aux déserteurs
qu'une peine de huit jours de prison : les hommes
touchaient leurs avances, passaient à Jersey ou à
Guernesey, et d'eux-mêmes, sans qu'on les en priât,
revenaient purger leur peine après le départ des
steamers. Ils y regardent à deux fois aujourd'hui que la
pénalité qui frappe les déserteurs a été portée par la
loi d'avril 1898 de six mois à un an de prison et
qu'elle s'aggrave, pour les récidivistes, d'un an de service en demi-solde. Je ne parle pas du remboursement
des avances, qui fut obligatoire en tout temps : c'est
un paragraphe qui ne put jamais recevoir de sanction
effective. Là n'est point encore le plus fâcheux, mais
que l'homme qui déserte puisse faire perdre à l'équipage et à l'armateur de 6 à 10.000 francs par campagne. Son absence du bord équivaut à la suppression
d'un doris, et chaque doris rapporte moyennement 300
quintaux de morues. Sans doute il y a des degrés de
culpabilité chez les déserteurs, et beaucoup, suivant
l'expression courante, ne sont que de simples « récal-

citrants ». Ceux-là n'ont pas mis la mer entre la justice et eux. On sait généralement où ils se terrent, et le tarif des gratifications accordées aux gendarmes maritimes chargés de leur arrestation est gradué en conséquence : trois francs pour le récalcitrant arrêté en ville ; six francs pour le récalcitrant arrêté hors ville : vingt-cinq francs, quand l'homme est resté absent de son bord plus de trois fois vingt-quatre heures.

« C'est une sorte de monomanie, me disait le commissaire : il y a des pêcheurs qui ont pour principe de ne se rendre à bord qu'entre deux gendarmes. Remarquez, en effet, que le nombre des récalcitrants ne varie guère d'année en année : il oscille toujours entre 180 et 200. »

Beaucoup de ces récalcitrants sont des faibles d'esprit. Tel ce brave pelletas qui accoste le gendarme de marine, tire sa casquette et demande poliment : « Monsieur le gendarme, voulez-vous me dire où est mon bateau ? — Quel bateau ? » L'homme esquisse un geste vague : il ne sait pas. « Ah ! ça, dit le gendarme, tu n'as donc pas touché tes avances ? — Pardon, monsieur le gendarme. — Quel jour ? — Je ne me rappelle plus. — Mais tu connais le nom de ton capitaine ?» Il l'avait oublié aussi... D'autres oublient qu'ils sont engagés, ce qui peut paraître plus extraordinaire encore. L'an passé, le jour de l'appareillage de l'*Alliance*, un pelletas manquait à l'appel. Le navire était mouillé sur rade, quand on vint prévenir le capitaine qu'un canot accostait avec deux gendarmes et un particulier en souliers vernis, cravate blanche, redingote et chapeau melon tout flambant neuf. Le capitaine, intrigué, monte

sur le pont et reconnaît dans le nouveau venu son
« manquant, » un certain Joseph Tassel, inscrit maritime du quartier de Dinan, que la maréchaussée avait
happée à la sortie de l'église où il venait de se marier
le matin même. Celui-là, si d'aventure l'amnésie
générale l'a épargné, se rappellera tout au moins sa
première nuit de noces...

La sirène lance son deuxième appel réglementaire :
ordre est donné d'enlever la passerelle. Trois ou quatre
retardataires se précipitent et, quand la passerelle est
enlevée, il en arrive encore deux qui se butent contre
la haute muraille du steamer. On leur jette un bout de
filin. La sirène pousse un dernier huhulement. Cette
fois, c'est fini. Doucement, ses amarres lâchées, la
Burgundia s'éloigne du quai de Trichet. Elle se
déplace en profondeur, parallèlement au quai. Les
yeux de la foule restent suspendus aux bastingages où
se pressent les passagers, et la manœuvre du navire est
si lente, le fléchissement de l'axe optique si insensible,
qu'on ne s'aperçoit pas du déplacement opéré... Mais,
tout à coup, à l'effacement graduel des figures dans la
brume, la tragique vérité s'imposa : le navire obliquait
vers l'écluse du Naye ; la séparation était consommée.

Ce qui suivit ne s'en ira jamais de ma mémoire ;
jamais je n'oublierai la clameur de détresse qui partit
du pont de la *Burgundia*, ce râle de bête blessée,
amplifié et multiplié à l'infini par les 1.300 poitrines
qui le poussaient collectivement. A cette mortelle
minute de la séparation, j'ai vu là, tendues vers le quai,
des figures dont la crispation douloureuse ne peut-être
comparée qu'à celle qui contractait si effroyablement le

masque des victimes du Bazar de la Charité. Des
hommes pleuraient ; d'autres riaient comme des déments ;
il y en avait qui serraient les poings et qui les braquaient
vers un ennemi imaginaire. Un passager se jeta par-
dessus bord. Aux trous ronds des hublots, des têtes
pendaient avec l'expression de guillotinés. Et brusquement, comme il s'était élevé, le râle se brisa dans les
gorges ; les figures se détendirent, reprirent leurs
lignes mornes, leur expression passive. La douleur avait
traversé ces âmes comme un éclair ; quelques secondes
après, il n'en restait plus trace. Un groupe d'ivrognes,
qui avait pris d'assaut le toit d'une des étables en
planches dressées sur le pont, se mit à danser frénéti-
quement. Dans les haubans, un ancien trompette
d'infanterie, coiffé d'un képi matriculé, sonnait *la
Casquette du Père Bugeaud* : claires et perlées, les
notes s'égrenaient ironiquement sur la mer, et on les
entendait encore du môle des Noires, quand la
Burgundia, sous le treillis de l'averse, n'était plus
qu'une silhouette grise, presque indistincte. La foule,
tandis que le navire évoluait dans le bassin, s'était
précipitée le long des quais et des remparts. Sinistre
galopade ! D'une main troussant leurs cotillons de
tiretaine, de l'autre « halant » sur leurs mioches, des
troupeaux de femmes détalent silencieusement dans la
direction de l'avant-port : il pleut toujours, il pleut
sans discontinuité depuis hier, malgré le vent d'amont
qui s'est levé avec l'aube et qui hache de petites lames
aiguës la surface de la baie. Indifférente, la foule ne
sent rien ; elle n'a qu'une pensée : gagner à temps la
jetée des Noires, la pointe du môle que le steamer va

ranger tout à l'heure et d'où elle pourra échanger un dernier regard avec ceux qui s'en vont. La lourde coque émerge de la brume, incline légèrement sur tribord : mais elle ne s'approche pas assez près du môle pour qu'on puisse distinguer les visages des passagers, et elle n'en est pas assez loin non plus pour que n'arrive pas jusqu'à nous, assourdi seulement par la distance, ce même râle de bête blessée qui nous avait transis sur le quai de Trichet. Au long du bastingage, des bérets s'agitent, puis retombent ; dans les haubans, l'ancien trompette continue d'égrener ses notes ironiques. La *Burgundia* tourne vers Cézembre. On voit le navire, à peine sensible à la lame, qui franchit la ligne des treize goélettes mouillées sur rade et dont la fine mâture oscille sur un rythme inégal, comme pour saluer le grand steamer impassible qui les précède vers l'inconnu.

« Ah ! Les pauv' p'tits malheureux ! » dit près de moi une vieille femme de Pleudihen, dont les deux « gars » venaient d'embarquer sur la *Burgundia* et qui, son mouchoir de poche posé à plat sur sa coiffe pour l'abriter de la pluie, s'obstinait à interroger l'horizon où rien n'apparaissait plus... Et je me souviens encore d'une grande fille svelte, aux lignes sculpturales, tout de noir vêtue, qui ne parlait pas, qui ne pleurait pas, et dont les yeux gardaient une fixité étrange : immobile près du musoir, elle avait l'air d'une statue de la Destinée...

Quelques instants plus tard, à l'ouverture des bureaux, je me trouvais dans la grande salle du commissariat. Trois hommes attendaient, debout, leur casquette à la main. Un employé recensait les cartes d'embarquement que venaient de lui apporter les gendarmes de la marine : 25 passagers avaient manqué l'appel, dont les trois qui se trouvaient là. C'était pour chacun d'eux une perte sèche de 85 francs, prix du passage (1). Ils prétendaient n'avoir raté le steamer que de cinq minutes. — « Mais, malheureux, disait le commissaire, pourquoi n'avez-vous pas rejoint la *Burgundia* dans le port de marée ? Un bateau ne vous eût pas coûté quarante sous ! » Ils n'y avaient pas songé. Ils étaient encore abrutis par leur ribote de la veille et n'opposaient à la mercuriale du commissaire qu'un même masque de silencieuse hébétude. A ce moment, poussée d'une main timide et comme hésitante, la lourde porte du bureau s'entre-bâilla et notre attention fut détournée des trois retar-dataires par l'apparition d'une petite vieille toute ratatinée, paralysée du bras gauche, les paupières tuméfiées, la coiffe de travers et qui flageolait sur ses jambes comme prise d'ébriété. « Ah ! monsieur le commissaire ! Ah ! monsieur le commissaire ! gémis-

---

(1) De ces 85 francs, il est vrai, 5 francs reviennent au représentant de l'armateur, 5 francs au recruteur, qui est généralement le préposé de la salerie ou le patron de la goélette saint-pierraise sur laquelle l'homme embarquera. Les steamers ne mettent pas plus de 10 jours pour aller à Saint-Pierre : cela fait 7 fr. 50 par jour et par homme, qui, multipliés par 13 ou 1400, représen-tent encore un fret assez coquet, d'autant que tout espèce de luxe est banni de l'ordinaire du bord. — « Êtes-vous bien nourris sur les steamers pendant la traversée ? » demandais-je à des pelletas de Saint-Cast. Réponse : « Un bou-jaron et une tasse de café le matin ; à midi une ratatouille quelconque et un verre de vin ; le soir, des « antilles » (lentilles) ou des « tuyaux de pipe » (macaroni) et un autre verre de vin ».

sait-elle. — Voyons, ma brave femme, remettez-vous,
dit le commissaire. Qu'est-ce qu'il y a pour votre
service ?... Mais je ne me trompe pas, continua-t-il
après l'avoir examinée plus attentivement, vous êtes la
grand'mère de mon petit employé... — Oui, monsieur
le commissaire. — Eh bien ! que lui est-il arrivé depuis
hier ? Je l'avais envoyé porter des papiers au capitaine
de la *Burgundia*. Monsieur que voici était présent...
— En effet, appuyai-je, je me rappelle... Vous aviez
même dit à l'enfant qu'il n'avait pas besoin de revenir
avant ce matin. — Oh ! mon Dieu, c'est ça ! c'est ça ! »
sanglota la vieille femme qui défaillait sous l'émotion.
Nous demeurions interloqués, le commissaire et moi.
La vieille reprit : — « Mon p'tit n'est pas reparu à la
maison depuis hier. Je l'ai « espéré » jusqu'à neuf heures
sans trop me faire de mauvais sang. Je croyais que vous
l'aviez gardé plus tard que d'habitude, rapport à l'ouvrage qui pressait... J'avais laissé du feu dans le
fourneau ; je me disais : comme ça, il trouvera sa
soupe chaude en rentrant... Quand j'ai entendu sonner
dix heures, je n'ai pas pu y tenir... Tant pis pour
monsieur le commissaire, que j'ai dit, faut que je monte
jusqu'à la Marine... Les bureaux étaient fermés. J'ai eu
beau frapper ; il n'y avait personne... Quelle nuit j'ai
passée, Seigneur Jésus ! » Une nouvelle crise de san-
glots la secoua. Le commissaire, affectant une sécurité
qu'il était loin de ressentir, tâchait de réconforter la
bonne femme ; ce n'était qu'une alerte : l'enfant allait
rentrer : il s'était laissé entraîner par des camarades.
La vieille hocha la tête. « Non, monsieur le commissaire... Ne vous donnez pas la peine... Je suis renseignée

à c't'heure... Le p'tit avait son plan... Pas plus tard qu'avant-hier je l'avais trouvé qui polissonnait sur le quai : « Grand'mère, qu'il m'avait demandé, qu'est-ce que tu dirais si j'embarquais sur la *Burgundia ?* — Je dirais... je dirais... mais que je suis bien contente d'être débarrassée d'un galopin de ton espèce... » V'là toute l'histoire, monsieur le commissaire... J'ai cru que le p'tit voulait rire ; le p'tit a cru que je parlais sérieusement et, hier soir, quand vous l'avez envoyé porter des papiers sur cette *Burgundia,* il s'est faufilé dans la cale et il est parti *par-dessus bord...* »

Pauvre vieille ! Toute tentative de consolation serait vaine : il n'est pas douteux que les choses se sont passées comme elle dit, et le commissaire ne proteste plus que pour la forme. Fil à fil, l'écheveau se débrouille : tels gestes, telles attitudes nous reviennent à la mémoire ; nous nous expliquons pourquoi le « p'tit » souriait si drôlement, quand le commissaire lui remit les papiers de la *Burgundia* et lui donna *campos* pour la soirée : à notre insu nous lui tendions la perche, nous servions ses projets d'évasion. « Allons ! ma brave femme, du courage. Votre enfant reviendra ». La vieille n'entend pas ou ne fait pas semblant d'entendre. Elle sait ce qu'elle voulait savoir : il suffit, et déjà elle tamponne ses yeux avec son mouchoir à carreaux roulé en boule, rajuste sa cornette et, de son pas menu, se dirige vers la porte. Je la suis sur le seuil et, par les venelles escarpées de la morne cité malouine, hier bruissante comme une ruche, veuve à cette heure de la presque totalité de sa population masculine, je vois sa petite ombre falote qui dégringole de palier en palier, qui vacille, se dégrade et prend un caractère plus symbolique à mesure qu'elle s'imprécise dans le brouillard et qu'elle rentre dans l'anonymat de la grande souffrance universelle...

La Confession d'un Embaumeur

A Gabriel Audiat.

On a fait quelque bruit, ces temps derniers, autour du procès intenté sur la requête du ministère public à un embaumeur du boulevard Sébastopol, M. Eugène Chabanon. M. Chabonon est l'inventeur d'un liquide antiseptique permettant d'arrêter la décomposition des cadavres et de les conserver à domicile pendant plusieurs jours. Il avait mis son liquide dans le commerce et la vente marchait fort bien. Les familles qu'un deuil venait d'atteindre pouvaient retarder de la sorte, sans aucun danger, la date des obsèques. Grâce au procédé Chabanon, si le défunt avait des parents en province ou à l'étranger, les sus-visés ne risquaient plus d'arriver après l'enterrement. Tact, célérité, discrétion, tout se retrouvait dans le procédé Chabanon.

Il n'y avait qu'un côté fâcheux au petit commerce de M. Chabanon : c'est que le décret du 17 avril 1899

14

interdit, sous peine d'amende, « toutes les opérations faites sans autorisation préalable et tendant à la conservation des cadavres par l'embaumement ou par tout autre moyen ». M. Chabanon soutenait, il est vrai, pour sa défense, que le décret de 1899 « vise l'embaumement au sens professionnel du mot et que, comme sa mixture s'applique sans injection et sans mutilation quelconque du corps, qu'elle est, par surcroît, uniquement externe, il n'y avait point dans son cas embaumement proprement dit ». Ces raisons parurent satisfaisantes, puisque M. Chabanon fut renvoyé des fins de la plainte. M. Chabanon, en débitant son liquide antiseptique, ne faisait point acte d'embaumeur. Mais qu'est-ce donc qu'on entend par embaumement et quels sont les vrais embaumeurs ? On se plaint un peu partout de l'encombrement des carrières libérales. N'y aurait-il point là, par grand hasard, une voie nouvelle où l'on pût aiguiller les fils de famille en peine d'une situation ? Comment devient-on embaumeur ? Quels titres, qualités, tour d'esprit, savoir-faire suppose cette profession peu connue ? Et la dite profession enrichit-elle son homme, le nourrit-elle seulement, ou s'il en est des embaumeurs comme des porteurs d'eau et que nous nous trouvions en présence d'une de ces industries agonisantes dont le nombre va croissant tous les jours et que le *Bottin* de Paris et des départements ne se préoccupe même plus d'enregistrer ?

I

J'ai consulté le *Bottin* : il y a encore des embaumeurs.
Mais on les compte ; ils sont exactement au nombre de
sept : MM. Baudiau, Chabanon, Étoffe, Gannal, Talrich, Tramond et un anonyme qui a pris pour enseigne :
A l'Eucalyptus.

Sept embaumeurs pour toute la France ! Voilà qui
suppose une grande activité chez ces messieurs ou une
pénurie singulière de clients. L'embaumement n'est
point de pratique courante : on le savait, et que, de tous
les peuples connus, seuls les Égyptiens et les Gouanches embaumaient indistinctement tous leurs morts.
Mais on oublie d'ajouter qu'il y avait embaumement et
embaumement. En Égypte, au moins, on comptait
trois classes d'embaumement dont la formule se lit
dans Hérodote.

L'embaumement de première classe, pour gens
riches, comportait l'introduction dans les narines d'un
ferrement recourbé qui servait à deux fins : pour
extraire la cervelle et pour la remplacer par des dro-
gues jouissant de certaines propriétés antiputrides ;
puis on faisait une incision dans le flanc du défunt avec
une pierre d'Éthiopie tranchante et, par l'ouverture,
on enlevait les intestins qui, nettoyés au vin de palmier,
étaient placés dans un coffre qu'on abandonnait au courant du fleuve. Le momier remplissait ensuite l'intérieur du corps de myrrhe pure broyée, de cannelle et
d'autres parfums, l'encens excepté. Il recousait le

corps, l'enfermait pendant soixante-dix jours dans une saumure de natron, l'en sortait pour procéder à un nouveau lavage, à l'issue duquel il l'enveloppait de bandes de toile enduites de gomme arabique et le remettait aux parents. Ceux-ci n'avaient plus qu'à fabriquer un étui de forme humaine où ils enfermaient la momie et qu'ils adossaient verticalement contre la muraille des hypogées.

L'embaumement de deuxième classe, moins coûteux, ne comportait pas tant de préliminaires. Plus d'incision ; on injectait seulement l'intérieur du corps, au moyen d'une seringue, avec une liqueur onctueuse tirée du cèdre. L'injection se faisait par un des orifices naturels qu'on bouchait ensuite : on déposait le corps pendant les soixante-dix jours réglementaires dans un bain de natron ; on débouchait les orifices ; la liqueur injectée entrainait avec elle le ventricule et les entrailles dissous par son action. Le natron, de son côté, avait consumé les chairs et il ne restait du corps que la peau et les os. On le rendait dans cet état aux parents.

Moins compliquée encore était la troisième classe d'embaumement, réservée aux pauvres : on injectait le corps avec une liqueur nommée *surmaïa*, puis on le déposait dans le natron pendant soixante-dix jours. C'était tout.

Diodore n'ajoute que des détails insignifiants au récit d'Hérodote. D'Égypte, la mode des embaumements gagna les pays circonvoisins, mais elle ne s'y généralisa pas. En Judée comme en Grèce, comme à Rome, ce n'était qu'en certains cas et par exception qu'on pratiquait l'embaumement. Chose curieuse, on retrouve cette mode dans des pays où ne pénétra point l'influence égyptienne, comme les îles Canaries et le Pérou. On peut voir, au Musée du Trocadéro, deux ou trois momies péruviennes datant de plus de trois mille ans et dont la peau et les cheveux adhèrent toujours au corps.

Mais la momification était un accident chez les Péruviens ; les Gouanches des îles Canaries sont la seule nation, avec les Égyptiens, qui ait appliqué à tous les cadavres sans distinction les procédés de l'embaumement.

Nous avons la recette des Gouanches : on étendait le corps sur une dalle de pierre : un opérateur lui faisait une ouverture au bas-ventre avec un caillou affilé taillé en forme de couteau et appelé *tabona* : on lui retirait les intestins, que d'autres opérateurs lavaient et nettoyaient ; on lavait aussi le reste du corps et surtout les parties délicates comme les yeux, l'intérieur de la bouche, les oreilles et les doigts, avec de l'eau fraîche dans laquelle on avait fait dissoudre du sel. On remplissait de plantes aromatiques les grandes cavités : on exposait ensuite le cadavre au soleil le plus ardent ou dans des étuves, quand le soleil n'était pas assez chaud. Pendant l'exposition on enduisait fréquemment le corps d'une sorte d'onguent composé de graisse de chèvre, de poudre de plantes odoriférantes, d'écorce de pin, de résine, de brai de pierre ponce et d'autres matières absorbantes. Quinze jours suffisaient généralement pour cette partie de l'opération ; après ces quinze jours, la momie était en état de dessication parfaite : les parents l'envoyaient chercher et l'on célébrait les obsèques le plus magnifiquement que l'on pouvait (1).

Plusieurs momies gouanches, dites *xaxos*, et datant de deux mille ans et davantage, sont encore visibles dans les catacombes de Ténériffe ; à Baranco-de-Hereque, dans une seule de ces catacombes, on découvrit plus de mille *xaxos*. Les plus beaux spécimens ont été transportés au Muséum de Madrid : le Muséum de Paris en possède aussi deux qui lui furent donnés, en 1776, par M. de Chastenet-Puységur. Malheureusement les pieds manquaient à l'un des *xaxos* et la figure de l'autre était toute détériorée.

Il est curieux cependant qu'alors que les momies gouanches, péruviennes, égyptiennes, datant de plusieurs milliers de siècles, sont parvenues presque intactes jusqu'à nous, on n'ait conservé aucune momie grecque, romaine ou byzantine. Cela tient sans doute à ce que l'embaumement ne se pratiquait que par exception chez ces peuples, mais cela tient aussi et surtout à l'imperfection de leurs procédés. Pour retrouver quelque trace de l'art des anciens momiers, il faut arriver jusqu'à Bilz, Ruysch, Swammerdam, Clauderus, etc. Encore n'imagine-t-on pas les extraordinaires mixtures auxquelles recouraient ces praticiens pour momifier les cadavres. Trois sortes de substances entraient d'habitude dans la composition du baume dont ils se servaient :

a) Des poudres faites avec les racines broyées d'une

(1) Cf. J.-M. GANNAL : *Histoire des embaumements*.

centaine de plantes plus singulières les unes que les
autres : sassafras, cubèbe, spicanard, coloquinte, cardamone, marrube, origan, nepeta, chamœpitys, hypé-
ricum, etc., etc.

b) Des gommes et résines provenant de la poix de
Bourgogne, de l'élemi, du galbanum, du tacamahaca,
du styrax calamite, du pisasphaltum, etc., etc.

c) Des sels naturels ou composés, dont le plus célèbre
était celui de Clauderus, qui mariait le vitriol au chlorure de sodium.

Bien entendu, ces macédoines se diversifiaient à
l'infini. L'érudit Gannal, dans son *Histoire des embaumements*, cite d'après Pénicher une trentaine de
formules balsamaires toutes différentes les unes des
autres. Il faut lire ce Pénicher, si l'on veut prendre une
idée des pratiques courantes, au XVIIᵉ siècle et par delà,
pour la conservation des cadavres. Pénicher est un
homme précis qui ne dit rien qu'il ne faille dire et qui
le dit congrument. Il nous a laissé plusieurs procès-
verbaux d'embaumements. Mais je m'en voudrais de ne
point rapporter *in extenso* celui qu'il dressa de l'embaumement de Madame la Dauphine par M. Riqueur,
apothicaire du roi. C'est, dans son raccourci, un tableau
fort piquant, expressif et topique :

« L'embaumement de Madame la Dauphine, écrit
Pénicher, s'est exécuté avec tout le désintéressement,
l'habileté et la prudence qu'on a pu désirer, en présence
de M. d'Aquin, premier médecin du roi ; de M. Fagon,
premier médecin de la feue reine ; de M. Petit, premier
médecin de Monseigneur le Dauphin ; de M. Moreau,
premier médecin de feue Madame la Dauphine ; de M. Félix,

premier chirurgien du roi ; de M. Clément, maitre
chirurgien de Paris et accoucheur de la dite princesse.
M. Dionis, son premier chirurgien, opérait, étant aidé
de M. Baillet, chirurgien ordinaire, et d'un autre chirurgien du commun ; Mme la duchesse d'Arpajon, sa
dame d'honneur, Mme la maréchale de Rochefort, dame
d'atour, et plusieurs femmes présentes. M. Riqueur a
bien voulu, sachant que je travaillais sur cette matière,
me communiquer sa méthode.

« DESCRIPTION DU BAUME QUI A ÉTÉ FAIT POUR MADAME LA
DAUPHINE :

« Racines d'iris de Florence, 3 livres ; — souchet,
1 livre 1/2 ; — angélique de Bohême, gingembre, cala-
mus aromaticus, aristoloche, ao 1 livre ; — impératoire,
gentiane, valériane, ao 1 livre ; — hysope, laurier,
myrrhe, marjolaine, origan, rhue, ao 1/2 livre ; —
auronne, absinthe, menthe, calament, serpolet, jonc
odorant, scordium, ao 4 onces ; — fleurs d'òranger,
1 livre 1/2 ; — lavande, 4 onces ; — romarin, 1 livre ; —
semences de coriandre, 2 livres 1/2 ; — cardamone,
1 livre ; — cumin, caris, ao 4 onces ; — fruits et baies
de genièvre, 1 livre ; — girofle, 1 livre 1/2 ; — muscade,
1 livre : — poivre blanc, 4 onces ; — oranges séchées,
3 livres ; — bois de cèdre, 3 livres ; — santal citrin,
roses, ao 2 livres ; — écorces de citron, d'orange, de
cannelle, ao 1/2 livre ; — styrax, calamite, benjoin,
oliban, ao 1 livre 1/2 ; — myrrhe, 2 livres 1/2 ; — san-
darax, 1/2 livre ; — aloès, 4 livres ; — esprit-de-vin,
4 pintes ; — le sel, 4 onces ; — térébentine de Venise,
3 livres ; — styrax liquide, 2 livres ; — baume de co-

pahu, 1/2 livre ; — baume du Pérou, 2 onces ; — toile cirée.

« Le cœur, après avoir été vidé, lavé avec de l'esprit-de-vin et desséché, fut mis dans un vaisseau de verre avec cette liqueur ; et ce même viscère, ayant été ensuite rempli d'un baume fait de cannelle, de girofle, de myrrhe, de styrax et de benjoin, fut enfermé dans un sac de toile cirée de sa figure, lequel fut mis dans un cœur ou boite de plomb, qu'on souda aussitôt pour être donné à Mᵐᵉ la duchesse d'Arpajon qui le mit entre les mains de Mgr l'évêque de Meaux, premier aumônier de feue Madame la Dauphine, qui le porta après au Val-de-Grâce. L'ouverture du corps fut faite le plus exactement qui se puisse par M. Dionis, son premier chirurgien ; M. Riqueur remplit toute les capacités d'étoupe et de baume en poudre. Les incisions furent faites le long des bras jusque dans les mains, lesquelles furent munies de cette poudre aromatique, après qu'on eut exprimé tout le sang et qu'on les eut lavées avec de l'esprit de vin ; on en fit autant aux cuisses qui furent incisées de part et d'autre depuis les reins jusque sous les pieds et le tout fut proprement recousu. On se servit d'une grosse brosse pour frotter le corps d'un baume liquide et c aud fait avec de la térébentine, du styrax et des baumes de copahu et du Pérou, comme il est dosé ci-devant. Chaque partie fut enveloppée avec des bandelettes trempées dans l'esprit-de-vin ; l'on mit autant que l'on put de ladite poudre aromatique entre le corps et les bandelettes. Le corps fut revêtu d'une chemise et d'une tunique religieuse et environné d'autres marques de dévotion particulière, comme d'une petite chaînette de

fer, au bout de laquelle il y avait une croix que cette
princesse gardait dans un coffre qu'elle avait fait
apporter avec elle de Bavière. On l'enveloppa ensuite
dans une toile cirée et on le lia fort étroitement pour
être posé dans un cercueil de plomb, au fond et autour
duquel il y avait quatre doigts dudit baume en poudre.
Ce cercueil, étant bien soudé, fut enchâssé en un autre
de bois, tous les espaces vides ayant été remplis d'herbes aromatiques séchées. Les entrailles, bien préparées,
furent mises dans un baril de plomb avec une grande
quantité des mêmes poudres aromatiques ; on le souda
bien et on l'enferma dans un baril de bois. »

Voilà du beau travail, mais bien compliqué. Et le pis
est qu'après toutes ces préparations, macérations,
ablutions, injections, il n'y avait aucune certitude que
le corps se conservât. La croyance dans l'efficacité du
baume Riqueur était pourtant absolue jusqu'à la fin du
XVIII⁰ siècle. Mais le plus bizarre n'est point là. Pendant
tout le moyen âge et longtemps encore après la Renaissance, il passait pour constant que les fragments de
momies broyés et réduits en poudre faisaient un médi-
cament de premier ordre. Tous les apothicaires
débitaient à cette époque de la momie officinale ; celle
qu'on tenait pour la meilleure était la momie de
pendus et préférablement, dit une recette de l'époque,
des pendus qui ont le poil roux « parce que, dans cette
sorte de température, le sang est plus ténu, la chair
imprégnée des aromates est meilleure, étant remplie
d'un soufre et d'un sel balsamiques ».

Il n'y a pas si longtemps qu'on est revenu de ces
folies. M. Boudet, qui avait charge d'embaumer les

sénateurs de l'Empire, n'employait pas une méthode très différente de celle de Riqueur : c'était la même macédoine d'essences, de poudres, de résines, etc. Dès cette époque pourtant, l'illustre Larrey avait montré par un exemple décisif qu'on pouvait sans tous ces ingrédients conserver un corps en bon état : pour embaumer le colonel Morland, tué dans une charge de cavalerie en Allemagne et qu'il voulait ramener en France, « à cause de l'amitié qu'il portait à ce brave », Larrey s'était borné à vider le corps, à l'injecter intérieurement de sublimé, à le rouler dans plusieurs draps et à l'immerger dans une tonne remplie d'une solution mercurielle. Le corps fut ensuite retiré de la tonne et exposé à l'air vif où il se dessécha. On fit la toilette du visage ; on remplit d'étoupe les cavités ; on logea des yeux d'émail dans les orbites, si bien que la momie du colonel, dressée sous vitrine, vernie avec soin et revêtue de ses habits de parade, faisait illusion plusieurs années après, malgré sa peau brune et comme tannée. L'expérience était concluante. Cela n'empêcha point, en 1824, pour l'embaumement de Louis XVIII, les médecins chargés de cette opération d'avoir recours, comme devant, aux poudres, essences et résine. En fait, c'est seulement à partir de 1832 que les méthodes d'embaumement commencèrent à prendre une tournure scientifique. A cette époque, le professeur Tranchina (de Naples) imagina d'injecter dans les artères des sujets destinés aux études anatomiques un liquide composé d'un kilogramme d'acide arsénieux dilué dans 10 litres d'eau. Presque au même temps (mars 1833), un savant français, J.-N. Gannal, publia ses premières

recherches sur la conservation des corps. Gannal avait
constaté « qu'un cadavre frais, injecté avec l'un des
chlorures d'oxyde de sodium, calcium, potassium, est
en dissolution complète au bout de 48 heures ». Il
partait de là pour proposer à l'Académie de Médecine
une méthode nouvelle de conservation des corps par
le moyen de bains d'alun, de sodium et de nitre.
Procédé fort imparfait, sans doute, mais qui témoignait
d'un réel progrès sur les méthodes en cours. Gannal,
d'ailleurs, ne tarda pas à reconnaître que l'injection
interne était préférable à la macération balnéaire.
C'est ce qu'avait démontré Tranchina. A l'acide arsénieux dont se servait le professeur italien, Gannal
substitua seulement l'acide arsénique, beaucoup plus
soluble, mélangea ce produit avec des sels d'alumine et
composa ainsi un liquide conservateur qui donna tout
de suite d'excellents résultats. Nul besoin d'ouvrir le
cadavre : il suffisait d'une simple incision de la
carotide (1). D'autres perfectionnements furent apportés

---

(1) M. Gannal fils a raconté récemment, dans le *New-York Herald*, comment
son père arriva à la découverte qui devait modifier de fond en comble l'art
de l'embaumement.

« Mon père, Jean-Nicolas Gannal, étudiait en 1827 le problème de la
conservation des viandes avec l'intention de trouver quelque moyen pratique,
applicable commercialement et plus parfait que les procédés adoptés jusqu'alors
Il trouva, après nombre d'expériences faites en 1836, que le chlorure
d'aluminium répondait à son but et il se mit à injecter ce sel dans les moutons
ou les bœufs, au moment où ils venaient d'être tués, par l'artère carotide, et
toujours avec succès. Un jour, M. Strauss Durckeim, de l'Ecole de médecine,
suggéra d'appliquer cette méthode aux sujets destinés à la dissection. Cela se
fit avec un égal succès. Sur ces entrefaites, M. Durckeim perdit une cousine
dont la mère devint folle à l'idée de confier les restes de sa fille à la terre;

peu après à la pratique de conservation des corps. En
1843, le Dʳ Sucquet reconnut les propriétés éminemment antiseptiques du chlorure de zinc. Malheureusement, ce chlorure altère la couleur du sujet et fait
lever sur la peau des arborisations blanchâtres. Le
Dʳ Sucquet pensa tout concilier en se servant de deux
sortes d'injections : l'une, générale, de chlorure de zinc;
l'autre, spéciale au visage qui doit rester à découvert
et intact, de sulfite d'ammoniaque gommeux. Actuellement, le sulfate d'alumine, mêlé au chlorure de zinc;
semble avoir la préférence des opérateurs. Mais ce n'est
point l'unique formule en usage. D'autres opérateurs
emploient l'acide thymique, la liqueur alcoolique de
chloral, la glycérine, l'acide phénique, etc. Ni la loi,
ni la Faculté ne se sont prononcées ouvertement pour
l'une ou l'autre de ces solutions. La seule réserve impo-

de sorte qu'on décida d'essayer de l'aluminium, afin que les funérailles pus-
sent être différées aussi longtemps que possible. Au bout de trois semaines, le
chagrin de la mère était quelque peu calmé et elle consentit enfin à ce que
l'inhumation eût lieu... Lorsque le comte de Quélen, archevêque de Paris,
mourut en 1839, on trouva qu'un article de son testament ordonnait l'embaumement du cadavre. On appela mon père et, bientôt après, le corps de
l'archevêque fut étendu sur un lit d'apparat à Notre-Dame, et tout Paris vint
rendre les hommages suprèmes à l'éminent prélat. Dès lors le succès de la
méthode était assuré, et 120 cadavres furent embaumés de la même façon.
Les médecins, qui voyaient une de leurs spécialités les plus lucratives radica-
lement attaquée, — car, en employant la vieille méthode égyptienne, ils se faisaient payer jusqu'à 15.000 francs pour une opération, — firent de leur mieux
pour ridiculiser l'invention de mon père. Mais rien ne put ébranler la confiance
du public, et un examen qu'on fit des restes de l'archevêque de Quélen, au
bout de neuf ans, montra qu'aucun changement notable ne s'était produit
dans l'état du corps. » (*New-York Herald* : *Modern embalming*, 18 novembre
1899.)

sée aux embaumeurs est de ne point se servir de sels de
métaux toxiques, tels que le bi-chlorure de mercure et
l'acide arsénieux, dont la présence dans le corps
pourrait entraver les expertises médico-légales.

II

Le *Bottin de Paris* ne donne que sept noms d'embaumeurs patentés, et qui ne sont qu'embaumeurs. Fort
bien. Mais tous les régleurs de pompes funèbres, sur
leurs prospectus, se disent embaumeurs. Et, par surcroît, la plupart des médecins considèrent l'embaumement comme ressortissant à leur profession.

Pour les premiers, sans doute, ils sont uniquement
des intermédiaires, et, s'ils traitent directement avec
les familles, ils s'adressent pour l'opération aux
embaumeurs patentés. La commission qu'ils prélèvent
est plus ou moins forte ; les honoraires des embaumeurs
s'en allègent d'autant. Encore n'y a-t-il point là concurrence proprement dite. Celle-ci vient surtout des médecins. Dès lors que tout le fin du fin de l'opération tient
dans une incision de la carotide et dans l'injection de
quelques litres d'alumine et de chlorure, il n'y a point
de médecin qui ne se croie propre à faire des embaumements. Le résultat de cette concurrence intéressée,
c'est, d'une part, que le nombre des embaumeurs pro-
prements dits a diminué de plus du tiers, et, d'autre
part, que le prix moyen des opérations, qui était encore
de 3.000 francs il y a une cinquantaine d'années, est

tombé à 1.000 francs. Le mal n'est point si grand, dira-t-on, et ce sont choses dont le public se peut accommoder : mais les embaumeurs donnent à entendre que le public se satisfait trop aisément, que leur art est plus hermétique qu'on ne pense et demande une longue initiation. Ces messieurs ont leurs petits mystères, et, quand vous lisez dans les livres certaines recettes fournies par eux, ils vous avertissent que ces recettes ne sont point paroles d'évangile, qu'ils n'ont point été si naïfs de révéler le dosage exact des sels qu'ils y font entrer, qu'en plus desdits sels il y a d'autres ingrédients dont ils gardent le secret par-devers eux et que, tout compté, cela explique l'insuccès de tant de médecins, qui, se fiant aux formules connues, veulent, sans plus d'école, s'improviser embaumeurs. « L'embaumement, écrivait Sucquet en 1862, n'est point une opération si facile qu'on le croit, et il vaudra trop souvent ce que vaudront les opérateurs » (1). Evidemment. Neuf fois sur dix, le liquide conservateur dont se servent ces embaumeurs improvisés ou, trop fort, corrode les tissus, ou, trop faible, précipite la décomposition. On en eut un exemple récent pour l'avant-dernier Président de la République : deux heures après l'opération, pratiquée par une des gloires de la Faculté cependant, le corps de M. Félix Faure se décomposait avec une telle rapidité qu'il fallut renoncer à l'exposer et le mettre tout de suite en bière.

---

(1) Cf. *De la conservation des traits du visage dans l'embaumement*, par J.-P. Sucquet, docteur en médecine, lauréat de l'Académie des Sciences, chevalier de la Légion d'honneur.

Gros mécompte, et qu'on eût évité en s'adressant à des embaumeurs de profession tels que le Dr Gannal, M. Chabanon, M. Talrich ou M. Baudiau. La réputation de ces spécialistes est quasiment universelle. On les appelle fort souvent hors de France, quoiqu'il y ait à l'étranger des embaumeurs d'une certaine réputation, comme MM. Hanshne, Renouard (1) et Elfisio Marini. Il est vrai que, pour celui-ci, il fait surtout de l'embaumement en amateur. Fort riche, M. Marini ne se plaît que dans ses galeries, parmi ses caissons et ses sarcophages. Il y a là toutes les variétés de momies possibles. M. Marini travaille les corps mieux qu'homme du monde : il les rend à volonté souples comme du caoutchouc, durs et polis comme du marbre. On peut voir un spécimen de son ingéniosité dans un guéridon qu'il offrit il y a quelques années à notre École de médecine et qu'il avait fabriqué de toutes pièces avec des morceaux de chair humaine. Voilà qui laisse bien loin le fameux portefeuille confectionné pour M. Goron avec la peau de Pranzini! (2)

M. Gannal, dans l'interview récente qu'il donnait au

---

(1) Au dernier Congrès du *British Institute of Undertakers* (Institut britannique des entrepreneurs de pompes funèbres), tenu à Londres au mois d'août 1900, M. W. E. Hanshne, vice-président du Congrès, s'est taillé un fort beau succès oratoire en annonçant qu'à partir du mois d'octobre un cours théorique et pratique d'embaumement serait professé par le Dr Charles Renouard de New-York. C'est le premier du genre.

(2) Le Dr Elfisio Marini est mort récemment. Fixé depuis plusieurs années à Naples, il était Sarde d'origine. La mort, sous les doigts de ce thaumaturge, revêtait toutes les apparences de la vie ; il n'avait pas son pareil comme embaumeur. Non seulement il savait garder à ses sujets leur couleur natu-

New-York Herald, estimait à 3.600 le nombre des embaumements pratiqués par son père, son frère et lui depuis 1835. Soit en moyenne 55 embaumements par an. Mais il est probable que la plus forte proportion de ces chiffres se réfère aux premiers temps de la découverte du procédé Gannal. D'après un autre spécialiste, M. Baudiau, il se fait en moyenne 100 embaumements

relle, mais il leur conservait la *morbidezza* des chairs et la souplesse des articulations. Evidemment il avait son secret. Mais, désireux de ne le céder qu'à bon escient, il prenait toutes sortes de précautions pour qu'on ne le lui dérobât point. Cela ne l'empêchait point de faire les honneurs de ses galeries avec une bonne grâce parfaite. Il ne manquait point non plus de participer à toutes les grandes expositions savantes qui se faisaient en Italie et à l'étranger. Un de nos compatriotes, le Dr Albert Battandier, eut l'occasion de visiter à Rome, lors de l'exposition de 1890, la section consacrée aux préparations anatomiques. Tout de suite ses regards allèrent aux préparations d'Elfisio Marini.

« Elles étaient vraiment étonnantes de conservation, dit-il dans le *Cosmos* : un buste de femme, dont les yeux grands ouverts vous regardaient avec une fixité qui vous faisait mal, un homme qui semblait paisiblement endormi, puis des tables formées de morceaux de poumons, de foie, de cœur humain, arrangés comme une sorte de mosaïque. De ci, de là, on voyait une oreille fraichement coupée, dont le ton blanchâtre ressortait violemment au milieu de ces amas sanguinolents et, quand on portait la main sur la table, on éprouvait l'impression du marbre. Ces deux exemples donnent la double méthode dont se servait le professeur italien. Il conservait les corps à l'état flexible ou les rendait durs comme la pierre, mais dans l'un et l'autre cas leur conservait toujours l'apparence de la vie ».

Quel était donc ce secret dont Marini était si jaloux ? On ne le saura vraisemblablement jamais. A en croire M. Battandier, Marini était travaillé d'une ambition qu'il ne put jamais réaliser : il aurait voulu être nommé professeur d'Université. Moyennant l'octroi d'une chaire, il promettait de livrer son secret au public. « Ma première leçon, disait-il, sera pour dévoiler les mystères de mon art. » Marini avait tous les titres requis pour être nommé professeur d'Université, mais l'administration supérieure répondait à toutes ses demandes par une fin de non recevoir, et c'est ainsi qu'il a emporté son secret avec lui.

par an à Paris et 50 en province, quoique ici le chiffre ait moins de précision. Ce n'est guère à première vue ; c'est beaucoup si l'on réfléchit aux prix relativement élevés qu'atteignent encore les embaumements. En fait, la clientèle des embaumeurs comprend trois grandes catégories : les personnages officiels, les gens du monde et les étrangers domiciliés à Paris. La bourgeoisie se réserve, sauf exception, comme pour cette petite fille que mentionne une note précédente et dont la mère, affolée, ne pouvait se résoudre à quitter la dépouille : l'embaumement, en pareil cas, fait une transition tout indiquée. A la Morgue aussi, quand un cadavre, après une exposition de plusieurs semaines dans les appareils frigorifiques, n'a pas été reconnu et qu'il y a soupçon de crime, on embaume quelquefois le sujet avant de le mettre en terre. Le premier cadavre qui ait été embaumé de la sorte fut celui du fameux « enfant de la Villette », que personne ne reconnaissait. Les chambres frigorifiques n'existaient point encore, et les chairs de la petite victime s'en allaient par lambeaux. On s'avisa de réclamer l'aide de Gannal ; le corps fut embaumé, puis exposé à la Morgue. Une dame Anizat le reconnut enfin pour celui de son fils, et, quelque temps après, l'assassin était arrêté. Moins tragique, mais plus inattendue, la clientèle, fort espacée d'ailleurs, fournie aux embaumeurs par les Halles et le Temple : il a suffi que la famille d'un riche marchand de gibier fît embaumer son chef, M. P... Aux obsèques, piquées de jalousie, les dames de la Halle s'informèrent. On imagine assez bien les réflexions de ces dames : « Si les P... se figurent qu'il n'y a qu'eux capables de faire embaumer leur père !... Nous en ferons bien autant à l'occasion ». Justement l'opérateur se trouve dans le cortège : on lui demande son tarif ; il le communique. Marché conclu. Une dame B... meurt quelque temps après : sa famille la fait embaumer. Le branle était donné : il ne s'est point arrêté depuis. Les choses se sont passées de la même façon au Temple, à la suite de l'embaumement d'un vieux prêteur sur gages.

On conçoit cependant, et par la diversité même d'une telle clientèle, que les tarifs des embaumeurs soient aussi très divers. Aux clients du commun et aux Américains, les embaumements sont en général comptés 1.000 francs. Le prix semble encore assez rémunérateur. Certes, répliquent les intéressés, quand la famille s'adresse directement à l'embaumeur. Mais qu'elle emprunte l'intermédiaire du médecin, c'est miracle si, sur les 1.000 francs, celui-ci n'en garde point la moitié. Sont-ce les régleurs de funérailles qui appellent l'embaumeur ? Ils prélèvent une commission encore plus élevée. Joignez les pourboires aux employés des régleurs, le salaire de l'aide et autres menus frais. Reste pour l'embaumeur un bénéfice net de 250 ou 300 francs, quand il est censé toucher quatre fois plus ! Pour les Américains, c'est généralement la Chapelle protestante de l'avenue de l'Alma qui se charge de l'affaire ; elle a passé contrat avec quelque embaumeur de profession : 1.000 francs, tarif invariable. Mais, ici encore, l'embaumeur doit compter avec le *sexton* qui sert d'intermédiaire. On a cité de ces *sextons* qui ne se satisfaisaient pas à moins d'une remise de 20 pour 100 sur le prix de l'opération.

Le bon du métier, ce sont les personnages officiels, monarques, princes, hommes d'État, gens de la « haute », comme dit Gyp, dont les familles ne lésinent point quand il s'agit de faire grand. Un embaumement, dans ces classes privilégiées, peut atteindre des prix fort élevés. Celui du roi de Hanovre fut payé 10,000 francs à l'opérateur ; celui de Dom Pedro, 5,000 ; celui de Gambetta, 4,000. La plupart varient entre 3,000 et 1,500 francs (1).

Là, tout est bénéfice. L'opération, des plus simples, ne comporte par elle-même aucun frais. Pour si peu compliqué que l'ait rendu la découverte du procédé Gannal, on conçoit néanmoins que la loi ait voulu entourer l'embaumement de certaines formalités juridiques qui ne sont, en l'espèce, que des garanties. Pratiquée librement, l'opération, ai-je dit, pourrait gêner les expertises médico-légales. En fait, pour Paris, tout embaumement doit être précédé d'une demande de la famille au préfet de police ; pour la province, au maire de la commune. Cette demande doit être accompagnée d'un certificat du médecin traitant, d'un certificat du médecin

---

(1) Parmi les autres personnages de marque qui ont été embaumés en France depuis la découverte du procédé Gannal, soit par Gannal et ses descendants, soit par ses confrères, je relève : le duc d'Angoulême, le prince de Monaco, le comte Pozzo di Borgo, les maréchaux Maison, Mac-Donald, Victor, Gouvion-Saint-Cyr, Monçay, Vallé, Reille, d'Ornano, etc., la duchesse de Rohan, le duc et la duchesse de Montmorency, le prince de la Trémouille, le prince de Leuchtemberg, le prince Glika, le général Vinoy, lord Seymourd, Chérubini, Chateaubriand, Casimir Delavigne, Chopin, Arago, Dumas père, George Sand, etc.

inspecteur et d'un duplicata, délivré par la mairie, du bulletin de la déclaration de décès. L'embaumement terminé, on se munira d'un certificat du commissaire présent à l'opération et constatant que le corps est en état de voyager.

Observez, d'ailleurs, que l'opération, qu'il s'agisse d'embaumement simple ou de momification, moulage, etc., ne peut-être pratiquée que 24 heures après la déclaration du décès. Cette disposition, qui n'est pas explicitement contenue dans l'article 77 du Code civil concernant l'inhumation, est prescrite pour Paris et les autres communes du ressort de la préfecture de police par une ordonnance en date du 6 septembre 1839. Il n'y a qu'en cas de maladie contagieuse, sur la demande du médecin inspecteur et par autorisation expresse de la préfecture, qu'on peut procéder à l'embaumement avant le délai légal de vingt-quatre heures. Toutes les autres formalités s'expliquent d'elles-mêmes, y compris celle de la présence du commissaire. C'est à ce magistrat qu'il appartient de prélever les deux échantillons de la liqueur qui a servi pour l'embaumement. Il en remplit deux fioles qu'il ferme à la cire en présence de l'embaumeur ; un fil retient au cachet la petite pancarte sur laquelle le commissaire et l'embaumeur apposent leur signature et qui est ainsi libellée :

COMMISSARIAT DE POLICE

DU QUARTIER DE...........................

_____

Procès-verbal du.................

Echantillon prélevé sur le liquide employé à l'embaumement du corps de M...............

....

Le Commissaire de Police.
Y.

L'Opérateur.
Z.

L'une des fioles est adressée à la préfecture pour y subir l'analyse et permettre de constater que l'opérateur ne s'est servi ni de bichlorure de mercure, ni d'acide arsénieux ; l'autre fiole reste entre les mains de l'opérateur.

D'après les renseignements que j'ai pu recueillir, il faut de trois à quatre heures pour embaumer un corps. Deux personnes y suffisent, l'opérateur et un aide, qui est généralement un médecin ou un interne, plus rarement, chez les praticiens peu scrupuleux, un garçon d'amphithéâtre. On procède d'abord au lavage du défunt ; puis l'opérateur fait une petite incision dans une des artères, généralement la carotide. Par cette ouverture, de 0^m, 02 environ, il introduit une canule et injecte le liquide conservateur à la place du sang. On

sait qu'après la mort le cœur, par une suprême con-
traction, pousse tout le sang artérien dans les veines ;
les artères se vident et l'on a toute facilité pour les
injecter. Quant au sang veineux lui-même, il ne tarde
point à se coaguler sous l'action du liquide qui, par les
artères, pénètre dans les veines. Compris de la sorte,
l'embaumement n'est qu'une manière de circulation
artificielle : les intestins et les matières fécales qu'ils
contiennent, tout se saponifie. Rien de plus simple, de
plus rapide aussi. Il le faut bien.

« Les hôtels pour étrangers qui forment la meilleure
partie de ma clientèle, me disait M. Baudiau, ne garde-
raient point un cadavre trois et quatre jours dans une
chambre. L'opération se fait le plus discrètement possible. J'arrive de nuit, avec mon aide et le commissaire,
par l'escalier de service. Personne ne nous voit. Mes
instruments sont dans une boîte, sous mon bras. Je
découvre le cadavre, fends l'artère d'un coup de bis-
touri et pousse tout de suite dans l'ouverture la canule
de mon instrument. Au lieu d'une seringue, comme la
plupart de mes confrères, je me sers d'une pompe aspirante et refoulante, munie de deux robinets auxquels
sont adaptés deux tubes en caoutchouc recouverts d'un
tissu de fil. Cette pompe développe une puissance de
trois atmosphères que ne donnerait pas la seringue ; l'un
des tubes communique par un plongeur avec le flacon
qui contient le liquide ; l'autre s'adapte à la canule fixée
dans l'artère. Il faut 6 litres de liquide en moyenne
pour injecter un cadavre. Ce liquide, de couleur jau-
nâtre, presque dorée, est mon secret, bien entendu. Tout
ce que je puis vous dire, c'est qu'il y entre du chlorure

de zinc et de l'alumine, comme dans la formule de
Gannal (1). C'est, du reste, le dosage qui fait la bonne
qualité du produit. Avec ma recette on est toujours sûr
d'avoir des corps parfaitement blancs. La décomposition
même n'est point pour m'arrêter et, après plusieurs
mois, je puis faire revenir un corps dans son état
naturel.

— Et quand l'opération est terminée? demandai-je à
M. Baudiau.

— Il n'y a plus qu'à laver le corps avec un liquide
antiseptique et à le bander de flanelle. Deux heures
après, on peut le mettre en bière et l'enlever de l'appar-
tement. L'opération n'est un peu compliquée que si l'on
maquille le défunt. Ce sont surtout les membres de la
colonie américaine qui sollicitent pour leur morts ce
petit supplément de toilette. Vous connaissez la disposition des caveaux américains ; on y descend par un escalier intérieur qui permet de voir les défunts derrière la
vitre de leurs cercueils. Ces cercueils pour personnes
embaumées ont une triple enveloppe : dans la première,
en pitchpin capitonné de soie ou de laine, on dépose le
mort tout habillé ; la seconde enveloppe est en plomb ;
la troisième en chêne poli, avec un battant qui ferme à
clef. Une ouverture ovale est pratiquée à hauteur du

---

(1) Le Dʳ Gannal, fils de l'inventeur de cette formule, dit dans l'interview
précitée que son père, son frère et lui n'ont jamais changé de méthode depuis
qu'elle est inventée. « Nous employons, ajoute-t-il, une quantité de liquide
(lequel marque 32° de densité) estimée à 10 pour 100 du poids du corps. Une
demi heure environ suffit pour les injections et une heure et demie pour le
reste de l'opération. »

buste dans la caisse en pitchpin ; une ouverture semblable, protégée par une glace, est ménagée dans le
cercueil en plomb. Seul, le cercueil de chêne est en bois
plein : mais il est muni lui-même d'un volet correspon-
dant aux deux ouvertures et qu'on fait manœuvrer quand
on veut voir le défunt (1). Cette triple enveloppe de cercueils est réglementaire. Remarquez, d'ailleurs, que
nombre d'Américains sont enterrés à Paris ; mais leurs
corps, pour donner le temps de prévenir la famille et lui
permettre d'assister aux obsèques, demeurent souvent
trois et quatre mois dans les caveaux de l'église de
Saint-Germain-en-Laye où se trouve le cimetière pré-
féré de la colonie américaine. Quant aux corps qu'on
retourne dans leur pays d'origine, si ces pays sont situés
outre-mer, il faut de toute nécessité qu'on les embaume :
les compagnies maritimes ne veulent plus accepter de
corps qu'à cette condition. La dilatation des gaz, vous
le savez, fait éclater jusqu'aux cercueils en plomb. C'est
ce qui arriva pour M. Carnot. Sa veuve s'était opposée
à ce qu'on l'embaumât : le cercueil éclata en route et
il fallut déménager le cadavre qui entrait en liqué-
faction...

— Brr ! ne pus-je retenir... Mais nous parlions du
maquillage des corps. N'est-il point d'usage aussi d'ouvrir les orbites des gens qu'on embaume et d'y loger
des yeux en émail de la nuance des yeux naturels ?

_____

(1) M. Gannal n'approuve pas ce système. Selon lui, par la vitre, l'air trouvera infailliblement à s'introduire dans le cercueil. « Supposez cependant,
ajoute-t-il, qu'un corps embaumé soit exposé à l'air. Tout ce qui arrivera,
c'est qu'il de·iendra une masse sèche, dure comme du parchemin. »

— Cette coutume est à peu près perdue, me répondit M. Baudiau. On ferme maintenant les yeux des défunts et on donne au corps l'attitude du sommeil. Vous voyez qu'à l'heure où nous sommes un embaumement, maquilllage compris, se borne à fort peu de chose. Tout est dans le dosage du liquide, je le répète. L'exercice de notre profession ne laisse pas cependant de présenter certains risques. Le plus grave est dans les piqûres anatomiques. Un de mes confrères fut ainsi piqué par une mouche qui s'était posée sur un cadavre en décomposition ; il en résulta un phlegmon charbonneux qui faillit l'emporter. »

III

Le distingué spécialiste qui me donnait ces renseignements habite une impasse perdue du Petit-Montrouge. Un de ses voisins, le sculpteur Jules Desbois, ne l'avait signalé au passage un matin de 14 juillet : grand, large d'épaule, le teint haut en couleur et qu'avivait encore le contraste d'une belle barbe argentée, il emplissait la rue d'un cliquetis de médailles et de décorations. Toute cette ferblanterie qui lui barrait le torse et qu'il ne sort qu'aux anniversaires nationaux, l'importance de l'homme qu'elle chamarrait, la singularité enfin de sa profession m'avaient donné grande envie de lier connaissance avec M. Emile Baudiau. Et, plus encore que le personnage, sa maison m'intriguait. En

retrait dans cette impasse solitaire de la rue des Plantes, le long du chemin de fer de Ceinture, sous un fouil-
lis de buissons et d'arbustes, c'était une construction
indéfinissable, bariolée de vert et de rouge comme les
sarcophages égyptiens, avec un toit pointu, des lignes
compliquées et, à tous les angles, sur les entablements
et les frises, un grouillement de chimères et de masca-
rons apocalyptiques. Je sonnai et, quoique je n'eusse
point perçu la vibration du timbre, comme s'il fût vrai
que les bruits du monde n'eussent aucune répercussion
dans cette annexe de l'Au-Delà, une petite bonne au
teint cireux et maladif, coiffée comme une béguine,
entrebailla la porte et consentit après quelques pourparlers à présenter ma carte au maitre de céans. Elle
revint peu à près, me fit traverser un grand porche noyé
d'ombre, une cour, un jardinet et m'introduisit enfin
dans un appentis divisé en deux pièces, dont la première servait de salle d'attente et dont l'autre était le
laboratoire de M. Baudiau. Pour être franc, une petite
fièvre me brûlait. Ce M. Baudiau, embaumeur, m'apparaissait à distance comme un être redoutable et sacré.
Semblable aux momiers dont parle Hérodote, établis à
l'écart dans les faubourgs de Memphis et de Thèbes, le
long du Nil, père de la fécondité, je le devinais dans
cette impasse désertique-du Petit-Montrouge, le long
du chemin de fer de Ceinture, penché sur ses tablettes
et combinant loin des rumeurs humaines les formules
de son art mystérieux. Et, pour une fois, je ne fus pas
trop déçu. Le laboratoire où la petite bonne aux allures de béguine m'introduisit était bien tel que je l'avais
imaginé. M. Baudiau m'y attendait, mais il ne se leva

point pour me recevoir. Coulé dans une longue blouse
blanche et coiffé d'une façon de *pschent* égyptien, qui
le reculait encore dans le passé, M. Baudiau achevait de
distiller sur un petit fourneau à esprit de vin une mixture verte de sa composition. Et la table où il distillait
.cette mixture était encombrée d'éprouvettes, de lampes,
de vases et de cornues, et une odeur fade et mielleuse
flottait dans toute la pièce. Un poële de fonte, dans un
angle, faisait office d'athanor. Le plancher disparaissait sous une débandade de sacs, de casseroles, d'ustensiles de toutes sortes, parmi lesquels trois seaux
de fer blanc, où marinait une substance molle et
grisâtre pareille à de la pulpe cérébrale, et un grand
coffre sans couvercle rempli d'ossements et de morceaux
de viande momifiés. Et, semblablement, les étagères qui
régnaient autour de la pièce ne laissaient point un vide
sur les murs : de gros livres poussiéreux y dormaient
sur les rayons, à côté de bocaux de toutes les couleurs,
de cartons numérotés, de boîtes à outils ; un de ces
rayons était particulièrement sinistre : on n'y voyait
qu'hémisphères de cerveaux humains, et il y en avait de
tout blancs et comme laiteux et d'autres zébrés de
fibrilles sanguinolentes et qui avaient l'air fraîchement
arrachés...

Renversé sur le dossier de sa chaise, l'hôte de cet
étrange laboratoire m'examinait silencieusement tandis
que je passais l'inspection de son mobilier. Visiblement
il jouissait de ma stupeur, et cela fut cause peut-être
qu'il dépouilla toute contrainte et ne se déroba point à
mes questions. J'appris de sa bouche qu'il avait débuté
comme préparateur d'anatomie dans la maison d'un

certain Vasseur, fournisseur de l'École de Médecine. Il demeura trente-cinq ans dans cette maison. Entre temps il avait lié partie avec un pharmacien qui faisait de l'embaumement et qui le prenait comme aide. Il lui succéda. La profession était bonne ; il y acquit une honnête aisance et se bâtit le curieux manoir où il habite présentement. Ambulancier pendant le siège, 70 lui valut la médaille militaire ; Paul Bert le nomma officier d'Académie. Titulaire de quatre ou cinq ordres étrangers, il est, par surcroît, commandeur de l'Ordre de Mélusine qu'il reçut pour avoir embaumé une princesse de la maison de Lusignan. Et toute cette brochette de décorations (il n'y en a pas moins de neuf) s'étale en fac-similé sur l'une des deux grandes cartes qu'il adresse à ses clients :

EMBAUMEMENTS

——

BAUDIAU

Officier d'Académie, Médaillé Militaire

Conservatio ad Æternum

SANS AUCUNE MUTILATION

72, rue des Plantes (PARIS-MONTROUGE)

13, dans l'Impasse

On est prié de prévenir par dépêche télégraphique

Le verso de la carte est occupé par un « Extrait de la Table nécrologique des embaumements faits par M. Baudiau. » La table contient une soixantaine de noms, parmi lesquels ceux de Gambetta, de Mᵐᵉ Bazaine, du général Vinoy, de Mgr Vicart, de l'empereur Dom Pedro, du roi de Hanovre et d'un nombre considérable de membres de la colonie anglaise, américaine, brésilienne, etc.

« Effectivement, m'explique M. Baudiau, cette carte est destinée à ma clientèle étrangère et à cette clientèle seulement. Il faut un peu de *bluff*, de poudre aux yeux pour les étrangers. Ma carte pour la clientèle française est plus simple. La voici :

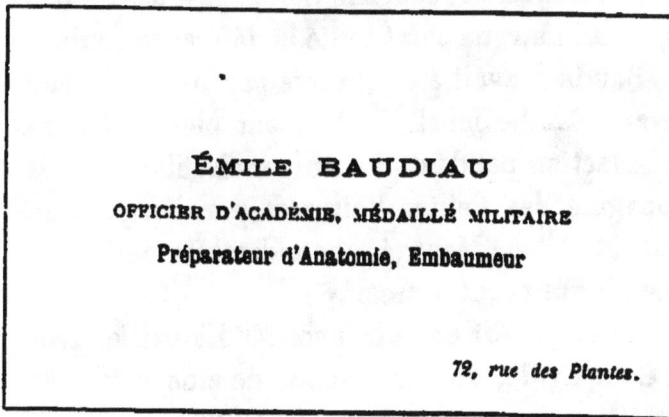

ÉMILE BAUDIAU

OFFICIER D'ACADÉMIE, MÉDAILLÉ MILITAIRE

Préparateur d'Anatomie, Embaumeur

72, *rue des Plantes.*

« C'est cette carte pourtant qu'incriminent certains de mes confrères, jaloux des distinctions que m'ont

valu trente-cinq ans de pratique désintéressée et
loyale... »

> Tel sur l'eau vierge des sommets
> Glisse le reflet d'un nuage,

une ombre passe dans les céruléennes pupilles de mon
interlocuteur. Je crois apercevoir que M. Baudiau,
pour si chamarré que l'aient fait ses trente-cinq ans de
pratique désintéressée et loyale, ne laisse pas d'être
homme et soumis à l'humaine infirmité. Il l'avoue candi-
dement : il lui semble bien que le public ne se rend point
assez compte de l'importance sociale de sa profession et
il en veut un peu aussi à la presse qui, lors d'un procès
au civil qu'il intenta, en 1896, à la Compagnie des Petites
Voitures, ne lui marqua point toute la déférence souhaitable. M. Baudiau avait été renversé par un fiacre, sur
le boulevard Saint-Michel. Grièvement blessé et condamné à l'inaction pendant plusieurs mois, il réclamait
à la Compagnie des Petites Voitures, par l'organe de
son avocat, Me Albert Meurgé, une indemnité de 40.000
francs. Le chiffre parut excessif.

« Se pouvait-il, dit en substance Me Liouville, avocat de la Compagnie, qu'une inaction de cinq mois eût
causé à M. Baudiau un dommage de 40.000 francs ? A
qui ferait-on croire qu'un embaumeur gagnait 8.000
francs par mois ?... »

Me Meurgé riposta par des chiffres. Il prouva que,
pendant sa maladie, M. Baudiau avait « raté » au moins
huit affaires.

« Dressez le compte, Messieurs, s'écria M⁰ Meurgé :
chaque commande vaut en moyenne à mon client de
1.000 à 1.500 francs. Mais celles dont je vous parle et
qu'on a portées à des concurrents étaient des commandes exceptionnelles et valaient bien davantage. Car,
pour 1.000 francs, on a un embaumement de prolé-
taire, pour 2.000 un embaumement de bourgeois; mais
nous avons des embaumement illustres : celui de Gambetta, par exemple, estimé 4.000 francs ! Nous avons
même des embaumements royaux : celui de dom Pedro,
empereur du Brésil, qui nous a valu 5.000 francs
d'honoraires, et celui de S. M. le roi de Hanovre, qui
nous en a valu 10.000. N'ai-je pas raison de dire, Messieurs..... »

Et M⁰ Meurgé secoua ses manches dans la direction
du tribunal. Mais l'affaire était entendue : le tribunal
coupa la poire en quatre et attribua 12.000 francs d'indemnité à M. Baudiau.

« Compensation insuffisante, me disait celui-ci. Et,
par surcroit, les révélations de mon avocat mirent en
gaieté toute la presse. Un chroniqueur judiciaire inti-
tula son article : « Il embaume ! Il embaume ! » Un
autre fit remarquer « qu'alors que, d'une façon générale, il est sans importance pour un cocher de fiacre
d'écraser un passant quelconque, la chose devient particulièrement grave quand le passant est un embaumeur » ; un troisième insista « sur la côté terriblement
ironique » de la profession que j'exerce et se crut un
Christophe Colomb pour avoir découvert « qu'un embaumeur est le seul à ne pas pouvoir profiter de ses
talents. » Fort bien ! Mais la vérité, Monsieur, est que

mon budget ordinaire pâtit encore des effets de cet accident. Certains grands hôtels, dont j'avais la clientèle,
ont pris l'habitude de s'adresser ailleurs. J'ai « perdu »
la chapelle de l'avenue de l'Alma. Il m'a fallu chercher
d'autres débouchés, « faire de l'industrie », puisque
mon art ne me nourrissait plus. Heureusement que la
profession d'embaumeur comporte mille petits succé-
danées : je suis l'inventeur d'un liquide désinfectant,
dont on peut se servir, comme du liquide Chabanon,
sans l'aide d'aucun opérateur, qui conserve toutes les
matières organiques et, par surcroît, ne tache ni le
linge, ni les tapis, ni les effets. Je fabrique aussi des
pièces pour les musées anatomiques. Et enfin, Monsieur, permettez-moi de vous présenter ma dernière
invention. Elle n'est point encore dans le commerce.
Je compte l'y mettre incessamment. C'est un presse-
papier que j'appelle le *Presse-papier anatomique...* »

M. Baudiau se lève, prend sur l'étagère un des hémisphères sanguinolents qui m'avaient causé naguère une
si vive émotion, le tourne, le palpe, en suit du doigt les
sinueuses zébrures :

« Voilà mon *Presse-papier anatomique*, me dit-il.
Ce n'est ni plus ni moins qu'un moulage du cerveau de
Gambetta sectionné à plat et de surface lisse, comme il
convient. Je ne doute pas que le monde médical ne fasse
bon accueil à mon invention. Il y a tout intérêt pour
un médecin consultant à bien mettre en évidence sur
sa table une pièce pareille, jolie, fraîche de couleur,
dextrement sectionnée et qui, tout de suite, classe son
propriétaire parmi les connaisseurs. »

16

IV

La magie de ce diable d'homme avait fini par vaincre mes répugnances. Je concevais maintenant cette gaieté particulière des carabins qui ne s'épanouit jamais plus librement qu'au chevet des cholériques et sur le fumier des amphithéâtres. M. Baudiau sonna : la petite bonne à tête de béguine entrebâilla la porte, et son maître lui glissa un ordre à mi-voix. Elle revint avec un plateau, des verres et une bouteille de vin blanc.

« Vous m'en direz des nouvelles, » me dit M. Baudiau.

Nous trinquâmes. Le vin était généreux et comme la conversation, échauffée par ce bachique intermède, prenait un tour de cordialité favorable aux demandes les plus hardies, je me risquai à confesser jusqu'au bout M. Baudiau.

« Ah ! lui dis-je. Je sais à présent tout ce qu'un honnête homme peut décemment savoir de l'art difficile et mystérieux que vous exercez. Mais ce sont vos impressions, mon cher maître, vos impressions personnelles d'embaumeur qu'il me tarde de connaître... »

Caressant sa barbe vénérable et laissant errer ses yeux, par delà l'espace et le temps, sur l'écran lumineux de sa mémoire, M. Baudiau parla :

« J'ai embaumé toute espèce de gens, me dit-il, et, sans me vanter, je puis dire que ma clientèle s'est généralement montrée satisfaite de mes services. Vous n'imaginez pas cependant les exigences de certains clients. Un richissime médecin de province, qui m'avait fait venir à X... pour embaumer son beau-père, m'écrivait quelques jours après, en m'adressant le billet bleu dont nous étions convenus. « Je regrette, Monsieur de m'être adressé à vous. J'avais confiance dans votre savoir. Je me trompais. Mise en présence du corps de son père, ma femme ne l'a pas reconnu : *son père souriait toujours !* » Je répondis à cet original qu'il était bien dommage qu'il ne m'eût pas prévenu, que j'avais trois sortes de tarifs, que pour 1.000 francs mes sujets dormaient simplement, que pour 1.500 ils souriaient, que pour 2.000 ils riaient aux éclats... C'est une remarque à faire qu'il n'y a point, pour se montrer exigeantes, comme les personnes qui auraient le moins de droits à l'être. J'ai embaumé « les plus hautes individualités de ce temps », Dom Pedro, le roi de Hanovre, le prince de Leuchtemberg, le prince de Valdisavaja, la princesse de Masesco, la marquise de Montagran, Mme Bazaine, Gambetta, Edmond Adam, Lady Hovard, Mgr Vicart, Mgr Baron, le général Vinoy, etc., etc., et je n'ai eu qu'à me louer des bons procédés de leur entourage. Encore n'est-ce point chez ces personnages que j'ai fait mes observations les plus curieuses. Sans doute il y aurait à glaner çà et là : je pourrais vous dire, ce qu'on ne sait pas assez, que Bazaine, dont la femme était en traitement chez le Dr Beni-Barde, vint incognito à Passy pour l'assister

dans ses derniers moments (1). Sa douleur faisait peine
à voir. Mme Bazaine était demeurée fort belle. Née
Caroline Pizarre, c'était une créole à carnation mate,
pleine de langueur et de morbidesse. L'ex-maréchal
me demanda d'entr'ouvrir les lèvres de sa femme et de
les disposer de telle sorte qu'elle eût encore l'air de
sourire... Chez le prince de Leuchtemberg, je fus surtout frappé de la piété de ses fils qui ne souffrirent
point qu'on touchât au corps de leur père ; eux-mêmes,
après l'embaumement, l'habillèrent et le placèrent dans
son cercueil... Chez le roi de Hanovre une surprise
d'un autre genre m'attendait : le défunt n'était pas
couché dans un lit, mais sur des peaux de bêtes. On
me dit que c'était son habitude. C'est seulement pour
l'exposition du corps, durant les dix jours qu'il passa
en chapelle, qu'on le déposa sur un lit de parade.

« De toutes les opérations que j'ai pratiquées sur de
grands personnages, la seule vraiment qui mérite d'être
contée dans ses détails est celle que je fis sur un homme
d'État de ce temps dont la mort, survenue à l'impro-
viste et dans des conditions particulièrement mystérieuses, prit sur le coup les proportions d'une catastrophe nationale. Il était 4 heures de l'après-midi
environ, quand je fus mandé par dépêche aux J...
M. G... y était mort dans la nuit. C'était son père qui
m'avait fait appeler. La maison était consignée depuis

(1) Ceci se passait en 1887. Or, les journaux, dans les premiers jours de
1900, ont annoncé la mort de Mme Bazaine à Mexico. Y a-t-il eu confusion dans
les souvenirs de M. Baudian ? Les journaux se sont-ils trompés ? N'étant ici
qu'un phonographe, je me borne à poser la question.

la veille : les médecins et la plupart des amis intimes de G..., qui montaient la garde dans les pièces du rez-de-chaussée, ne laissaient entrer personne et il me fallut montrer patte blanche pour accéder jusqu'au défunt. Mon aide et le commissaire de service m'accompagnaient. On nous mena enfin dans la chambre mortuaire. Le corps était déjà en pleine décomposition. Quand il fut déshabillé j'aperçus distinctement la trace de deux balles, dont l'une avait pénétré de la main droite dans l'avant-bras, en coupant le nerf cubital, et dont l'autre s'était logée près de la hanche. Mᵐᵉ L... se trouvait dans la pièce avec nous et un valet de chambre. La présence du commissaire l'inquiétait visiblement. Elle lui demanda s'il venait pour une enquête. Le commissaire la rassura, lui dit qu'il était là seulement, comme l'exigeait la loi, pour assister à l'embaumement du corps. Sur quoi Mᵐᵉ L... se lança dans des explications confuses et sortit. Mais elle n'avait pas plutôt le dos tourné que le valet de chambre nous dit : « Pas du tout. Ce n'est pas comme cela que les choses se sont passées. *Elle* tenait le révolver ; *lui* voulut le lui faire lâcher. Deux coups partirent qui le frappèrent à la main et à la hanche ». D'un rapide examen du corps il résultait néanmoins que la mort n'avait pas été causée par les coups de ce révolver : G... succombait à une pérityphlite caractérisée. On en eut la preuve à l'autopsie : le gros intestin saillit de l'abdomen, énorme, comme d'un bœuf, et tout distendu par les gaz. L'appétit de cet homme était invraisemblable. Une vieille cuisinière qu'il avait gardée, en plus du fameux T..., me disait : « Monsieur, il mangeait tous les matins ses cinq côte-

lettes à déjeuner, des pommes de terre, de la
salade, du pain que j'en étais épouvantée. — « Bien
sûr que Monsieur, gras comme il est, ne devrait point
tant manger », lui disais-je souvent. Il m'envoyait pro-
mener ». Nous étions presque tout le temps seuls dans
la pièce, le commissaire, mon aide et moi. Une rumeur
sourde montait des autres pièces du rez-de-chaussée.
Des portes claquaient ; des pas criaient dans les esca-
liers ; par instants les voix prenaient un timbre
suraigu, comme si l'on se fût disputé. Ce n'était point
là ce que nous attendions, le morne abattement des
vraies douleurs. On a dit que Paul B... s'était évanoui
en pénétrant dans la pièce où reposait G... J'accorde
que le cadavre dégageait une odeur *sui generis* ; mais
enfin Paul B... avait assez l'habitude des amphithéâtres et des salles de dissection pour qu'il ne mon-
trât point tout à coup une sensibilité de petite maîtresse.
Attribuer sa syncope à l'émotion me paraît, d'autre
part, bien hasardeux. Ce que j'ai vu le moins dans cet
entourage du grand mort, c'est l'émotion nue, véritable,
sincère. Il y avait plutôt sur les visages de l'inquiétude, de la gêne, du dépit. Je vous en donnerai une
nouvelle preuve tout à l'heure. La nuit était venue. Je
continuai mon opération tout en causant avec mon
aide et les rares personnes qui, de temps à autre,
passaient dans la pièce. Lié comme j'étais avec la
plupart des médecins qui avaient soigné G... et spécialement avec Paul B..., je pensais que notre couvert serait
mis « en bas » avec celui de la Faculté. Vers huit heures,
comme j'entendais un froissement d'assiettes, j'envoyai
mon aide s'en assurer. Il revint et me dit que la Faculté ne

voulait qu'elle à sa table. « Pas d'embaumeur ! Pas de
Baudiau ! » avait été le cri général. Un embaumeur, fi
donc !... Mais si les embaumeurs sont à ce point méprisables, d'où vient, je vous prie, que MM. les agrégés
leur font une si rude concurrence ? Nous mourions de
faim cependant. Tout ce que nous pûmes obtenir, vu la
rareté des vivres et l'éloignement de S... (la localité la
plus proche), ce fut une bouteille de vin et des biscuits.
Encore les dûmes-nous à l'insistance personnelle de
M⁰ˢ L... Tant d'égoïsme avec une fierté si déplacée
m'avaient passablement agacé. Au petit jour, je
dis au commissaire : « Cela ne peut durer. Le principal de l'opération est fait. Poussez donc jusqu'à S...,
puisqu'il n'y en a ici que pour la Faculté, et commandez
un solide balthazar. Je me charge du reste ». Marché
conclu. Le commissaire prend les devants. Mon aide
et moi nous faisons à la hâte la toilette du mort, puis
je donne un tour de clef à la porte, et en route
pour S... Tout alla bien pour commencer. Mais voilà que
la Faculté apprend notre fugue : la porte de la chambre mortuaire est fermée à clef ; pas moyen d'y pénétrer.
Colère générale. On m'expédie exprès sur exprès. Je
réponds, entre deux coups de fourchette, que je suis
seul responsable des bons résultats de l'opération, que,
pour qu'elle réussisse, il faut que le corps reste isolé
trois ou quatre heures, qu'au surplus je suis tout
disposé à rendre la clef, mais que ce ne sera qu'à
Paul B... en personne, à Paul B... que j'avais connu
étudiant, puis à la clinique du Dʳ Dupuy, qui me
donnait alors du « cher Baudiau » et qui m'en aurait
vraisemblablement donné toute sa vie, s'il n'était

devenu ministre. Je ne l'avais pas revu depuis le soir de son entrée au ministère, où je le rencontrai à un champagne d'honneur que lui offraient quelques amis. J'étais du nombre. A l'issue de la petite fête, B... me prit à part. — « Baudiau, me dit-il, j'ai un service à te demander, maintenant que je suis ministre. — Lequel? — De ne plus me tutoyer... » Voilà l'homme et voilà le démocrate ! Il est vrai qu'en manière de réparation Paul B... me nomma plus tard officier d'académie. Vous me direz que je n'aurais pas dû accepter. Que voulez-vous, Monsieur ? Je ne suis pas rancunier. B... vint donc et, d'un ton comminatoire : « Donne-moi la clef. » Je la lui donnai. Quelques instants après, je retournai moi-même aux J..., où l'autopsie du corps avait commencé. Quelle boucherie, Monsieur ! Ah ! on me l'arrangeait, mon pauvre cadavre ! V... désossait le bras ; L... coupait l'appendice ; B... empaquetait le cœur dans un journal ; F... filait avec le crâne. Dans l'intervalle on m'envoyait chez un pharmacien de S... peser le cerveau, qui était d'une densité extraordinairement faible : 1,160 grammes ! Ce grand homme avait le cerveau d'un crétin... Quand je revins, G... était tout en lambeaux : je rajustai vaille que vaille les débris qui restaient, et mon aide et moi nous les plaçâmes dans la bière. Ah ! Monsieur, que n'a-t-on pas dit encore sur cette mise en bière ! A quelle débauche d'anecdotes pittoresques, de détails émouvants et sensationnels, vos confrères ne se sont pas livrés ! Et l'épisode du drapeau tricolore, dans lequel un des amis de G... l'avait enseveli ! Inventions, pures inventions que tout cela. Le drapeau, c'est moi, Baudiau, qui eus

l'idée d'y ensevelir G...; moi, Baudiau, qui l'enlevai
d'une fenêtre et le détachai de sa hampe. Les amis se
moquaient bien de ces détails : une fois nantis, frrrt! ils
s'étaient envolés comme des moineaux pillards. J'étais
seul, vous dis-je, avec mon aide et le commissaire. Je
me trompe. Il y a quelqu'un qui parut un moment sur
le seuil : Paul D..., le fondateur de la *Ligue des Patriotes*... Ce grand corps maigre, anguleux, avec sa tête
osseuse pointant d'une redingote interminable, faisait
vraiment peine à voir : il était tout décomposé. Il me
pria d'enfermer dans le cercueil une médaille de la
Ligue des Patriotes, dont le défunt était président
d'honneur. Je ne lui refusai point ce petit service. Mais
voici, Monsieur, une preuve, une preuve décisive que
les amis de G... n'assistaient point à la mise en bière et
qu'ils avaient d'autres soucis en tête : c'est que je pus
introduire dans cette bière, tranquillement, sans me
gêner, un objet sur la nature duquel je ne veux pas
m'expliquer pour le moment, mais dont j'affirme *qu'il
était tel que, si un des amis de G... s'était trouvé là,
il me l'eût tout de suite arraché des mains*... La
preuve est formelle, je pense, et témoignera tôt ou tard
de la sincérité de mes déclarations... Vraiment, ces
amis de G... nous l'ont baillé belle avec leur émotion....
Mais, Monsieur, pendant une partie de l'embaumement
et après l'autopsie, il n'y a eu que nous, je le répète,
à veiller le corps. Je voulais emporter un souvenir de
cette journée historique : j'ai pu fouiller librement dans
les tiroirs, sans y rien trouver, du reste, pas un bout
de papier, pas un torche-c... De dépit, je me suis
rabattu sur un porte-plume qui traînait par terre avec

la dernière ordonnance des médecins qui soignaient le grand homme... Je les ai là, dans une cassette. J'ai aussi des cheveux de G..., une mèche grise, coupée avant la mise en bière... Ils sont dans cette enveloppe. Enfin j'ai pu prendre un moulage du cerveau... C'est peut-être la pièce la plus curieuse de mon musée et j'y tiens comme à la prunelle de mes yeux.

« Oui, plus j'y réfléchis, plus je me rends compte que cet embaumement du corps de G..., malgré les déboires de toutes sortes qui ne m'y furent point épargnés, restera le grand souvenir, le point culminant de ma carrière. J'ai conçu de ce moment une sainte horreur de la politique. Des amis, bien des fois, s'affligèrent de mon scepticisme : c'est qu'il m'avait été donné de voir à nu le personnel gouvernemental de ce temps, et que le spectacle n'était point pour m'affermir dans mon amour du régime... J'ai d'autres souvenirs, sans doute, moins glorieux, mais plus agréables au demeurant. J'aime à me rappeler surtout une certaine Mme D..., Brésilienne de 23 ans, admirablement belle et qui ressemblait à Sarah Bernhard jeune. Les anecdotes les plus extraordinaires couraient sur son compte. Séparée de son mari, elle vivait avec ses gens dans un somptueux hôtel du quartier Marbeuf et quelquefois s'éclipsait pendant cinq ou six jours pour des expéditions mystérieuses dont elle rentrait épuisée, pâle et les yeux meurtris. On disait que, pendant ces éclipses, la richissime Brésilienne se transformait en servante de brasserie et menait la vie des femmes de cette espèce. Sa dernière équipée lui fut fatale : elle revint chez elle avec tous les symptômes d'une phtisie galopante, qui l'emporta en quelques jours. Sa chambre n'était qu'un parterre de fleurs. Elle-même disparaissait sous les fleurs. Elle l'avait voulu ainsi et, coquette jusque dans la mort, avait exigé qu'on l'enterrât avec tous ses bijoux : ils ruisselaient sur elle en cascades de clartés. On eût dit une idole.

« Mais Mme D... n'avait que l'apparence de la divinité. Une autre étrangère, près de laquelle m'appelèrent les devoirs de ma profession, Mme M. L.., se croyait réellement une incarnation de Dieu sur la terre et, quoique fort pauvre, elle avait fait partager sa folie à un grand nombre de personnes qui se cotisèrent pour qu'on l'embaumât. Comme c'était la seconde illuminée de ce genre à qui je rendais mes soins, l'aventure ne me causa qu'une surprise médiocre. Il y avait en effet, vers 187..., près de Bournemouth, une jeune femme qui se croyait un nouveau Messie et qui vivait dans un fourré du voisinage avec ses fidèles, au nombre de 3 ou 400. Cela formait une sorte de campement assez original. La Christiana, comme on l'appelait, était une femme de taille moyenne, mais bien prise, qui ne paraissait jamais en public que drapée dans un péplum de cachemire blanc. Je lui avais été présenté de son vivant par un médecin de Bournemouth. Après quelques pourparlers, la Christiana daigna me recevoir sous sa tente. Elle occupait un grand siège au milieu d'une estrade tendue de velours vert, sur les marches de laquelle des femmes étaient agenouillées et chantaient des cantiques. Quelques années plus tard, j'étais mandé par dépêche à Bournemouth pour embaumer la Christiana. Sa mort avait quelque peu déçu ses fidèles ;

mais, comme elle leur avait promis qu'elle ressusciterait après neuf jours, ils voulaient garder son cadavre sous la tente et ils n'avaient pu en obtenir l'autorisation que sous réserve de le faire embaumer.

« Dans tous les cas qui précèdent cependant, l'intérêt des opérations était, si je puis dire, extrinsèque aux opérations mêmes et se trouvait plutôt dans les sujets. Quand un cadavre est complet et que l'embaumement se pratique dans des conditions normales, les résultats de l'opération sont mathématiquement certains. Ma méthode, je vous l'ai dit, ne comporte point d'insuccès. Hier encore je recevais d'Angleterre une lettre d'un M. Rigg, dont la sœur, embaumée par mes soins, repose dans un cercueil à volet. L'embaumement de cette dame remonte à quatorze ans et M. Rigg m'écrivait, après avoir constaté par ses yeux l'état de parfaite conservation du corps : « *Mon* sœur a toujours l'air de dormir ».

« C'est un air qu'elle gardera éternellement. Tout autre est le problème quand il s'agit de sujets défigurés ou mutilés par quelque accident. Voilà où se reconnait le véritable embaumeur : il faut chez l'embaumeur vraiment digne de ce nom, autant qu'un chimiste et un anatomiste, un modeleur à toute épreuve. J'ai quelque qualité pour parler de la sorte, ayant eu l'occasion d'appliquer ma connaissance du modelage à la restauration d'un certain nombre de sujets endommagés, parmi lesquels un Américain qui s'était noyé à Etretat et que l'étrave d'un torpilleur avait amputé d'une moitié de la figure. Je reconstituai la partie manquante à l'aide des indications que me fournissait la partie restante et j'y mis assez d'adresse pour qu'on ne pût les distinguer l'une de l'autre. Mais mon chef-d'œuvre en ce genre, c'est la reconstitution de M. J..., un Américain encore, qui avait été pris d'un transport au cerveau et s'était jeté dans le premier train en partance pour la Belgique. Comme le train stoppait en gare de Tourcoing, il sauta de son compartiment à contre-voie et fut happé au passage par un express qui venait en sens inverse et qui le traîna ainsi pendant 3 kilomètres. On ne s'aperçut de l'accident qu'à la station suivante. Le corps du malheureux s'était éparpillé le long de la voie par lambeaux de la grosseur du poing. Chose curieuse cependant, tous ses effets furent retrouvés intacts : le courant atmosphérique avait agi sur eux comme une pompe aspirante. Sitôt l'accident connu, je fus appelé en toute hâte à Tourcoing. On avait fait un tas avec les morceaux du cadavre ramassés sur la voie. Je les ramassai l'un après l'autre ; il n'y avait de présentable que la cuisse gauche.

« Diable ! me dit un inspecteur. Vous aurez du mal pour reconstituer votre Américain avec cette bouillie.

— Laissez-moi faire », lui dis-je.

« J'achetai un caleçon, du foin, du fil de fer, un tricot et un masque ; je classai avec soin les morceaux recueillis ; je pilai dans une armature ceux qui n'étaient qu'un magma ; je raccordai les autres avec de la cire et du plâtre ; je bouchai les vides avec du foin ; j'injectai le tout. Et, quand mon bonhomme fut sur pied, je l'habillai proprement avec les effets du mort et le couchai dans un cercueil. Personne n'aurait deviné les effroyables mutilations qu'il avait subies. L'inspecteur

était stupéfait ; la Compagnie fut enchantée. Et, quant
à la famille, assurez-vous que ce lui fut une satisfaction
appréciable de constater le bon état relatif du défunt,
alors qu'elle ne pensait recevoir

> Qu'un horrible mélange
> D'os et de chair meurtris et traînés dans la fange,
> Des lambeaux pleins de sang et des membres affreux
> Que des *rails* inhumains se disputaient entre eux.. »

V

J'éprouvai, par cette citation, que mon interlocuteur
possèdait ses classiques et qu'il savait les adapter aux
circonstances. Mais le soir tombait : des formes
confuses s'estompaient dans la pénombre du laboratoire.
Et je me sentais ressaisi par ce malaise vague, cette
appréhension mystérieuse, que j'avais eu tant de peine
à maîtriser en pénétrant pour la première fois chez
M. Baudiau. Nous nous quittâmes.

« Du moins n'ai-je pas perdu mon temps, me
disais-je en manière de consolation, et puis-je renseigner
mes contemporains sur les avantages de la profession
d'embaumeur. Carrière délicate, sans doute, mais de
bon rapport, peu encombrée et, à tout prendre, suffisamment honorifique... »

Rentré chez moi, je dépouillai distraitement mon

courrier, quand une circulaire, glissée entre deux lettres, changea le tour de mes réflexions :

APPLICATIONS DU BRULEUR G... A LA CONSERVATION DES CADAVRES

PLUS D'EMBAUMEURS !

Embaumez vous-même vos Morts

Tout le monde connaît les admirables propriétés du brûleur G... L'alcool métylique que contient le brûleur se transforme en alcool aldéine au contact d'une mèche en mousse de platine. Les vapeurs de l'aldéine ont une propriété tout à la fois assainissante et conservatrice ; elles tuent les microbes et désinfectent instantanément les objets contaminés. Il suffit d'enfermer ces objets dans un sac de caoutchouc hermétiquement clos : on fait le vide dans le sac ; l'aldéide remplace l'air expulsé. La désinfection est complète au bout de cinq minutes.

C'est de cette expérience bien connue que sont

partis les inventeurs du brûleur G... pour appliquer leur système à la conservation des cadavres. Plus d'incision, plus d'injection : nul besoin de recourir à des opérateurs spéciaux. On embaume ses morts soi-même ; le cadavre est placé sous une cloche, soumis à des vapeurs d'aldéine et regonflé ensuite dans son état naturel. Une ineffable expression de bonheur a remplacé sur son visage les douloureuses contractions de l'agonie. L'expression, garantie sur facture, peut être à volonté celle du sommeil ou de la veille.

Nous tenons dès maintenant à la disposition de notre clientèle tous les instruments nécessaires pour cette opération sans pareille, qui ne demande aucune connaissance spéciale et peut s'exécuter en tous lieux et par la première personne venue. Le prix de la location est de 50 francs, transport compris, pour Paris et les environs...

La circulaire me glissa des mains...

« Allons ! pensai-je mélancoliquement. Encore une enquête inutile ! Encore une carrière qui se bouche ! M. Baudiau avait tout prévu, sauf le brûleur G... Et, du moment que tout le monde peut se faire embaumeur, il n'y a plus de raison pour que personne le soit. »

Une Traite d'Enfants au XXᵉ siècle

LES GRAVIERS DE SAINT-PIERRE

A Lucien Descaves.

« Le poudrin, la brume, les icebergs, les paquebots éventreurs, tout cela n'est rien. Voulez-vous savoir jusqu'où peut descendre l'exploitation de la pauvre bête humaine ? Tàchez donc de venir ici, un jour que débarqueront les graviers de Saint-Pierre. »

L'ami qui m'écrivait ces lignes habite Paimpol. De son chalet, accroché aux aspérités granitiques d'une falaise presque verticale, par-delà les bassins, les quais, les petites maisons à pignon pointu du quartier maritime moisies de goëmon jusqu'à mi-corps, on domine toute cette grande plaine marécageuse du Bas-Goëlo, pareille à un radeau demeuré trop longtemps à l'ancre et que des végétations marines ont envahi lentement. Pays de fièvre et de vase, embrumé et putride, qui chasse un air de fatigue amoureuse, de langueur chaude et malsaine, pays de vie intense pourtant, où la pensée de la mort, toujours présente, donne aux rapides étreintes des couples je ne sais quoi de farouche et comme d'exaspéré. Paimpol, à certains jours de l'année, aux veilles d'appareillage principalement, n'est qu'un grand spasme de frénésie sexuelle, un long sanglot de volupté animale. Les retours de campagne, avec leurs galopades d'hommes ivres par les venelles tortueuses du quartier maritime, ressemblent à des descentes de forbans ou de boucaniers. Derrière les portes, hâtivement closes, on devine des enlacements brusques comme des viols, des baisers âcres comme des morsures ; dans les auberges prises d'assaut, l'eau-de-vie, tétée au fût, coule sans interruption toute la nuit ; à plat-dos sous les chantepleure, quand un équipage n'en peut plus, le débitant tourne le robinet, balaie du pied ses clients et demande : « A qui le tour ? »

Je les connaissais de réputation, ces lendemains de campagne et ces veilles d'appareillage aussi, thème inépuisable de légendes, d'anecdotes terrifiantes ou bouffonnes sur les *paotred ann taouen*, les Jean-Vermine de la grande pêche boréale. De longues flaneries au foyer breton m'avaient entr'ouvert ce folk-lore de la misère. Je savais la réalité pire encore que la fiction. Et donc que pouvait-ce être que ce débarquement des graviers de Saint-Pierre à quoi mon ami, familier avec les scènes de la vie d'Islande, ne trouvait rien de comparable ? Mais d'abord qu'étaient-ce eux-mêmes que ces graviers ? Je voulus en avoir le cœur net et priai mon ami de me prévenir par télégramme dès qu'on signalerait sur rade le bateau qui les rapatriait. En général, les misérables voiliers affrétés pour cet office appareillent vers nos côtes dans les premiers jours de novembre. Mais cette année-là justement (1901), le *Jules-Jean-Baptiste*, qui transportait à Paimpol une centaine de graviers appartenant à la région environnante, ne partit de Saint-Pierre que le 7 décembre : les affréteurs du *Jules-Jean-Baptiste* donnent pour excuse qu'ils « pensaient avoir le temps », qu'en conséquence ils avaient d'abord envoyé ce navire au golfe Saint-Laurent pour y chercher leurs « dégras » (1) et les ramener à Saint-Pierre. Mais une série de coups de vent le contraignit de relâcher plusieurs fois tant à l'aller qu'au retour du Golfe. Rapatrier les graviers par une autre voie n'était plus possible : tous les bateaux avaient désarmé. Force était donc d'attendre : on attendit.

Qu'était-ce cependant que le *Jules-Jean-Baptiste* ? Au dire des affréteurs, un navire de première cote, solide et bon marcheur. On sait du reste — et les intéressés ne manquent pas de le rappeler — que tout navire se destinant au transport des passagers doit être muni de deux certificats, l'un émanant des experts de l'Amirauté et constatant son bon état de navigabilité ; l'autre émanant d'une commission spéciale composée

(1) Personnel supplémentaire et matériel que l'on met à terre pour faire la pêche en chaloupe, tandis que le navire va sur le Banc. La pêche terreneuvienne se pratique, comme on sait, sur six points principaux : sur la côte Est de Terre-Neuve, sur la côte Ouest, sur le Grand-Banc, sur les Banquereaux, sur les côtes de Saint-Pierre-et-Miquelon, enfin dans le golfe Saint-Laurent, entre le Nouveau-Brunswick et Terre-Neuve.

du médecin-chef, du capitaine de port et d'un capitaine
au long cours, et constatant que la place nécessaire est
bien réservée aux passagers, que les vivres sont de
bonne qualité et en quantité suffisante. Puisque le
Jules-Jean-Baptiste prit la mer, c'est qu'il était en
règle avec la commission spéciale comme avec l'Amirauté. Quant les certificats ne témoigneraient pas de
la bonne foi des affréteurs, ils suffiraient en tout état
de cause pour mettre leur responsabilité à couvert. De
fait, ces messieurs déclarent qu'ils n'ont « aucun
reproche à s'adresser » ; ils ont tenu leurs engagements
jusqu'au 7 décembre inclus ; ils se lavent les mains de
tous les événements postérieurs à cette date.

Leur déclaration, sans doute, ne fut pas sans soulever
quelques timides protestations de ce côté de l'Atlantique : la plupart des « habitations » fermant leurs portes
en novembre, on estima que les affréteurs du *Jules-
Jean-Baptiste* en prenaient vraiment bien à leur aise
avec le règlement, et pour si élastique soit-il, qui
imposaient ainsi à leur personnel, sans supplément de
salaire, un supplément d'un mois de travail et de séjour
dans la colonie ; puis on se demanda si le *Jules-Jean-
Baptiste* était vraiment le navire de première cote,
solide et bon marcheur, que peignaient complaisam-
ment les intéressés. Le père d'un des graviers embar-
qués, qui avait peut-être ses raisons pour n'être pas
trop mal informé, prétendit que c'était « un tout petit
navire », sans doute de 150 à 200 tonneaux comme la
Perle qui faisait avant lui le transport des graviers ;
d'autres rappelèrent que d'une manière générale, en
matière de cote et de certificats, il convient de n'accor-

der aux estimations officielles qu'un crédit très relatif (1).
L'observation n'était point si sotte puisqu'on sut plus
tard que le *Jules-Jean-Baptiste* s'était fait des avaries
dans la traversée du Golfe. On l'avait réparé tant
bien que mal à Saint-Pierre. Sa coque avait particulièrement souffert. Or, dans ces sortes de bateaux,
c'est la seule épaisseur de la coque qui protège les
passagers : ils habitent à fond de cale pendant toute la
traversée. Ni matelas, ni hamacs. Pas d'air. La vermine
pullule ; on couche dans ses déjections. Une porcherie
flottante : voilà pour l'hygiène. Et voici pour la sécurité :
la *Morue*, ayant à bord une vingtaine d'hommes d'équipage et cinquante passagers, ceux-ci logés dans la cale,
est brusquement chavirée par une lame sourde. « Seul,
dit le rapport des *Œuvres de mer*, le second, qui dormait dans la cabine, se réveille au choc. Il comprend le
danger, enfonce précipitamment la dunette avec une
barre de fer qui lui tombe sous la main et se jette à la

---

(1) « S'il fallait, dit un spécialiste distingué des choses de la marine, M. Jules
Heuzey, dresser la liste de tous les navires battant pavillon français, munis
d'excellents certificats et portés au *Veritas* comme navires de première cote
qui n'étaient que de vulgaires « sabots » ou qui ont pris la mer dans des
conditions défavorables à leur navigabilité, la besogne exigerait plusieurs colonnes. » Et M. Heuzey cite l'exemple, resté classique au Havre, d'un vieux trois-
mâts, le *X*. « à bord duquel une équipe d'ouvriers était occupée à pomper
constamment », qui faisait eau dans le bassin même, qu'on chargea à force,
qui mit fièrement le cap sur Hong-Kong ou Pernambuco et n'alla pas plus loin
que Barfleur. Le temps était au beau fixe, la brise faible, la mer comme une
nappe d'huile. Pour expliquer la perte du navire, il fallut recourir aux prétextes
habituels : une lame sourde ou la rencontre d'une épave. Heureusement
le naufrage se produisit dans des eaux fréquentées ; l'équipage fut recueilli.
Neuf fois sur dix, en pareil cas, il s'abîme avec le navire.

nage : le navire flottait sens dessus dessous, portant l'équipage massé à cheval sur la quille. L'équipage fut sauvé au bout de trois jours, mais les cinquante passagers ne reparurent jamais. »

Décembre touchait à sa fin que je n'avais reçu aucun télégramme de mon ami. Je crus qu'il m'avait oublié : « Est-ce ainsi que vous tenez votre promesse ? » lui écrivis-je. — « Excusez-moi, me répondit-il en substance. Le *Jules-Jean-Baptiste* n'est parti de Saint-Pierre que le 7. Le mauvais temps l'a sans doute retardé. Ce voilier n'a fait qu'une fois encore la traversée de l'Atlantique et il n'était peut-être pas très prudent de lui confier tant d'existences, surtout en cette saison. Comptez sur moi pour vous prévenir de son arrivée sur rade... s'il arrive. » Quinze jours, trois semaines s'écoulèrent. Au 10 janvier on n'avait encore aucune nouvelle du *Jules-Jean-Baptiste*. L'inquiétude grandissait dans la région de Paimpol. Mais, enfin, tout espoir n'était pas perdu ; le navire avait peut-être dérivé ; des avaries graves l'avaient peut-être forcé de chercher une remorque. Février venu, il fallut bien se rendre à l'évidence : le *Jules-Jean-Baptiste* s'était perdu corps et biens avec ses cent graviers et son équipage. On pense qu'il sombra aux environs du Platier-Bonnet, dans la tempête du 10 décembre, qui fut particulièrement violente sur l'Atlantique et à laquelle un navire d'un tonnage aussi faible que le *Jules-Jean-Baptiste* ne pouvait résister efficacement. Peut-être aussi, comme la *Morue*, fut-il renversé la quille en l'air par une de ces terribles lames de fond qui mesurent quelquefois jusqu'à 100 pieds d'altitude et

dont Stephenson évalue la vitesse à 45 mètres par
seconde. Mais ces hypothèses ne sont pas du goût des
affréteurs dont elles tendraient à ruiner l'argumentation.
D'après eux, le navire n'a pu se perdre que par la faute
du capitaine, en faisant côte sur les récifs de Sainte-
Marie, avant de doubler le cap Race. Des épaves, en ce
cas, seraient venues au rivage. Or on n'en a signalé
aucune qui se rapportât au *Jules-Jean-Baptiste*.
Navire, cargaison, matériel, tout était assuré à bord,
sauf les hommes. Les familles touchées par ce deuil en
furent pour leurs plaintes discrètes près des autorités
maritimes. La presse, je ne sais pourquoi, fit le silence
sur l'affaire. Des catastrophes moins terribles, de simples accidents de mer, comme l'échouement de la
Russie, ont passionné l'opinion pendant des semaines :
personne ne parla de cet engloutissement de cent petits
Bretons, presque tous originaires des environs de Paimpol
et de Pontrieux ; il ne se trouva aucun reporter pour
broder sur ce thème pathétique, évoquer par l'imagination cette agonie du *Jules-Jean-Baptiste* coulant à pic
sur le Platier-Bonnet avec le fret humain prisonnier
dans ses flancs, l'effroyable pression de la mer sur les
panneaux hâtivement fermés à l'approche du mauvais
temps, l'explosion de la coque et l'irruption brusque du
torrent d'eau dans la cale, cependant qu'à tâtons dans
le noir, collés aux hublots ou pressés comme des rats
sur les barreaux de l'échelle, les pauvres petits s'agrip-
paient désespérément les uns aux autres et ne savaient
opposer à la traîtrise des éléments que la vieille
lamentation fataliste de leur race, le *Ma Doué !
Ma Doué !* qui, dans les circonstances pénibles de

la vie, remonte irrésistiblement aux lèvres de tous les Bretons...

I

On appelle *graves*, d'un mot emprunté au patois bordelais, les plages artificielles en galets et cailloutis, sur lesquelles on fait sécher la morue de conserve. *Grave* a donné *graviers* qui est le nom d'une classe d'apprentis chargés de cette opération.

Capelaniers, pêcheurs à la ligne et pêcheurs à la senne ne composent en effet qu'une faible partie du personnel terreneuvier. Il y faut ajouter les ouvriers proprement dits, hommes, femmes, enfants qui habitent à terre et travaillent dans les chauffauds à la préparation de la morue. Ces chauffauds sont de vastes hangars sur pilotis, couverts en toile goudronnée, planchéiés à claire-voie et s'avançant assez au large pour permettre aux *wharys* d'accoster à toute heure. L'intérieur en est garni de baquets et de tables, dites *étales*, fabriquées avec des claies de branchages. Dès que les *wharys* sont signalés, tout le personnel se précipite. On pique à coups de fourche les morues pêchées et on les jette, toutes pantelantes encore, sur le plancher du chauffaud, où le *leveur* les saisit entre l'index et le pouce fourrés dans les yeux ; le décolleur les saisit à son tour, les « ébrouaille » et les étête, puis les passe au *trancheur* qui leur enlève l'arrête centrale appelée *nau*. Têtes et issues sont jetées au dehors, en plein air, où elles pourrissent librement. On n'en distrait que les langues, qui appartiennent généralement aux pêcheurs, et les foies, qui sont entassés dans de grandes cuves nommées *cageots*. L'huile brune ou blonde s'y égoutte lentement par la fermentation ; l'huile blanche s'obtient au bain-marie. La morue est alors dans sa forme marchande : plate et triangulaire. Après un énergique trempage de plusieurs heures, on la rince, on la sale et, suivant le cas, on l'arrime en piles régulières dans des fûts ou on la livre aux graviers pour le séchage.

C'est qu'il importe de distinguer entre la morue verte et la morue de conserve. La première, qui se contente d'un salage de trois jours, s'expédie sur les marchés des environs. L'autre, après quarante-huit heures de saumure, est confiée à un personnel spécial — les graviers — chargé de la débarrasser de son excédent de sel, puis de la faire égoutter et sécher à l'air libre sur les graves. Opération délicate qui demande une connaissance approfondie de la météorologie de Terre-Neuve, car il suffit d'une goutte de pluie pour gâter tout le lot, d'un soleil trop vif pour le calciner. Parvenue à un certain degré de dessication, la morue, couchée sur le ventre, à cause de l'imperméabilité de sa peau dorsale, est arrimée en grosses meules ou piles de forme circulaire, autour desquelles on pique des queues de poisson « en ardoises ». Par surcroît de précaution, on recouvre ce premier revêtement d'une bâche en toile jaune passée à l'huile de lin. Il n'y a plus qu'à charger les piles à bord des « chasseurs » : dirigée sur Bordeaux et les autres marchés du continent, la morue peut désormais attendre plusieurs mois en magasin.

L'avantage du procédé, c'est qu'il permet de soustraire la morue aux incertitudes du cours. Mais, par les soins qu'il exige comme par la lenteur de son exécution, il ne rémunérerait que faiblement les armateurs saint-pierrais, si le travail était confié à des hommes et qu'il fallût les rétribuer en proportion. De fait, le personnel des graves, à l'exception des chefs d'équipe qui dirigent la manœuvre, comprend de tout jeunes gens, presque des enfants, puisqu'on en compte parmi eux « qui sortent du catéchisme » et que les plus vieux ont dix-huit ans à peine.

Si l'on en croyait les gérants des principales « habitations » saint-pierraises, la condition de ce personnel serait aussi satisfaisante que possible. Une campagne à Saint-Pierre ou à l'Ile aux Chiens — je résume les arguments de ces messieurs tels que je les trouve exposés dans une protestation portant leurs signatures respectives (1) — dure sept mois environ, les traversées en plus. Pour cette campagne de sept mois, les graviers touchent un salaire moyen de 130 francs. Le chiffre peut sembler faible ; mais les graviers sont logés, nourris, habillés par l'armateur. De plus celui-ci prend à son compte le prix de leur passage, aller et retour. Les logements sont « propres et sains, bien aérés » ; du

(1) Cette « protestation », vieille déjà de six ans, mais restée inédite, fut adressée à Jean Frollo (du *Petit Parisien*) en réponse à certains bruits qui couraient dans les journaux de la métropole.

reste l'administration de la marine y tient la main : elle exige « que les logements soient nettoyés et mis en bon état avant l'arrivée des graviers » ; le chef du service de Santé « doit » les visiter plusieurs fois l'an. Les graviers prendraient même dans ces logements des habitudes de propreté qu'ils ignoraient en Bretagne : « nous les forçons à se laver pour détruire la vermine qu'ils apportent ». S'ils tombent malades, les armateurs les font hospitaliser à leurs frais chez les sœurs de Saint-Joseph de Cluny. Les habitations d'ailleurs sont pourvues de médicaments et de vêtements de rechange ainsi que de tous autres objets dont les graviers peuvent avoir besoin et qui, pour la plupart, leur sont délivrés « gratuitement ». La nourriture ne laisse pas plus à désirer que le logement. « Quoique la ration des graviers à terre soit réglementée par un arrêté local, nous la servons largement » ; la preuve en est que « presque tous rapportent chez eux un pot de beurre prélevé sur leur ration journalière ». Le travail n'a rien d'excessif : « la quantité de la besogne est toujours mesurée à la force de résistance des graviers ». Le séchage du poisson sur les graves étant subordonné à l'état de la température, les heures de loisir sont fréquentes. On compte les habitations où « les jours fériés ne sont pas observés dans la mesure du possible ». Les préposés ou chefs de graves « se montrent humains et doux dans le service ». Excellents disciplinaires, ce n'est pas chez eux qu'on verrait de ces rixes et bagarres, comme il en éclate si souvent, le soir, à la sortie de la *Maison de Famille*. Au cours d'une de ces rixes, en 1895, un gravier fut tué par ses camarades, ce qui fit dire au procureur de la République, dans son réquisitoire, « que les Pères Assomptionnistes assumaient une grave responsabilité en retenant jusqu'à une heure indue de la nuit des jeunes gens que leur métier force d'être levés à l'aube tous les jours ». La *Maison de Famille* n'est d'aucune utilité pour les graviers : ceux-ci « se trouvent à merveille » du régime des habitations. Ce régime n'est pas qu'hygiénique ; moralement parlant, il donne encore de très bons résultats : les graviers, qui ne connaissaient que le breton à leur arrivée, se façonnent au français pendant leur séjour dans la colonie : ignorants de la mer jusque là, ils possèdent à leur retour quelque notion des choses maritimes. « Aussi réengagent-ils fréquemment pour une deuxième, quelquefois une troisième campagne, suivant leur âge, heureux d'acquérir par ce moyen le droit d'embarquer comme matelots sur les navires de l'État ».

II

Il est très vrai que les graviers répugnent à servir dans l'armée de terre et, de tout cet incroyable panégyrique, signé de onze gérants et de vingt-six armateurs saint-pierrais, dont les affréteurs du *Jules-Jean-Baptiste*, c'est à peu près la seule affirmation qui ne risque pas d'attirer un démenti à ses auteurs.

Un marin, aux yeux des Bretons, est une manière de privilégié ; sa solde n'est pas seulement supérieure à celle des soldats : il touche encore, au bout d'un certain nombre d'années, une pension suffisante pour lui assurer le pain de ses vieux jours. La caserne a je ne sais quoi d'abstrait et de glacial. Ce profond attachement dont parle Renan et que les Bretons portent au sol, aux habitudes, à la vie de famille, n'y tarde pas à tourner en nostalgie. Le folk-lore indigène est tout rempli des lamentations de ces exilés. Rien de pareil sur les navires de l'État où les deux tiers des équipages sont formés de Bretons bretonnants : le clan se reconstitue de lui-même à bord. Le mot *clan*, dans l'ancien gaélique, signifie parent ; mais la langue, autant que la consanguinité, fait ciment entre les hommes. Il n'est pas jusqu'au régime du bord, si strict et si sévère, que le Breton n'accepte avec une docilité voisine de la complaisance. Ce régime lui devient comme une armature dont sa faiblesse morale est toute soutenue et redressée. Même libéré du service, un inscrit maritime est une façon de *minus habens* que l'État continue de tenir en tutelle, qu'il surveille étroitement par l'intermédiaire de ses gendarmes, de ses syndics et de ses commissaires, dont il négocie les engagements, administre le budget, gouverne les moindres rapports économiques. Pour une race de formation communautaire, sans initiative, ennemie de la nouveauté, nul doute que ce ne soit là le meilleur mode d'organisation sociale et, sinon le meilleur, tout au moins le mieux approprié à sa condition présente.

Au lieu de s'engager comme graviers, pourquoi donc tant d'enfants bretons ne s'engagent-ils pas de préférence comme mousses à bord des navires métropolitains ou

coloniaux? Un mousse, sur ces navires, touche encore
une moitié ou deux tiers de part, une avance de 250 à
300 francs et de 5 à 10 francs de denier à Dieu. Mais
les graviers ne sont pas des enfants de la côte. Ce sont
les fils de petits cultivateurs, d'humbles journaliers de
la glèbe, que leurs parents ne peuvent nourrir aux
champs. Presque tous sont originaires de l'intérieur
des Côtes-du-Nord ; quelques-uns n'avaient jamais vu
la mer. Ce qui les décide à prendre du service comme
graviers, c'est que la Marine, justement, autorise leur
inscription sur les rôles d'équipage et qu'ils peuvent
ainsi, après deux campagnes à Terre-Neuve, entrer
« dans la Flotte » comme novices ou comme matelots.
Pour cette unique faveur, que tant d'autres regarde-
raient comme une aggravation d'infortune, ils se con-
damnent pendant deux ans à la vie la plus dure qui se
puisse imaginer.

Car il en faut rabattre singulièrement de la Salente
maritime que nous peignaient tout à l'heure les protes-
tataires saint-pierrais. Le recrutement des graviers
s'opère de plusieurs façons : à domicile, dans les foires
et dans les bureaux d'embauchement. Tantôt ce sont
les maîtres de graves, tantôt d'anciens capitaines banquais qui battent l'estrade pour le compte des armateurs coloniaux. Mais la majorité des graviers passe
par les mains de deux matrones expérimentées, vraies
notabilités du racolage maritime, une dame L., de
Paimpol, fort riche, considérée et qui arme elle-
même pour l'Islande, et Mme P., au Petit-Paris, en
Loc..., qui occupe un rang moins élevé dans la hiérarchie sociale.

Il ne fallait pas songer à être reçu par Mme L. ; je n'aurais pas trouvé porte close peut-être ; j'aurais trouvé bouche close certainement. Près de Mme P., les facilités d'accès sont plus grandes. Mme P. n'est pas qu'embaucheuse : elle tient une hôtellerie et un magasin d'articles de pêche. *A la descente des Islandais*, dit l'enseigne. La maison, en pierres et briques, est une facon de tourne-bride au coin de l'ancienne et de la nouvelle route de Guingamp à Pontrieux. Devant la façade, sous un tendelet de toile rayée, des bancs et des tables garnies de pichets. Pas de vestibule : le seuil franchi, on entre de plein-pied dans une de ces belles et vastes cuisines d'autrefois qui pouvaient abriter sous leur chambranle tout un peuple de rouliers et de postillons. Les cuivres rutilent ; d'énormes côtes de lard jaune alternent au plafond avec les andouilles fumées et les vessies de saindoux ; la marmite chante sur le foyer. On rêve d'une vie grasse et plantureuse, à couvert des aléas du large : la mer est loin : des vergers, des herbages, de blonds tapis de blé mûr ou d'avoine, des nappes rosées de sarrazin ondulant jusqu'à la lisière vaporeuse des monts d'Arrhée, toute une campagne harmonieuse et féconde se découpe dans le châssis de la porte. Ce Petit-Paris, si incongruement baptisé par l'amour-propre local, donne l'impression d'une Arcadie bretonne. Et l'hôtesse qui vous accueille dès l'entrée, avec sa figure bien en chair, rose et potelée à plaisir, nonobstant les rigueurs de la quarantaine, n'est point pour affaiblir cette impression. Comment se croire dans le garde-manger de l'ogre, chez la pourvoyeuse en titre du Minotaure saint-pierrais ? Chaque année pourtant, de toutes les extrémités de la région, des caravanes d'enfants se dirigent vers cette hôtellerie d'apparence débonnaire. Méfiez-vous ! L'hôtellerie est pleine de « caches » mystérieuses, d'arrière-chambres terrifiantes. Que s'entrebâille la porte de la cuisine, vous reculerez brusquement, comme l'indiscrète moitié de Barbe-Bleue au seuil du fatal cabinet, en apercevant sur les étagères des centaine_ et des milliers d'instruments plus épouvantables les uns que les autres, couteaux, fourches, scies, grattoirs, épiquois, tout l'arsenal du massacre moruyer. Et l'hôtesse aussi est à surprises, comme sa maison. J'ai feint d'avoir un lot de graviers à lui proposer : immédiatement la rieuse commère de tout à l'heure s'est effacée devant la racoleuse de profession, tour à tour retorse et hâbleuse, pipant son monde avec des chiffres outrageusement falsifiés et, quand le total des embauchements pour Saint-Pierre et l'Ile-aux-Chiens ne dépasse pas sept cents unités, se targuant d'embaucher à elle seule « au moins mille graviers par campagne. »

« Mais, mon cher Monsieur, me dit-elle, les graviers, c'est comme les champignons après la pluie : il n'y a qu'à se baisser pour en cueillir... Dame, on conçoit que les gérants fassent les renchéris... Ces messieurs ne veulent plus que des graviers du fond des terres, de Carhaix, de Bourbriac, de Rostrenen, des graviers qui n'aient jamais vu la mer, quoi !... Ils ont raison : les autres sont trop « ficelle ». Parlez-moi des Kernévotes : c'est innocent comme l'enfant qui vient de naître ; ça ne discute jamais les conditions d'un engagement ; ça signe, les yeux fermés, tout ce qu'on leur lit ; ça travaille comme des nègres... Vos candidats sont de quel endroit ?

— De Lannion.

— Hum ! Un mauvais terroir... Trop près de la côte... J'ai déjà eu maille à partir avec des graviers de par là qui avaient « fait des histoires » au gérant de l'habitation... L'armateur m'a prévenue qu'en cas de récidive il me retirerait sa pratique pour les couteaux. Je serais dans de jolis draps... Vos graviers, du moins, n'ont pas d'humeurs froides ? Vous répondez de leur bonne constitution ? Oh ! là-dessus, nous sommes intraitables. Un gravier qui tombe malade à Saint-Pierre, c'est une perte sèche de quinze cents francs...

— Croyez-vous ?

— Mettons douze cents francs, si vous voulez.

— Alors, étant donné la somme de labeur qu'on exige des graviers, vous ne devez plus embaucher que des candidats d'un certain âge ?

— Oui, autant que possible entre quinze et dix-sept ans. Mais, vous savez, dit-elle, en me poussant du coude et en clignant des yeux, si vous en connaissez de quatorze, même de treize, qui soient solides et de bonne composition, envoyez-les moi. On pourra tout de même s'arranger.

— Entendu, mais vous me donnerez ma commission ?

— Oh ! Monsieur, je touche si peu moi-même ! Songez donc : deux francs par gravier...

— On m'avait dit cinq francs. Mais, à raison de 1.000 graviers, cela vous laisse encore un joli bénéfice. Sans compter que, si vous faites des engagements au-dessous du pair, l'amateur partage avec vous la déduction... »

Madame P. me regarde. Elle commence à se méfier et ne paraît pas très rassurée sur mon identité véritable. Suis-je un concurrent, un policier, un journaliste ou quelque Lemice-Térieux en déplacement ? Elle ne sait au juste et, à tout événement, se décide à changer d'antienne. La voilà qui se répand en jérémiades sur le métier, disant que le jeu n'en vaut plus la chandelle, qu'entre la chair et la chemise il faut cacher le bien qu'on fait, que c'est par pur esprit de charité qu'elle s'occupe des graviers et qu'il y a beau temps qu'elle coucherait sur la paille s'il n'y avait eu que ces coquins pour lui payer des couettes de plumes. Mais elle engage aussi des novices et des « matelots légers » pour la maison Bordes, des patrons et des avants de doris pour Terre-Neuve. Elle touche de l'armateur cinquante francs net par engagement, et l'engagé, reconnaissant, sur ses avances lui baille encore une gratification de trois ou quatre écus. Elle arrive ainsi à joindre les deux bouts. Mais que de fois elle en est de sa poche ! Elle a renoncé à courir les foires ; elle ne va plus vendre ses couteaux de pêche qu'au marché de Paimpol. « Sous la croix », à l'issue de la grand'messe, elle fait « bannir » qu'elle engage des graviers pour Terre-Neuve. La nouvelle, colportée de bouche en bouche, ne tarde pas à pénétrer jusqu'au fond de la Cornouaille. Alors commence chez elle, la Toussaint venue, un défilé interminable de petits miséreux. Son cœur saigne à voir ces pauvres enfants qui ont fait quelquefois plusieurs lieues sans une miette de nourriture dans l'estomac : elle n'a point de repos qu'elle ne les ait assis devant sa soupière ou pour le moins réconfortés d'un chanteau de pain bis. — « Vous n'y êtes pas obligée », répliquent les armateurs. Mais comment résister au spectacle d'une pareille misère ? Si encore les « revues » se passaient chez elle ! Elle vient d'adresser une demande en ce sens au commissaire de la marine. Une partie des avances lui ferait retour le jour même, tandis qu'à présent ce sont les aubergistes de Pontrieux et de Paimpol qui drainent tout l'argent des graviers. On n'a pas idée d'une injustice semblable. C'est elle qui baille l'argent, c'est bien le moins que ce soit aussi chez elle qu'on le dépense. Sa maison, Dieu merci, est avantageusement connue sur la place. Le syndic de Pontrieux peut en témoigner : elle n'a jamais fait tort à un gravier et il y en a même, dans le nombre, à qui elle a donné jusqu'à 150 francs pour une campagne.

« Et, sur ces 150 francs, combien vos graviers touchaient-ils d'avances ?

— Oh ! mon Dieu, cela dépend des habitations : 80, 90, quelquefois 100 francs...

— Soit deux tiers de la somme totale. Et le tiers restant ?

— Le tiers restant leur était remis à la fin de la campagne. Ceux qui prétendent le contraire ne nous connaissent pas : il n'y a pas de malhonnêtes gens dans notre métier... »

III

Je n'ai pas voulu donner un démenti à Mme P. : la vérité m'oblige cependant à déclarer que, ce tiers restant, les graviers ne le touchent presque jamais.

Les circonstances ne m'ayant pas permis d'enquêter sur le vif les malheureux passagers du *Jules-Jean-Baptiste*, j'ai conté mon embarras au syndic d'un petit port breton, excellent homme, fort aimé de son personnel et qui n'a pas eu de peine à trouver sur son registre l'adresse de quelques graviers des campagnes environnantes.

Ils étaient sept, convoqués de la veille et qui m'attendaient dans une auberge du quai. Il y en avait deux de Ploézal, un de Pontrieux, un de Quimper-Guézennec, un de Plouec, un de Bégard. Ils ne se connaissaient pas ou se connaissaient à peine et le syndic m'assura qu'ils n'avaient pu se donner le mot, parce qu'ils appartenaient à des habitations différentes et qu'ils ignoraient le genre d'interrogatoire que je m'apprêtais à leur infliger. L'un après l'autre je les appelais dans la pièce où j'avais installé mon bureau de juge instructeur ; l'un après l'autre je les interrogeais ; je discutais pied à pied leurs réponses ; je reprenais à mon compte les arguments des chefs de grave dont j'ai résumé plus haut la protestation. Ces pauvres gens paraissaient devant moi comme des accusés, quand toute ma pitié intérieure aurait voulu s'élancer vers

eux. Je transcrivais leurs dépositions à mesure. Je viens
de les relire : elles concordent sur tous les points et je
n'ai qu'à les foudre l'une dans l'autre pour faire parler
la vérité.

Cinq de mes graviers sur sept sont des fils de journaliers chargés de famille : deux sont des enfants naturels et qui mendiaient pour vivre. Quatre ne parlaient
pas français. On leur a dit que, comme graviers, ils
mangeraient à leur faim et qu'ils pourraient ensuite
s'engager dans la flotte. L'instituteur ou le garde-
champêtre, « sous la croix », le dimanche, leur a tra-
duit en breton l'annonce de Mme L., de Paimpol, ou de
Mme P., de Loc... : ils sont allés trouver Mme L. ou
Mme P. et ont accepté sans discuter les conditions
qu'elles leur offraient et qui variaient entre 110 et
140 francs pour toute la durée de la campagne. Sur
cette somme ils ont touché, le jour de la revue, de 80
à 100 francs, avec lesquels ils ont « gréé » leurs coffres,
acheté un paillot, un couvert en fer blanc, un couteau
à manche de corne et quelques autres menus ustensiles. L'engagement qu'on leur a lu et qu'ils ont signé
les yeux fermés spécifiait qu'ils seraient à bord au jour
et à l'heure fixés, qu'ils s'y rendraient à leurs frais et
qu'ils renonçaient à l'indemnité dite *conduite de
retour*, le navire qui devait les rapatrier mouillât-il à
Paimpol ou à Saint-Malo. On se servait, pour la traversée, d'anciennes goélettes coloniales affrétées spécialement à cet effet ou de bateaux de pêche métropolitains
qui prenaient par surcroît, en guise de fret, cinquante
ou soixante passagers. La traversée durait de quinze à
vingt jours. L'ordinaire du bord comportait trois repas :

le matin un biscuit et un boujaron d'eau-de-vie, à midi
de la soupe et un biscuit, à cinq heures un troisième
biscuit ; pour boisson l'eau de la baille ; le jeudi et le
dimanche seulement, un quart de vin et une ration de
lard supplémentaires. Bien souvent « on restait sur sa
faim ». Le passage des graviers est établi au bas prix
de 50 francs : pour ce prix, disent les capitaines, il est
impossible de les mieux nourrir ; impossible aussi de
les loger plus confortablement : à l'aller, du moins, les
paillots neufs des graviers leur faisaient un lit relativement moëlleux. Mais beaucoup de ces pauvres petits
souffraient du mal de mer. Ils vivaient parmi leurs
déjections ; la cale où ils parquaient n'était jamais lavée
ni balayée ; personne ne s'occupait d'eux. Les plus
vaillants jouaient aux cartes, disaient des contes, des
chansons ; d'autres aidaient le mousse à éplucher les
pommes de terre. Rien là qui pût donner à ces enfants
un semblant d'éducation nautique. Aux approches du
cap Race, le froid commençait à bleuir la peau : on
sortait les cache-nez et les mitons. Avec quelle impatience cependant on guettait sur l'horizon la blanche
silhouette du phare de l'Ile-aux-Chiens ! Le navire
n'avait pas encore pris place dans le Barachois que le
maître de grave était à bord faisant l'appel des graviers :
ils descendaient dans son chaland avec leurs paillots et
leurs coffres. Le chaland les menait à l' « habitation »,
toujours située au bord de la mer, soit à l'Ile-aux-
Chiens, soit dans les faubourgs de Saint-Pierre. Il y
avait une minute de surprise, chez les nouveaux venus,
devant ces baraques en sapin tronçonné, pareilles sous
la neige à des huttes de trappeurs canadiens et dont la

plus délabrée leur était réservée pour logement. On l'appelait la *cabane* et c'était bien une cabane, en effet, d'autres disent un cabanon (1). On était là plus à l'étroit qu'à bord. Des niches de forme rectangulaire, disposées sur deux rangs, faisaient le tour de la pièce. Ni bancs, ni tabourets ; pour se hisser dans ces couchettes d'un nouveau genre, on s'aidait de son coffre qui faisait l'unique mobilier du réduit. Les niches ne contenaient aucun objet de literie. Chaque gravier devait fournir son paillot et sa couverture. Là n'était point le pire, mais que le poudrin et la pluie faisaient rage à l'intérieur comme au dehors : si solide et si bien ajustée que fût la cabane, les rafales du sud-ouest l'avaient bientôt disloquée. On avait beau boucher les joints avec de la mousse : pluie et poudrin pénétraient au travers. Les toits surtout étaient de vraies passoires. En mars, à l'arrivée, il fait encore un froid de loup. Faute de poêle et pour ne pas geler tout vifs en dormant, les malheureux gardaient leurs habits et leurs cirés ; avec un vieux morceau de toile à voile ils fabriquaient un rideau de fortune qu'ils tendaient devant l'ouverture de leurs niches. Mais le dégel survenait. Il y avait jusqu'à cinq et six centimètres de neige sur les toits : à mesure que fondait la neige, l'eau filtrait entre les joints et s'égouttait sur les couchettes. Les paillots gonflaient, pourrissaient, grouillaient de vermine aux premières chaleurs. C'était alors une autre sorte de supplice : l'atroce puanteur de l'atmosphère. La cabane

---

(1) Cf. Le Tellier : *Pêcheurs de Terre-Neuve ; récit d'un ancien pêcheur.*

n'avait pas de fenêtre ; pour assurer la circulation de l'air, il eut fallu tenir la porte ouverte nuit et jour et le règlement exigeait qu'elle fût fermée. La prescription se comprenait encore à l'Ile-aux-Chiens, basse et sablonneuse et que des raz-de-marée d'une violence inouïe balaient quelquefois dans toute sa longueur : c'est au point que, pour empêcher les cadavres d'être emportés par la mer, il a fallu bétonner le fond du cimetière et y sceller les cercueils. Rien de pareil sur la côte de Saint-Pierre. Mais le bien-être, la propreté, l'hygiène, nul n'en a cure céans : fadaises, niaiseries sentimentales qu'on laisse à la métropole. L'inertie des autorités locales passe toute mesure ; jamais les cabanes n'étaient visitées par le chef du service de Santé : comme elles étaient au départ des graviers, elles étaient à l'arrivée de leurs successeurs, et la nouvelle équipe, pour don de joyeux avènement, héritait du fumier et des ordures de l'équipe précédente.

Nettoyer eux-mêmes la cabane, balayer, laver, aérer, les nouveaux venus n'y devaient pas songer. Rapidement le chef de grave faisait ranger les coffres, distribuait les couchettes, remettait à chaque gravier une paire de bottes et un ciré, et tout de suite au travail. Ces pauvres petits étaient encore tout brisés de leur traversée ; d'aucuns, débilités par le mal de mer, couvaient de dangereuses affections : tel ce gravier de Bégard dont les extrémités gonflèrent subitement et qui ne pouvait plus chausser ses sabots ; il travaillait sur la grave, pieds nus, et laissait derrière lui une traînée de sanie. On attendit que la gangrène se déclarât pour le porter à l'hôpital où il mourut quatre jours après.

Le travail des graviers est réglé de telle sorte que la journée du lendemain copie exactement la journée de la veille. Vers cinq heures du matin, on allait chercher du sel à la rade ; puis on se rendait aux magasins ; on y chargeait la morue sur des civières et on l'exposait sur la grave. De huit heures à trois heures, on lavait la morue dans les chauffauds ; de trois à cinq, on ramassait la morue sur la grave et on la mettait en pile ; de cinq heures à la nuit, on « boucottait » la morue sèche.

Le plus dur, c'était le transport des civières : leur charge n'était jamais inférieure à 100 kilos. Du chauffaud à la grave la distance n'est pas grande, mais il fallait faire le voyage une soixantaine de fois le matin, une soixantaine de fois l'après-midi. On en sortait les reins brisés. Entre temps, le nettoyage et le boucottage de la morue initiaient les nouveaux venus à une autre sorte de supplice : corrodé par le sel, le bout des doigts s'usait ; les mains « cassaient » et saignaient au moindre choc. Pour les dégourdir, le matin, avant de se mettre au travail, on les trempait dans l'eau douce. Elles ne formaient qu'une plaie à la fin de la campagne. Les panaris, surtout, étaient fréquents : si le coup de lancette n'était pas donné à temps, on pouvait perdre le doigt. Souffrances atroces, auxquelles s'ajoutaient les migraines et autres accidents céphaliques déterminés par les vapeurs ammoniacales des chauffauds.

Dans la plupart des habitations, le lever avait lieu, au coup de cloche, entre quatre et cinq heures ; l'été même, quand la besogne pressait, à trois heures, à deux heures 1/2. Coupé d'une demi-heure de repos pour le dejeûner du matin, d'une demi-heure ou de trois quarts d'heure pour le repas de midi, le travail cessait à huit heures du soir dans les « bonnes » habitations ; mais, quelquefois, on boucottait pendant une partie de la nuit : d'autres fois, quand il y avait des navires anglais sur rade, on faisait de la contrebande d'eau-de-vie pour le compte de l'armateur. Le dimanche était jour ouvrable comme les autres jours de la semaine : sur toute la durée de la campagne, les graviers n'avaient de congé plein qu'au 14 juillet, au 15 août et à la Toussaint : en quelques habitations même, on leur rognait la matinée de la Toussaint. Deux heures tous les quinze jours leur étaient accordées pour laver leur linge dans les étangs voisins du Cap Noir. Mais il y avait des habitations où les chefs de grave réduisaient ces deux heures à une. Dans l'habitation où était engagé le nommé H., de Plouec, les graviers, ne pouvant changer de linge, étaient si rongés de vermine que leurs chemises et leurs tricots tombaient par pièces autour d'eux : ils auraient fini par aller tout nus, si, les voyant passer chaque matin en cet équipage et tout blasés qu'ils fussent sur ces sortes de spectacles, des Saint-Pierrais charitables ne leur avaient fait l'aumône de vieux vêtements hors d'usage.

Ce travail exténuant, sans répit, par tous les temps, sept mois pleins, ne serait rien encore sans la dureté des chefs de graves. Est-il vrai, comme l'affirme dans un émouvant article du *Journal* M. Armand Dayot, que le cimetière de Saint-Pierre soit rempli de cadavres de petits graviers ? Gardons-nous des exagérations. La réalité est assez navrante par elle-

même et j'aime mieux en croire sur ce point un
universitaire qui fit campagne à Terre-Neuve, qui vit
les choses de ses yeux et qui dit que « les douleurs de
leurs anciens ont enfin acheté des traitements à peu près
humains aux graviers d'aujourd'hui (1). » A peu près
est le mot exact. On n'assomme plus les graviers et
c'est toujours un progrès ; mais il est constant que les
voies de fait jouent encore dans leur vie un rôle exagéré.
Quand le sifflet du chef de grave donne un ordre, malheur
aux oreilles qui l'interprètent à contre sens ! B., de
Saint-Clet, Le G., de Ploézal, en ont su quelque chose.
Ils ne parlaient que le breton à leur arrivée : le maître de
grave, gallot de Plouer, à coups de matraque leur
inculqua les premiers éléments du français. B., de
Quimper-Guézennec, n'a été sérieusement « bourré »
qu'une douzaine de fois, mais il a connu plusieurs
graviers qui sont tombés malades à la suite de mauvais traitements : un entre autres, dans l'habitation X,
dut être transporté à l'hôpital ; le maître de grave,
d'une poussée, l'avait envoyé rouler sur un chaland où
il se défonça la poitrine. Ivre les trois quarts du temps,
comme beaucoup de ses collègues (et par la faute des
armateurs qui leur confient la clef de la cambuse), ce
maître de grave, pour s'approprier le « schnick » des
graviers, sous le moindre prétexte les privait de boujaron pendant quatre jours. C'est le même encore qui
leur refusait deux heures de congé par quinzaine pour
laver leur linge au Cap Noir : l'armateur dut intervenir

(1) Cf. Le Tellier. *Op. cit.*

en personne pour faire respecter le règlement. B., de Ploézal, n'est pas de tempérament rancunier : il tiendrait volontiers pour négligeables les horions qu'il collectionna pendant son séjour à Saint-Pierre, si leur souvenir n'était joint dans son esprit à celui d'un formidable coup de poing américain qui brocha sur le tout et lui rompit l'arête du nez. M., de Pontrieux, fut à diverses reprises piétiné et frappé à coups de talon de bottes ; un de ses camarades, près de lui, eut le bras cassé d'un coup de civière ; un autre la tête fendue.

« Pourquoi ne portiez-vous pas plainte au commissaire maritime ? demandai-je à mes interlocuteurs.

— Ça n'aurait servi de rien, répondaient les uns. Règle générale, on ne donne jamais tort aux chefs de graves.

— Nous avons réclamé, me disaient les autres. La réponse du commissaire était toujours la même : « Retournez immédiatement à l'habitation ou je vous fais f... à la geôle ». Tout le bénéfice, c'est que le maître de grave nous prenait en grippe et nous maltraitait un peu plus qu'auparavant... »

Une autre question me brûlait les lèvres. Je ne l'ai pas posée à mes interlocuteurs : je ne leur ai pas demandé : « Pourquoi ne vous insurgiez-vous pas à la fin ? Pourquoi, si les pouvoirs publics vous refusaient toute protection, ne répondiez-vous pas aux sévices par les sévices, à la terreur par la terreur ? Vous n'étiez que des enfants ; mais, à vingt contre un, vous eussiez fait reculer vos bourreaux... » Ils m'auraient dit : « Nos aînés l'ont essayé. Ces chefs de grave à

encolure de taureau, musclés comme des athlètes,
féroces comme des négriers, ce ne sont point des considérations d'esthétique qui les désignent au choix des
Saint-Pierrais, et les révolvers qu'ils caressent sous
leur ceinture, leurs matraques, leurs coups de poing
américains ne sont pas des armes de parade, un harnois
de comédie. Plus d'un, dans le passé, y dut recourir
pour sa sauvegarde. La chose fut tenue secrète. On
n'en trouverait aucune trace dans les journaux de
Saint-Pierre : les chefs de graves n'aiment pas le bruit
et poussent l'humilité chrétienne jusqu'à souhaiter de
ne jamais occuper l'opinion de leurs affaires domestiques. Mais la vérité est qu'à diverses reprises des
révoltes de graviers ont éclaté dans la colonie, que le
sang a coulé de part et d'autre et qu'il a fallu faire
donner les gendarmes. Vous pouvez croire cependant, avec M. Le Tellier, que, la bataille finie, si
l'on a fait le compte des victimes, le nombre ne
s'en est point trouvé le même dans les deux camps
et qu'il y a eu, comme il dit, « infiniment plus de graviers tués par leurs chefs que de chefs tués par leurs
graviers ».

Ainsi m'auraient parlé ces pauvres gens. L'expérience
de leurs aînés les a guéris de toute démangeaison révo-
lutionnaire ; ils ne s'insurgent plus ; ils désertent à
bord des Anglais ; d'autres volent un doris et gagnent
la Grande-Terre qui est distante de cinq lieues ; mais la
plupart se résignent et attendent. Si la besogne est
ingrate, du moins on mange à sa faim dans les habitations. Les graviers ne sont pas des délicats ; nos raffi-
nements leur sont inconnus et mes sept interlocuteurs

ne se distinguaient pas sur ce point du commun de
leurs confrères : ils se passaient fort bien de n'avoir à
leur disposition ni table, ni sièges, ni linge, ni plats, ni
assiettes. Un grand baquet, au mitan de la cabane,
servait de gamelle pour dix ; accroupis tout autour,
les convives y puisaient avec leurs cuillers. Mais il est
vrai que le menu n'était pas très compliqué : deux fois
par jour une « soupe aux fayots » et une tranche de
pain ; un « coup de thé » et une tranche de pain au
petit déjeûner de sept heures ; un boujaron d'eau-de-
vie le matin et un boujaron d'eau-de-vie le soir: De
plus, dans les « bonnes » habitations, les graviers recevaient chaque semaine, à titre gracieux, une demi-livre
de margarine ou de graisse de Normandie et une demi-
livre de lard frais ; ils avaient droit à un verre de vin
le jeudi et le dimanche ; enfin, pour boisson courante,
ou leur donnait de la bière de Spruce fabriquée avec
de la mélasse et du bourgeon de sapin et qui revient sur
place à vingt sous l'hectolitre.

Ce régime est peut-être abondant : il manque essen-
tiellement de variété. Mais, encore une fois, les graviers que j'ai vus s'en accommodaient parfaitement. La
même unanimité se retrouvait dans leurs appréciations
sur la *Maison de Famille* : ils ne tarissaient pas sur
les services de toutes sortes qu'elle rend aux marins ;
les rares heures qu'ils y avaient passées doraient encore
leur souvenir. En quelques habitations, le travail finis-
sait un peu plus tôt le dimanche soir. Vite, ils jetaient
leurs cirés et couraient à la *Maison de Famille*. Elle
occupait les bâtiments d'un ancien pensionnat ecclésias-
tique : le P. Yves, un *kenvroad* à barbe de patriar-

che, les attendait sur le seuil et leur donnait la bienve-
nue en breton. Que ces rudes syllabes de la langue
maternelle leur semblaient douces à ce moment !
Quelle joie ce leur était de trouver un cœur d'homme
en qui s'épancher ! On « bretonnait » de compagnie,
jusqu'à dix heures, sans craindre les railleries et les
coups de matraque ; on chantait et on priait à la mode
du pays ; avec des châtaignes pour enjeu, des noix ou
des amendes, on jouait aux dominos, au trictrac, aux
dames, à l'aluette. Le P. Yves était le plus complaisant
des secrétaires : il écrivait aux familles, pour ceux qui
ne savaient pas écrire ; il faisait à haute voix la lecture
des feuilles locales, traduisait les nouvelles et les com-
mentait à son jeune auditoire. Le tirage d'une tombola
couronnait la soirée. Les lots se composaient d'articles
de bazar, de mitons, de cache-nez, de pipes, de blagues,
de savons : il y avait même, comme gros lot, un
« complet » tout flambant neuf ! Le jeton de présence
qu'on recevait à l'entrée servait de billet. Rien à
débourser. *Gratis pro Deo* était la devise de la Maison : papier, journaux, timbres, boissons hygiéniques
et jusqu'aux jetons de tombola, tout s'y donnait ou s'y
prêtait généreusement. Les graviers étaient là chez eux.
Avec quelle tristesse ils quittaient à dix heures du soir
cette maison hospitalière, qui leur avait rendu, pour
quelques instants, l'illusion du foyer domestique, d'un
foyer plus vaste et plus chaud, élargi et comme illu-
miné par le plus pur esprit de l'Évangile ! Si l'on
écoutait certains armateurs coloniaux, il faudrait pourtant la fermer, cette maison. On a lu les accusations
dirigées contre elle. Simple jalousie de concurrents

évincés, m'expliquait un commissaire de la marine,
ou qui se sentent menacés dans l'exercice du plus
abusif des monopoles : n'oublions pas que ces messieurs ont l'habitude d'annexer à leurs sècheries
des *général-stores*, des bazars où ils débitent de
tout, des vêtements, de l'épicerie, du tabac, du savon,
des chaussures, principalement de l'alcool (1). Ces produits, bien entendu, sont toujours majorés au-dessus
de leur valeur marchande : ainsi, d'après M. Armand

(1) La propagande anti-alcoolique des religieux de la *Maison de Famille*, les
habitudes de sobriété qu'ils tâchent d'inculquer aux marins, voilà leur grand
crime. On ne sait pas assez que Saint-Pierre, par un privilège vraiment excessif, est la seule de nos colonies qui jouisse de la franchise totale de l'alcool.
Les armateurs font venir de Hambourg, à raison de 30 ou 35 francs la barri-
que, des eaux-de-vie de grain au titre de 96 degrés. Ils ramènent cette eau-
de-vie à 40 degrés et peuvent ainsi, avec un sérieux bénéfice, la revendre
0 fr. 50 le litre. Vraie prime à l'empoisonnement ! Les scènes de désordre qui
ont tant de fois ensanglanté les rues de Saint-Pierre, aux époques de l'armement et du désarmement, n'ont pas d'autres causes que ce bon marché excep-
tionnel de l'eau-de-vie : c'est un proverbe local que le Barachois fait plus de
victimes que le Banc. Pour trente centimes, à Saint-Pierre, un homme « a son
content, » entendez qu'il est ivre à ne pouvoir regagner son bord. Une simple aubergiste, citée par le P. Yves, avoue « que l'automne est pour elle le
temps de la moisson, car, au désarmement des bateaux, elle fait facilement
5.000 francs tous les ans. » Si tel est le bénéfice d'une simple aubergiste, que
peut bien être celui des armateurs, dont les *général-stores* sont continuellement achalandés par le personnel des goélettes et des chauffauds ? Ajoutons
que cette franchise de l'alcool finira par nous jouer quelque mauvais tour.
Les Anglais et les Américains nous accusent, non sans raison, d'avoir fait de
Saint-Pierre le grand entrepôt de la contrebande de l'alcool avec le Canada et
les États-Unis. Perpétuellement il y a là quelque goélette d'Halifax, quelque
clipper de Boston, gréé en morutier, mais dont la présence sur rade a en réalité un tout autre objet que le trafic de la morue. De fait, une partie des graviers, dans la nuit, est occupée à transporter à bord l'eau-de-vie fraudée.

Dayot, une paire de sabots de bois, qui coûte 75 centimes en Bretagne, sera comptée 1 fr. 60 dans les *général-stores*. Le reste à l'avenant. Tout don fait aux
graviers est un préjudice causé à l'armateur colonial.
Régulièrement, leur campagne finie, les graviers
devraient toucher le restant du salaire convenu et porté
sur l'engagement. En fait, on les appelle au bureau du
comptable. « Un tel, au comptoir. — Présent ! —
Vous avez pris à crédit, tant de tabac, de savon, de
timbres, une paire d'espadrilles, un cache-nez : avec
l'intérêt cela monte à tant. C'est vous qui nous devez de
retour. Mais on n'est pas des corsaires. Posez votre
« signe » au bas de ce papier ; nous voilà quittes : bon
voyage, l'ami! » Le tour est joué. L'enfant, perdu dans
ce labyrinthe de chiffres, n'ose élever la moindre protestation. Puis il lui échéait, quelquefois, une bonne
fortune inespérée : à la dernière minute, pris d'une de
ces pitiés tardives qui ressemblent à des commence-
ments de remords, il arrivait que l'armateur, quand la
campagne avait été bonne, lui faisait cadeau, pour sa
traversée, d'une pièce de dix sous et d'une demi-livre
de tabac. Ainsi lesté, son paillot sur la tête, l'enfant
gagnait sur rade ou dans le Barachois la goëlette qui
devait le rapatrier : il retrouvait à bord ses compagnons
de misère. Quelques-uns, en rognant sur leur ordinaire,
avaient économisé un pot de graisse ou de margarine :
le biscuit de la traversée en paraîtrait moins indigeste.
Mais pour les paillots, une fois en plein air, ils déga-
geaient une telle infection que le capitaine, d'autorité,
les avait fait jeter par-dessus bord. Tant pis, on coucherait sur son coffre ! L'espace était bien mesuré ; les

pauvres garçons, au moindre roulis, perdaient l'équilibre, blémissaient et s'aspergeaient de vomissements.
Sur la *Gabrielle*, un brick-goëlette de 160 tonneaux,
ils étaient ainsi quatre-vingts empilés à fond de cale.
On ne les laissait monter sur le pont qu'une heure par
jour, par équipe de seize. Penchés sur la lisse, ils fouil-
laient l'horizon d'un œil avide et pensaient défaillir de
ravissement, quand la vigie, du haut de la grand'hune,
criait : « Terre à tribord !» Naïvement ils croyaient leur
calvaire fini. Qu'ils étaient loin de compte ! Leur coffre
à quai, c'était la douane qui bouleversait « tout leur
fourniment, » saisissait un paquet de tabac dissimulé
dans un coin, frappait d'un droit d'entrée exorbitant
les deux ou trois pauvres livres de margarine qu'ils
rapportaient à la maison. Comment acquitter ce droit
d'entrée ? Ils n'avaient pas en poche un sou vaillant.
Par surcroît de malchance, les trois quarts d'entre eux,
sans plus réfléchir, avaient renoncé au bénéfice du
droit de conduite. Il y a un bon ruban de route entre
Saint-Malo et Bégard ou Rostrenen : houspillés par le
capitaine, rembarrés par les gendarmes maritimes, les
malheureux, en désespoir de cause, pour réunir les
quelques francs nécessaires à l'acquisition d'un billet
de troisième classe, cédaient leur coffre à des brocanteurs ; d'autres s'en retournaient à pied et mendiaient
le long de la route... En aucun temps et dans aucune
industrie, je crois, l'exploitation de l'enfance ne s'est
exercée avec plus d'impudeur.

IV

J'entends bien qu'il se faut défendre contre une sen-
timentalité excessive, qu'on est mauvais juge de la
misère d'autrui, que la souffrance n'a pas sa mesure en
elle-même, mais dans la capacité d'endurance de celui
qui l'éprouve. La condition des graviers n'est peut-être
pas aussi atroce que nous l'imaginons ; on concédera
tout au moins qu'elle est susceptible de certains tem-
péraments. Et, par exemple, si les cabanes étaient plus
proprement tenues et recevaient plus souvent la visite de
la Santé, si l'air y circulait plus librement, si l'on y
faisait l'acquisition d'un poêle pour les jours froids, si
les armateurs enfin consentaient à renouveler la litière
des paillots, trop souvent pourrie dès l'arrivée, on ne
voit pas que ces légères améliorations fussent de nature
à bouleverser l'armement colonial ni à le paralyser dans
son essor.

C'est se moquer du monde de prétendre qu'un gravier représente, pour l'armateur, une dépense de 12 à
1500 francs. Soyons large ; acceptons le chiffre de 150
francs pour les avances ; de 100 francs pour la traversée ; portons à 300 francs les frais d'entretien et de
logement ; déduisons la prime de 50 francs par homme
d'équipage inscrit aux rôles des bâtiments armés pour

la pêche avec sécherie (1) ; négligeons les menus bénéfices réalisés dans les *général-stores* : tout compte fait,
un gravier ne représente pas une dépense supérieure à
500 francs. Les armateurs menacent quelquefois de
transporter leur industrie sur le continent ; mais où est
le personnel métropolitain qui, pour ce prix dérisoire,
sept mois durant et à raison de seize à dix-sept heures par jour, consentirait un travail aussi exténuant ?

Il y a la matraque, dira-t-on. La matraque n'est pas
un article d'importation. J'entrevois même un temps
où commissaires et magistrats coloniaux, éveillés de
leur apathie et rappelés à l'exacte notion de leur rôle,
restreindront sa zône de rayonnement et cesseront de
tolérer que, par un privilège regrettable, Saint-Pierre
et l'Ile aux Chiens continuent d'appliquer au personnel
de leurs habitations des traitements plus conformes à
l'ancien code négrier qu'aux nouvelles méthodes d'organisation du travail en usage dans la métropole.

Au point de vue du régime alimentaire, qui, en général, ne laisse pas trop à désirer, il serait bon que le
fameux « schnick » du matin et du soir fût remplacé
dans les habitations par du café ou du thé comme sur
les goëlettes américaines. Ces distributions quotidiennes
de boujarons d'eau-de-vie à des enfants sont d'une
immoralité révoltante et l'on ne s'y prendrait pas autrement pour les dresser à l'alcoolisme. Les conditions où
s'effectue le transport des graviers mériteraient également

---

(1) C'est le cas des groviers, qui sont inscrits aux rôles comme faisant par
tie des équipages des navires métropolitains ou coloniaux.

d'attirer l'attention : il n'est pas possible qu'on autorise
plus longtemps l'empilement de ces malheureux dans
la cale de voiliers d'un tonnage ridiculement exigu et à
des prix qui ne permettent aux armateurs de ne les
nourrir qu'avec des denrées avariées ou insuffisantes.
Pour le moins il conviendrait de ne pas se reposer sur
les déclarations des intéressés et que les experts y
regardassent d'un peu plus près avant de délivrer aux
navires affrétés pour le transport du personnel des cotes
et des certificats de bon état de navigabilité que des
catastrophes comme celles de la *Morue* et du *Jules-
Jean-Baptiste* rendent amèrement ironiques, quand
elles n'en font pas éclater au grand jour la triste
vénalité. Le rapatriement des graviers devrait se faire
dans les délais déterminés, tant pour leur épargner la
traversée de l'Atlantique au plus fort des tempêtes d'hiver que pour éviter aux armateurs la tentation d'infliger à leur personnel des mois entiers de travail supplémentaire qui ne correspondent à aucune augmentation
de salaire.

Il serait désirable enfin que le *droit de conduite*,
auquel tant d'armateurs forcent les graviers à renoncer,
fût maintenu d'office sur tous les engagements : au
besoin le commissaire de Saint-Pierre pourrait obliger
les armateurs coloniaux à verser entre les mains des
capitaines qui ramènent les graviers l'argent nécessaire
à leur rapatriement par voie ferrée de Saint-Malo ou
de Paimpol vers les régions de l'intérieur.

Encore une fois ces diverses améliorations ne grèveraient pas ou ne grèveraient que faiblement le budget
de l'armement colonial. Si vive et si profonde soit

notre sollicitude pour les graviers, il nous faut bien avoir égard aux intérêts d'une industrie qui est pleine d'aléas et dont on ne doit augmenter les charges qu'à bon escient. Mais l'intérêt et l'humanité sont-ils inconciliables par définition? Tout le problème est là. Quoi qu'on dise, je ne le crois pas insoluble.

Les Ivoiriers Dieppois

A M. Maurice Languereau.

Tout ce qui peut contribuer à réveiller ou à fortifier la vie régionale doit fixer notre attention. Mistral, fondant le musée d'Arles, ne donne pas seulement un bel exemple de générosité, il dote la Provence d'un organisme qui lui manquait ; il asseoit sur le passé l'avenir de l'art provençal. A l'autre extrémité du pays, sur la côte normande, des efforts sont faits en ce moment même pour ranimer une industrie presque moribonde, honneur et los des vieux temps : il est question de fonder à Dieppe une école pratique de dessin et de modelage appliqués à la sculpture sur ivoire. Par une rencontre singulière, ce projet qui, si on lui donne suite, pourrait décider d'un renouveau de l'ivorysculpture normande, coïncide justement avec un autre projet émané de la *Société d'acclimatation* et ayant trait à la domestication de l'éléphant dans nos colonies du centre africain.

Il n'est, on le sait assez, de bon ivoire ouvrier que d'éléphant. L'ivoire de cachalot, morse, hippopotame, rhinocéros, etc., ne sert qu'aux menus ouvrages, touches de pianos, dés, boutons de portes, pommes et becs de cannes, etc. ; tout au plus, avec les défenses de cachalots, peut-on exécuter de petits bas-reliefs d'un centimètre et demi d'épaisseur. Les défenses, chez ces animaux, sont rarement pleines ; des fentes courent en sillons sous l'écorce. L'ivoire d'éléphant, le *morfil*, pour employer le terme technique, est tout d'une venue, quand la bête est saine. Encore faut-il que la bête existe, et sa disparition n'est plus qu'une affaire de temps. Comme l'auroch, l'éléphant, si on n'y prend garde, rejoindra sous peu dans leurs limbes préhistoriques l'ichtyosaure et le paleothérium. Plus d'éléphants, plus d'industrie de l'ivoire. Ces craintes, d'ailleurs, ne sont pas nouvelles. En 1854, l'Angleterre recevait 527,710 kilos d'ivoire : la France, 87,979 kilos : l'Allemagne presque autant, et on estimait que l'importation n'avait pas été moindre en Chine, dans l'Inde et au Japon. Une consommation si effroyable inquiétait déjà les économistes. Mais on comptait à cette époque sur les immenses réserves de l'Afrique centrale et du Nil Blanc, dont les régions n'avaient pas été explorées. Elles l'ont été depuis et les craintes se réveillent. Rien qu'en Afrique, 40,000 éléphants sont abattus par an. Les marchés de l'Europe reçoivent, en effet, chaque année, du centre de l'Afrique, 800 tonnes d'ivoire. Si l'on estime à 10 kilos, avec M. Boudarie, le poids moyen d'une défense (1),

---

(1) Cette estimation me paraît, d'ailleurs, beaucoup trop faible.

ces 800 tonnes représentent donc 80,000 défenses et, par suite, 40,000 éléphants. Le seul Congo français a fourni, en 1896, pour 95,058 francs d'ivoire. La plus grande partie de cet ivoire prend, il est vrai, une direction étrangère. Un quinzième de la production totale est dirigé sur la France ; le reste sur Londres, Liverpool, Anvers. Cette dernière ville tient, à l'heure actuelle, la tête de l'importation : c'est le plus grand marché d'ivoire du monde entier. Londres, qui vient en seconde ligne, voit cependant sa production augmenter de jour en jour par l'importation de l'ivoire asiatique, qui est réexpédié sous forme de bracelets à son pays d'origine.

Qu'on reprenne à présent ces chiffres et qu'on réfléchisse à la quantité des animaux sacrifiés, il sera facile de comprendre les craintes exprimées par la *Société d'acclimatation*. Certains districts du centre africain sont nettoyés de telle sorte qu'il serait impossible d'y trouver un éléphant. Emin-Pacha, durant son long séjour sur le Haut-Nil, fit une terrible consommation de ces bêtes ; le stock d'ivoire qu'il rapporta en Europe ne put prendre place dans un seul steamer : il fallut l'expédier en trois cargaisons. L'éléphant est cependant loin de compter parmi les animaux prolifiques. Sa gestation dure de dix-huit à vingt mois et il est extrèmement rare qu'il mette bas deux petits à la fois. Ces petits enfin ne deviennent adultes qu'après une quinzaine d'années : leurs défenses ne sont marchandes qu'au bout de ce temps. Mais il arrive fréquemment que, pour s'emparer d'une femelle, on soit obligé d'abattre les petits qui l'accompagnent et qui ne sont point encore

adultes. Ainsi le chiffre de 40,000, donné sur le vu des
défenses importées en Europe, serait inférieur à la
réalité : c'est 50,000 éléphants au moins qui seraient
abattus par an pour les besoins de la production ivoirière.

J'entends bien que tout l'ivoire importé ne vient pas
d'Afrique. Sans doute, mais il ne s'en faut de guère, et
c'est encore dans cette région qu'on trouve les défenses
les plus volumineuses. « Les anciens voyageurs, dit
M. Knab, assurent que celles de 100 à 150 livres n'y
étaient pas rares de leur temps. Aujourd'hui, il est
difficile d'en trouver de semblables. Une dent d'éléphant pesant 70 livres est considérée par les marchands
comme de première classe. Celles des éléphants d'An-
gola pèsent en moyenne 69 livres; celles du Cap de
Bonne-Espérance et du Natal, 106 ; du cap Coast-
Castle, de Lagos et d'Égypte, 114. Cependant, il y a
quelques années, une maison américaine débita une
dent qui n'avait pas moins de 9 pieds et demi de longueur sur 8 pouces de diamètre et qui pesait 800 livres.
La même maison envoya à l'Exposition de 1851, à
Londres, le plus gros morceau d'ivoire qu'on ait jamais
vu : c'est une barre de 3ᵐ50 de long sur 0ᵐ30 de largeur. A Mascate, où il se fait maintenant un grand
commerce d'ivoire d'Afrique, le poids moyen des
défenses est de 50 livres. » Les éléphants d'Asie ont
des défenses beaucoup plus petites, particulièrement
ceux de Ceylan, qui, le plus souvent même, n'ont pas de
défenses du tout. Mais cet ivoire asiatique, tant de
Ceylan que du Siam, se recommande par une extrême
blancheur et une incomparable finesse de grain qui le

font très rechercher des fabricants. Restent enfin les
ivoires fossiles. La Sibérie et l'Égypte fournissent particulièrement de cet ivoire, qui remonte aux premiers
âges du globe, mais qui se découvre rarement intact.
Les fentes abondent et les creux. La taille fait illusion :
c'est ainsi qu'on vient de découvrir à Port-Barow, dans
le Pacifique, sous seize pieds de glace, deux énormes
défenses de mastodonte, qui ne mesurent pas moins de
108 pouces, soit 2^{m}74 de longueur et 0^{m}46 de circonfé-
rence dans la partie la plus épaisse. Mais leur valeur
marchande a été très exagérée : dans le commerce, elle
ne passerait pas 3.000 francs.

Aussi bien ne peut-on compter sur une production
régulière de l'ivoire fossile ; la production asiatique est
trop faible. La production africaine a seule une importance. Or, il appert des statistiques que l'éléphant
diminue chaque année en Afrique. Le mal est patent.
Des remèdes ? On en a indiqué plusieurs : c'est ainsi
que le roi Léopold eut un moment l'idée de réglementer la chasse à l'éléphant dans le Congo belge.
Deux Français, MM. Bourdaine et Décle, conçurent un
projet plus vaste encore, celui d'une réglementation
internationale du commerce de l'ivoire. Projets morts-
nés. C'est aux nations intéressées à prendre, chacune
dans sa sphère et pour le domaine colonial qui lui appartient, les mesures les plus propres à la conservation
d'un si précieux instrument d'échange. Notre pays s'est
arrêté peut-être à la solution la meilleure en recom-
mandant à nos colons du Sénégal et du Congo la
domestication systématique et raisonnée de l'éléphant
africain, telle que les Allemands l'ont pratiquée déjà

dans le Cameroun et telle que la prônent, dans l'intérêt de notre industrie ivoirière autant que de nos colons eux-mêmes, ces deux apôtres du philéléphantisme, MM. Caustier et Boudarie.

I

L'ivoire de luxe, l'ivoire travaillé, est, en effet, une industrie toute française. Elle n'est pas née chez nous, sans doute. L'ivoire était connu de toute antiquité. Sans remonter jusqu'aux âges préhistoriques, sans parler de cette lame d'ivoire fossile trouvée dans une caverne du Périgord et sur laquelle était sculpté un mammouth, en laissant même de côté l'Extrême-Orient, fermé à toute enquête rétrospective, il n'est que de se rappeler les multiples destinations que remplissait l'ivoire chez les anciens. On le façonnait pour les usages domestiques, en peignes, boîtes, cuillers, etc.; on en faisait des trônes, des freins, des bâtons de commandement, des attributs royaux, des coffres, des tables, des lits; on en revêtait les murs des palais. Mais c'est dans la toreutique et la statuaire chryséléphantine que l'ivoire révéla ses qualités les plus précieuses. Dipœne et Scillis, artistes crétois établis à Sicyone, auraient été les premiers sculpteurs chryséléphantins. On voyait de leurs œuvres à Argos, dans le temple des Dioscures. On sait aussi qu'un grand nombre de statues d'ivoire et d'or se trouvaient dans le temple de Junon à Olympie, mais ces statues ne quittaient point les proportions humaines. Les œuvres colossales de la statuaire chryséléphantine datent de Phidias : sa Minerve du Parthénon et son Jupiter d'Olympie avaient l'une 12 mètres de haut et l'autre 19 mètres. Toutes les parties nues étaient en ivoire, les draperies en or. Une telle richesse de matière ne pouvait que sourire à la Rome impériale : elle suppléait au goût déclinant. La statue chryséléphantine de Jules César passait en hauteur le Jupiter et la Minerve de Phidias. Sous le Bas-Empire, l'ivoire fut surtout employé à la décoration des portes de temples, pour les tablettes à écrire, les bâtons sénatoriaux, les dyptiques consulaires. Byzance raffina encore sur sa devancière : 365 portes de l'église de Sainte-Sophie étaient décorées de bas-reliefs en ivoire. Aux dyptiques et tryptiques à volets rabattus venaient s'ajouter (produits nouveaux pour le temps) les petites images de sainteté. Charlemagne en reçut de Byzance, avec des bas-reliefs et des coffrets. Il les donna pour modèles à ses artisans. Mais ceux-ci, bons cerveaux de Français, ne s'astreignirent point à une copie servile et imaginèrent mille nouveaux emplois de l'ivoire, qu'ils tournèrent en calices, reliquaires, boîtes à hostie, bénitiers, crosses, ou appliquèrent délicatement sur les armes et les baudriers.

Le XIIIe et le XIVe siècles excellent surtout dans les figures en ronde bosse. Un souffle rafraîchissant passe sur les cœurs ; les artistes ne s'inspirent plus seulement des textes sacrés, mais des allégories amoureuses et des romans chevaleresques. Le *Livre des mestiers*,

d'Étienne Boileau (1528), constate l'existence à Paris de
trois corporations qui avaient le droit de travailler
l'ivoire : c'est la belle époque des écrins, des olifants,
des manches de dagues, des affiquets, des boîtes à
miroir, des jeux d'échecs, des peignes ornés et à devises. Le xvᵉ siècle nous offre ses retables. De la foule
anonyme des artisans un nom émerge : celui de Jean
Lebraellier, ivoirier de Charles V. Les expéditions coloniales battent leur plein ; la matière abonde et la Renaissance est proche. L'ivoirerie va redevenir un art et
comparable aux plus nobles, avec les grandes écoles
flamande, allemande et italienne, et des maîtres comme
Benvenuto Cellini, Lebenigk, Flotner, Coppé, Van
Bossuit, Fayd'herbe, Kern, Zick, Barthel, Van Obstal,
etc. Beaucoup de ces ivoiriers sont en même temps
peintres, émailleurs, sculpteurs, etc. : l'ivoire ne leur
est qu'un passe-temps : Albert Dürer, Michel-Ange,
Jean Goujon, François Flamand, l'Algarde, etc., peuvent ainsi être rangés parmi les ivoiriers. Retables,
christs, statuettes de sainteté, alternent sous leur main
avec les bas-reliefs mythologiques, les coffrets et les
vases d'une seule pièce montés en argent ou en vermeil.
La France ne reste pas en arrière. Comme l'Italie, la
Flandre, l'Allemagne, elle a son école d'ivoirerie, ses
maîtres, longtemps ignorés, sortis à cette heure d'un
injuste oubli : Héliot Berthelot, Jean de Boulogne, Guil-
lermin, les Jaillot (1), Michel Anguier, le Géret, Girar-

_____

(1) L'un des Jaillot (Pierre-Simon) fut reçu membre de l'Académie des Beaux-
Arts en 1661. C'est l'unique ivoirier et qui n'était qu'ivoirier qui ait fait partie
de cette illustre compagnie.

don, Villerme, Blondel, Rosset, etc. Au seuil du siècle,
il convient encore de signaler Leclerc, Morand,
Babouot, Douault, qui expose au salon de 1812 les
bustes en ivoire de Joséphine et de Napoléon Iᵉʳ ;
Tanadeï, qui figure à celui de 1819 avec un portrait de
l'empereur Alexandre, etc. Plus près de nous, Barre
(statuette de *Rachel*), Auguste Moreau, Froment Meu-
rice, Turqueti, Simart (reconstitution de la *Minerve
chryséléphantine* du Parthénon) donnent la main à
Jean-Léon Gérome, le maître incontesté de la toreutique
française et dont la *Bellone*, exposée au Salon de 1892,
debout sur le globe terrestre, — les parties nues taillées dans un ivoire légèrement rosé, les vêtements de
bronze et d'argent brunis, les yeux de cristal et d'émeraude démesurément ouverts dans la matité du visage,
— témoigne des incomparables ressources que peut
offrir « la technique moderne, mise en œuvre avec la
liberté des artistes hélléniques » (1).

La plupart de ces ivoires, tant anciens que modernes,
sont dispersés dans les collections privées, surtout dans
les musées de Munich, Berlin, Vienne, Copenhague. Le
Musée Britannique en contient des spécimens aussi
nombreux qu'admirables. De même les armoires du
Vatican et, chez nous, Cluny et le Louvre. Mais les
œuvres modernes seules sont signées. Si quelques-unes
des autres laissent apercevoir des monogrammes ou
telle marque de fabrique, comme la pomme de pin de
Nuremberg, les plus anciennes ne portent aucun nom

(1) M. GEORGES LAFENESTRE : *Les Salons de 1892.*

d'artistes et par là leur identification devient fort difficile. L'histoire de l'ivorysculpture française en a souffert
la première. M. de Chennevières reconnait que cette
histoire est encore à faire. Les recherches de MM. Jules
Labarte, Barbier, Maze-Sencier et de Chennevières lui-
même ont un peu éclairci la question en ces derniers
temps. Il s'en faut cependant qu'elle soit résolue et
qu'on ait épuisé la nomenclature des œuvres et des
artistes de valeur.

II

Quelle est, ou mieux quelle serait dans cette nomenclature la part revenant à l'art dieppois proprement
dit ? C'est ce qu'il est assez malaisé de déterminer pour
la période qui précède le xvie siècle, mais sur quoi l'on
peut répondre avec quelque précision en ce qui concerne
la période suivante. Bien des lacunes apparaissent
cependant pour cette période même et ce n'est pas à
Dieppe qu'on peut espérer les remplir. Toute conscience
du passé y est éteinte : grosse déception pour ceux qui
pensaient, sous la poussière du présent, retrouver trace
d'une industrie qui fit jadis, avec les grandes expéditions maritimes, la fortune de cette vieille cité. A vrai
dire, industrie et marine se tenaient si étroitement « que
les Dieppois, dit Vitet, étaient passés maitres et célèbres
dans toute l'Europe presque autant comme ivoiriers

que comme marins ». C'est en 1364, si l'on en croit
Villaud, sieur de Bellefond, que les Dieppois, sur deux
vaisseaux d'environ cent tonneaux chacun, firent voile
vers l'Afrique du Sud et jetèrent l'ancre près de Rio-
Sestos, en un port naturel qu'ils appelèrent le Petit-
Dieppe. Ils y achetèrent des indigènes une charge considérable de morfil et revinrent à Dieppe d'une même
risée. Et donc, raconte Villaud, « la quantité d'yvoire
qu'ils apportèrent de ces côtes donna cœur aux Dieppois
d'y travailler, qui depuis ce temps y ont si bien réussi
qu'aujourd'huy ils se peuvent vanter d'estre les meilleurs tourneurs du monde en fait d'yvoire ».

M. Labarte a conclu de ce passage que l'ivoirerie
dieppoise était uniquement industrielle au début et
qu'elle ne se pratiquait qu'au tour ; les statuettes, bas-
reliefs, retables, etc., venaient de Paris. C'est conclure
un peu tôt. Le travail du tour n'emploie que les déchets :
il suppose donc un travail préliminaire de sculpture
exécuté dans les parties pleines. Or, si les Dieppois
avaient commencé par se débarrasser de leurs cargaisons d'ivoire sans en rien réserver pour eux, on ne conçoit pas bien qu'ils se fussent adressés ensuite aux
sculpteurs de Paris pour leur réclamer des déchets
qu'ils eussent employés sur place à usage de tabletterie
et de tour. Il est beaucoup plus logique de croire
que, si les Dieppois étaient, dès cette époque,
d'excellents tourneurs, c'est qu'ils avaient travaillé
d'abord au burin les parties pleines des défenses :
les huchiers normands, si experts au travail du
bois, n'avaient pas dû mettre longtemps pour s'initier
à l'ivoire. M. Maze-Sencier partage cette opinion

20

qui était aussi celle de Vitet. Malheureusement,
l'anonymat des œuvres exécutées jusqu'au xviiᵉ siècle
nous laisse ignorants de celles qui appartiennent à l'art
dieppois. Les archives de la ville antérieures à 1694
n'existent plus. Elles furent détruites à cette date
par un bombardement. A défaut d'archives, quelque
annaliste local eût pu nous renseigner sur l'œuvre
et le nom des ivoiriers dieppois. Mais les documents de cette sorte font également défaut. Bien mieux,
Dieppe, cette patrie de l'ivorysculpture, n'avait jusqu'ici
rien qui, de près ou de loin, ressemblât à une
collection d'ivoires. Quand M. Maze-Sencier la
visita, en 1875, son musée local comprenait en tout
deux râpes à tabac, une bonbonnière, un morceau d'éventail et un morceau de navette, deux ou trois étuis sculptés, un groupe de Nicolle aîné et deux vases Médicis pris au musée du Louvre et offerts par Louis-Philippe. Les choses se sont un peu améliorées depuis. Le
musée s'est agrandi et son distingué conservateur,
M. Millet, s'y occupe pieusement à recueillir les pièces
les plus intéressantes de l'ancienne sculpture indigène.
Toute une vitrine de ce musée est aujourd'hui consacrée à l'ivoire dans une des salles récemment ouvertes
du second étage. On y remarque bon nombre de bas-
reliefs, de statuettes, de vases, de crucifix, de râpes à
tabac, de navettes à frivolité, de pulvérins, d'étuis, de
bonbonnières, etc., ainsi qu'une demi-douzaine de
navires en ivoire qui étaient autrefois, avec les crucifix,
la grande spécialité dieppoise. Très peu de ces pièces
cependant remontent à une période antérieure au xviiᵉ
siècle. Que sont devenus, par exemple, les deux petits

bas-reliefs du moyen-âge ou de la Renaissance, dont parle Feret dans son *Histoire*, qu'on voyait encore en 1824 chez un ivoirier de la Grande-Rue nommé Flamand, et qui représentaient le *Dévouement de Curtius* et l'*Entrevue de Mutius Scævola avec le roi des Étrusques*? Et que sont devenues tant d'autres pièces frappées au coin de la race et du génie bas-normand ? Dire comme Vitet que ces bijoux délicats échappent difficilement à la destruction, que les églises seules peuvent nous en conserver quelques-uns et que le pillage des autels au xvi° siècle a dû faire disparaître la plupart des paix et des crucifix d'ivoire, ce n'est pas répondre ou se satisfaire à bon prix. Car le pillage ne fut pas localisé à Dieppe et nous avons conservé bien des ivoires antérieurs au xvi° siècle. N'est-il pas plus juste de croire avec M. Maze-Sencier, et puisque Dieppe et Paris étaient alors les deux principaux centres ivoiriers de France, puisque surtout Dieppe, petite ville d'une dizaine de mille âmes, travaillait évidemment pour l'exportation et, probablement même, comme aujourd'hui, pour l'exportation directe sur Paris, qu'un certain nombre de pièces recueillies dans nos musées et dans nos collections privées sont d'origine dieppoise? « En nous bornant au catalogue du Louvre et de Cluny, dit M. Maze-Sencier, nous trouvons, pour les pièces françaises seulement, la série suivante : d'abord des diptyques, triptyques et retables, offrant des scènes de la vie et de la Passion du Christ : puis des crucifix, des têtes de Christ couronnées d'épines, la Vierge avec l'Enfant Jésus, des figures de saints et de saintes : des personnages mythologiques: des

jeux d'échecs, des peignes à devises, des poires à poudre, des pulvérins, des manches de dagues et de couteaux, des cippes, des crosses, des châsses, des paix,
des olifants, des coffrets, etc., décorés d'ornements
divers et de sujets empruntés à la mythologie, à la reli-
gion et aux romans de chevalerie. Si toutes ces pièces,
que nous admirons aujourd'hui, pouvaient parler,
combien d'entre elles, réclamant leur nationalité, nous
diraient qu'elles sont originaires de la patrie des Béten-
court, des Ango et des Duquesne? » Ces pièces, en
effet, ne sont pas signées et il n'est pas plus juste de les
attribuer exclusivement à l'industrie parisienne qu'à
l'industrie dieppoise. Encore M. Maze-Sencier a-t-il
négligé un moyen d'information qu'il aurait pu
employer utilement pour reconnaître dans ces œuvres
celles qui relèvent plus spécialement de la sculpture
dieppoise. C'est un critère que nous soumettons à ceux
qui voudrons tenter, un jour, une histoire raisonnée
de la sculpture ivoirière : cette sculpture, dont le secret
se transmettait de père en fils chez les ivoiriers dieppois, eut toujours chez eux une certaine sécheresse,
une roideur qui ne se dénoue même point sous les tiè-
des effluves de la Renaissance. Les attitudes des personnages n'ont aucune souplesse ; ils sont d'une seule
venue. Bien du temps se passera devant que les
ivoiriers dieppois atteignent à ce fondu et à ce liant qui
donnent aux œuvres de la Renaissance une si inteuse
expression de vie. Et là même copieront-ils beaucoup
plus qu'ils n'inventeront. Le nu leur échappant, s'il
leur arrive d'être originaux et de s'adresser à la nature,
c'est sous la poussée du caractère normand, avec une

prédilection marquée vers un réalisme direct et un peu
bas qui trouvera son expression la plus franche dans
les « gueux » de Graillon.

Et, sans doute, les remarques qui précèdent auraient
besoin qu'on les appuyàt d'une documentation con-
gruente. Elle manque un peu pour cette période. On y
trouve bien un certain Jean Bédiou, dont on ne sait
point au juste s'il sculpta l'ivoire, mais qui dût cependant, comme la plupart de ses confrères d'origine dieppoise, commencer par là son apprentissage. Ce Bédiou
est l'auteur d'une croix érigée devant l'église d'Arques
où se trouve son tombeau. Avec le xviie siècle, nous
sortons décidément des ténèbres. Les noms se pressent :
Mazet, à qui l'on attribue les belles sculptures de
l'orgue de Saint-Rémy à Dieppe et bon nombre de cou-
ronnements de navires, dut lui-même, comme Bédiou,
quoique aucun texte ne l'affirme, débuter par la sculpture sur ivoire. La chose est plus sûre pour Jean
Cornu, mort en 1710, dont Versailles possède une
belle statue de l'*Afrique* et la copie en marbre de
l'*Hercule Farnèse ;* ses biographes s'accordent tous à
le représenter comme ayant fait son apprentissage à
Dieppe chez un maitre ivoirier. Michel Molard, qui travailla comme Cornu pour le roi, est appelé par un
manuscrit du temps sculpteur sur ivoire. *Item* Jean
Mauger (1648-1722), nommé graveur en médailles du
roi et logé au Louvre en 1698, qui, à l'estimation de
Gal, commença par tailler l'ivoire dans sa ville
natale.

Les sculpteurs précédents n'ont cependant taillé
l'ivoire que par occasion ou à leurs débuts ; ils l'ont

abandonné ensuite pour les métaux, ou le marbre. Mais voici de purs ivoiriers : d'abord David Le Marchand (?-1726), qui se fixa en Angleterre sous le règne de Georges Ier. Walpole nous apprend dans ses *Anecdotes* qu'il exécuta pour le compte des seigneurs anglais un grand nombre de statuettes et de portraits-médaillons en ivoire, même quelques figures entières, parmi lesquelles on citait comme un chef-d'œuvre celle de Newton. Les Belleteste forment à Dieppe toute une dynastie d'ivoiriers. On connaît Antoine Belleteste, qui florissait vers 1731 ; Jean-Antoine Belleteste, fils du précédent (1731-1811), le plus célèbre de la famille, particulièrement estimé pour ses rondes-bosses, ses bas-reliefs, ses statuettes, « et autres bijoux précieux et délicats », dit l'*Almanach Dauphin* de 1777. C'est à lui que la ville s'adressait généralement pour les commandes officielles, les dons à faire aux personnages de marque : il exécuta ainsi un buste de Trudaine que la municipalité offrit à ce ministre lors de son passage à Dieppe (1773). Il travailla aussi pour la cour : Marie-Antoinette gardait de lui quatre statuettes représentant les *Quatre Saisons*, un éventail à jour et diverses navettes à frivolité, qui ont passé dans la collection de l'impératrice Eugénie. Un troisième Belleteste (Louis-Charles-Antoine, 1787-1832) reçut plusieurs commandes de la duchesse de Berry. « Il exécutait le portrait en haut-relief directement devant le modèle avec une facilité remarquable. Pendant la vogue des boutons de chemises, il en faisait jusqu'à cent par jour au prix d'un franc la pièce (MAZE-SENCIER). » Du quatrième Belleteste (Louis-Augustin-Grégoire, 1798-1821), frère du précétend, on ne sait rien, sinon qu'il travailla l'ivoire, comme tous les siens, et mourut fort jeune avant de s'être fait connaître.

Ces dynasties d'artistes ne sont pas rares à Dieppe, et nous aurons l'occasion d'en signaler plusieurs au cours de notre étude. Bouteiller (1767-1812) fit le portrait, le paysage, les animaux et, de préférence, le décor mosaïque sur fond de dentelle. Plusieurs bustes de lui sont connus ; mais il exécuta surtout de belles réductions de l'antique, entre autres une *Vénus de Médicis* qui lui valut de grands éloges de l'Athénée des arts. Flouest (1747-1843) eut plus de renom comme peintre que comme ivoirier ; mais il avait débuté dans la sculpture sur ivoire, et c'est ce qui le fit désigner, sans doute, en 1808, pour diriger le cours de dessin nouvellement ouvert à Dieppe, « dans le but de former des artistes et de relever le commerce de l'ivoirerie. » Ce commerce était alors, d'après l'*Almanach général des Marchands* (1772), entre les mains de Dambry, Février l'aîné, Février Joseph, Houard, Pecquets, Planque et Savoye. Concurremment avec Flouest, nous voyons fleurir, dans la seconde moitié du xviiie siècle, les Crucvole père et fils, réputés pour leurs crucifix ; Crocqueloi, surnommé Croque-la-loi, « dont le burin, dit Barbier, rivalisait pour la finesse du travail avec les plus habiles dentellières de son temps » et qui mourut concierge de la mairie de Dieppe, sous la Révolution ; Cointre, dont les « gueux » ouvrent la voie à ceux de Graillon ; Bienaymé, qui se délassait des crucifix avec les montures d'éventail ; Dailly, élève de Crocqueloi, qui se fit une spécialité de médaillons représentant la

prise de la Bastille et si microscopiques qu'ils pouvaient
tenir dans une boucle d'oreille ou un chaton de bague ;
Blard l'ancien, chef d'une dynastie aussi florissante
que celle des Belleteste, spécialiste en descentes de
croix et en bas-reliefs ; Blard (Jacques-Nicolas), qui eut
surtout la vogue sous la Restauration et Louis-Philippe
(la municipalité lui commanda un coffret en ivoire,
orné de bas-reliefs représentant la ville de Dieppe et
les environs, qu'elle offrit, lors de son mariage, à la
duchesse de Lucques, fille de la duchesse de Berry ; on
cite encore de ce Blard deux statuettes appartenant au
musée du Louvre : un *Bacchus* et un *Mercure*
d'après l'antique) ; Blard (Théodore), qui avait annexé
à l'atelier paternel un magasin où sa femme, que
Scribe appelle quelque part la belle ivoirière, détaillait
les objets sculptés par son mari (Théodore Blard était
représenté à l'exposition de 1855 par deux soucoupes
or et ivoire, par un portrait en ivoire de Mᵐᵉ Blard et
par un Christ à forte musculature, dit le *Christ Auvergnat*) ; Clémence, élève de Belleteste, qu'on avait surnommé Bonne-Vierge à cause de sa propension pour
les Madones et dont le Louvre possède deux bas-reliefs
à jour tirés des *Églogues* de Virgile. Ouvrier chez
Belleteste, Clémence passa ensuite dans l'atelier de
Blard, dont ledit Belleteste conçut un si vif chagrin
qu'il vendit incontinent son fonds et alla s'établir
à Paris, rue Vivienne, où il mourut peu d'années
après.

Entre ce Belleteste et Clémence, il faut encore placer
quelques ivoiriers moins connus de la fin du xviiiᵉ
siècle et du commencement du xixᵉ, par exemple,

Podevin, qui avait la spécialité des petits navires gréés et mâtés en ivoire : devenu aveugle, il mendiait, un écriteau au cou, sur le port de Dieppe. Une fatalité semble s'attacher, d'ailleurs, à la plupart de ces ivoiriers du commencement du siècle. Flamand, surnommé le père Flamand, dont il est question dans le *Journal* de Bernardin de Saint-Pierre, qui avait, comme Podevin, la spécialité des petits navires, alla comme lui chercher une fin lamentable sur le port du Havre et, du port, dans le bassin. Buisson, qui forma vingt-deux élèves et à qui l'on doit en partie la renaissance de l'industrie dieppoise sous la Restauration, ne s'en ruina pas moins et mourut à l'hôpital de Dieppe. Semblablement, François Beauchène, ancien marin de l'État, élève de Flamand, emporté par une pleurésie purulente contractée en sauvant un de ses camarades qui se noyait : et semblablement Meugniot (1802-1842), fort goûté d'abord pour ses portraits en haut-relief, dont il faisait moyennement un par jour qui lui était payé de 100 à 200 francs (1), lequel Meugniot sombra

(1) Il est vrai que ses élèves faisaient les vêtements ; lui se réservait la figure. Mais sa facilité devint vite négligence : la duchesse de Berry lui renvoya un de ses portraits fort mal exécuté. Il y a cependant de Meugniot, dans les ivoires du Louvre, un veillard mourant, assis dans un fauteuil, que Sauzay vante justement et dont M. de Chennevières dit : « C'est une étude vive et presque effrayante de la maladie et de la vieillesse. Le modèle des chairs défaites du visage et des sillons du cou, la maigreur de la main droite qui sort de la robe de chambre à plis amples et à draperies épaisses, le sentiment de la tête, tout cela est d'un rendu à la fois serré et presque puissant qui fait de ce morceau d'ivoire une œuvre vraiment digne d'un musée. Cette curieuse étude est signée : *Meugniot, Dieppe, 1829.* »

dans la folie, fut enfermé dans la maison d'aliénés de Rouen et y avala une fourchette. Sur d'autres ivoiriers de ce temps, originaires de Dieppe et établis dans cette ville ou à Paris, on n'a que des données plus incertaines encore. Guiche, Robin, Allard, Morier sont du nombre. De François Rignard on sait qu'il passa pour un ornemaniste et un figuriste distingué ; de Drouet, qu'ancien soldat de la République et du premier Empire il exécutait à la grosse, pour les missions, des crucifix en os dits *lézards ;* de Lefebvre, qu'il travaillait pour le compte de Blard et avait la spécialité des navires en ivoire. En avançant dans le siècle, les renseignements se précisent ; les personnalités s'accusent. Voici Antoine Nicolle, né à Dieppe en 1807 : d'abord chef d'atelier chez Blard, il exécuta, entre autres pièces de choix, les deux éventails offerts par le conseil municipal de Paris à la princesse Hélène lors de son mariage avec le duc d'Orléans. On lui doit aussi un grand nombre de bas-reliefs et plus de trois cents portraits exécutés sur nature sans modelage préparatoire. Rapporteur de la délégation ouvrière chargée par la municipalité de visiter l'Exposition universelle de 1885, on a, de lui, un remarquable travail sur l'état comparatif de l'industrie ivoirière à Dieppe et dans les autres villes de France (1). A cette même Exposition prenaient part quelques ivoiriers morts récemment : Colette, avec un groupe de

(1) Au total, Dieppe était représenté à l'Exposition par quatorze ivoiriers : Bignan, les Blard, Brunel, Carpentier, Delahois, Depoilly, les Graillon, Mᵐᵉ veuve Hébert, Heu, Ouin, Ouvrier, Sac-Épée, Saillot et Thomas.

mendiants en ivoire, noyer et santal, d'après Bauchêne, d'un réalisme un peu outré ; Larchelier, ouvrier chez Depoilly, avec un bouquet de roses mousseuses ; Sayot (ou Saillot), que Barbier appelle « le plus érudit de tous les ivoiriers dieppois », avec des miroirs à main ; Brunelle, avec un buvard aux armes impériales ; Ouin, avec un groupe de moutons et un *Napoléon à Sainte-Hélène :* Thomas, avec un beau Christ, don de Pie IX à l'impératrice ; Garnot, Sac-Épée, Norest avec des crucifix de différents types. Mais le succès de l'Exposition fut surtout pour Pierre Graillon (1807-1872). C'est la plus connue des illustrations dieppoises. Quand on parle de Graillon, on songe tout de suite au rénovateur des terres cuites. Peu d'hommes, cependant, manièrent l'ivoire avec plus de ductilité et cet imprévu dans le coup de burin. Apprenti cordonnier, il s'amuse à modeler des figurines qui éveillent l'attention du conseil municipal. On l'envoie à Paris ; mais un malentendu lui fait retirer sa bourse : il revient à Dieppe où il reprend l'empeigne et le tranchet. Quelques groupes qu'il expose, exécutés sur nature d'après les mendiants et les portefaix du port, passent inaperçus. La vogue lui vient enfin ; il en profite habilement, fait alterner l'ivoire avec la terre cuite. Mais, si la matière change, le thème ne varie pas ou rarement : ce sont toujours des « gueux » qu'il met en scène. Un de ses chefs-d'œuvre en ce genre est le petit bas-relief en ivoire du musée de Dieppe : *Halte de mendiants dans une forêt.* Décoré par Napoléon III, célèbre dans sa ville natale et à Paris, Graillon est mort en 1872, laissant deux fils sculpteurs comme lui, dont l'un sur-

tout, César-Adrien (1831-1895), soutint avec honneur
la tradition paternelle.

III

On dit que, quand Graillon mourut, quelqu'un s'écria :
« Ci-gît l'ivoirerie dieppoise ». Ce pouvait n'être qu'un
mot. Voyons les chiffres. Peu de temps avant la mort
de Graillon, l'industrie de l'ivoire occupait à Dieppe
300 ouvriers et 16 maîtres ou fabricants. Il n'y a plus
à cette heure que deux ou trois maîtres et une trentaine
d'ouvriers. Vainement, en 1867, MM. Cousseau et
Vallet créèrent une Société des Ivoiriers dieppois. Cette
société existe toujours. Son bureau est composé de
MM. Langlois, président : J. Cordier, vice-président ;
Garcin, secrétaire ; Baudry, membre. Les ivoiriers
dieppois célèbrent leur fête le 18 octobre, à la Saint-
Luc. Programme : messe en musique, vin d'honneur,
banquet. De 1876 à 1889, la fête fut suspendue. Elle a
repris, sur l'initiative de M. Langlois. Pour la circonstance, les ivoiriers dieppois sortent leur bannière, un
beau rectangle de velours grenat frappé d'ancres aux
quatre coins, avec un blason symbolique au milieu :
l'éléphant d'Afrique tout d'or sur champ d'azur. Et,
dans le banquet qui clôture la fête, on chante la *Mar-
seillaise des ivoiriers*, paroles et musique de M. Bray,

ex-ivoirier à Dieppe, présentement organiste au Tréport :

> Dans l'art de buriner l'ivoire,
> Dieppe a conquis le premier rang.
> Nous voulons conserver sa gloire
> A ce vieux rivage normand.
> Parfois bien faible est le salaire.
> Qu'importe au talent créateur ?
> De Graillon la vie exemplaire
> Guidera toujours le sculpteur.

REFRAIN :

> Et vaillamment nous bravons la misère,
> Aussi fiers que des rois,
> En travaillant sous la noble bannière
> Des ivoiriers dieppois !

Louables sentiments. Mais les poètes en ont-ils jamais d'autres ? Dans ces banquets de corps, on retombait vite à la réalité avec le discours du président. J'ai parcouru la collection de ces discours : il sont gais comme des nécrologies : « Dieppe a eu longtemps le monopole de la sculpture sur ivoire, lit-on dans un des plus récents. Elle avait alors des artistes qui s'appelaient Clémence, Poitevin (ou Podevin), Graillon père, Norest, Belleteste, Nicolle ; on les surnomma les martyrs de l'art, car ils travaillaient sans relâche de 6 heures du matin à 6 heures du soir. Ceux-là sont morts ; mais nous avons encore Collette et Graillon fils, dont les compositions sont si admirées des connaisseurs. Dans les christs, Lefebvre, Cordier, Baudry, Cottet, Boudin ne craignent aucune concurrence et, pour les fleurs, Sayot, Ternisien et bien d'autres que je pourrais citer n'ont pas de rivaux ». D'où vient donc, se demande l'honorable président, que l'ivoirerie locale ait subi un tel décri ? A l'en croire, c'est qu'on délaisse de plus en plus le beau. « La camelote à bas prix est seule recherchée. Autrefois chaque atelier chaque fabricant avait ses modèles et l'ouvrier trouvait dans son travail un gain suffisant en s'attachant à exécuter le mieux possible l'objet qui lui était confié. Aujourd'hui, pour vivre, l'ouvrier sculpteur doit travailler à bas prix pour tout le monde. C'est pourquoi l'on voit dans toutes les vitrines des ivoiriers les mêmes ouvrages traités d'une façon uniforme. La concurrence a tué l'art ». Dans une autre allocution de 1897, le même orateur s'écriait avec tristesse : « J'oserai dire que le goût n'existe plus. On n'a plus l'amour de ce que l'on vend ».

Nous verrons tout à l'heure ce qu'il y a de vrai dans ces doléances et nous examinerons si la décadence de l'ivoirerie dieppoise tient uniquement, comme le voudrait l'honorable orateur, à la décadence générale du goût. Sur les débuts de cette ivoirerie, on ne peut, nous l'avons dit, que raisonner par induction. Les pièces manquent. Il apparait néanmoins que l'industrie locale dut viser surtout, par nécessité, la clientèle extérieure, parisienne ou autre, qui pouvait seule lui donner à vivre. En dehors des bas-reliefs et des figurines, travail de commande et de longueur, qui restent l'exception en tout temps, les médaillons, montures d'éventail, tabatières, bonbonnières, boites à mouches, manches de couteaux, navettes, jetons, miroirs, chausse-pieds, becs de canne, etc., firent évidemment, en tant que pièces sculptées et non point de simple tabletterie, le fonds principal de la fabrication dieppoise. La quantité de râpes à tabac ou *grivoises*, trouvées dans les collections privées de Dieppe et des environs, témoigne bien aussi que c'était là un des articles de l'industrie locale. Ces *grivoises* sont à dessus ornementés : leur décoration varie à l'infini et flotte du motif religieux à la scène croustillante ou simplement obscène; le dessous est plaqué d'une râpe sur laquelle on frottait le tabac qui ne se vendait alors qu'en carotte et qu'il fallait réduire en poudre. Les râpes sont originaires des Flandres. Nul ne le conteste : mais tout fait croire que Dieppe, qui possédait une des plus anciennes manufactures de tabac du royaume, s'appropria de bonne heure l'invention et lui donna son cachet.

Autre spécialité de l'industrie dieppoise et qui, cette fois lui appartient bien en propre : les navires en ivoire. Maze-Sencier fixe l'origine de ces *nefs* ou *naus* au temps où le grand Duquesne luttait glorieusement contre les flottes combinées de l'Angleterre et de la Hollande. Elle est peut-être fort antérieure, sinon contemporaine des premières expéditions coloniales des Dieppois. Quoiqu'il en soit, tout est à retenir, tout étant admirable, de ces délicates réductions où les mâts, les voiles, les pavillons, les cordages, les poulies, les ancres, les canons taillés en ivoire sont de la plus scrupuleuse exactitude. L'ensemble repose d'ordinaire sur

un socle, et le socle est abrité sous un globe. Un rendu
si minutieux ne pouvait être le fait que d'hommes plei-
nement familiarisés avec les choses de la mer, et aussi
bien nous savons que beaucoup d'ivoiriers dieppois
avaient commencé par être marins. Le premier des
Lefebvre était embarqué sur un corsaire de Fécamp.
Prisonnier des Anglais, il s'amusait, dans les loisirs du
ponton, à tailler en plein bois des réductions de frégates.
A la paix, il vint à Dieppe et entra chez Blard qui lui
confia l'exécution de petits navires en ivoire : il conquit
en ce genre une véritable maîtrise et l'on citait de lui
comme une merveille un vaisseau à trois ponts qui fit
longtemps, chez le dit Blard, la pièce de résistance des
vitrines. Ces navires d'ivoire occupaient d'ailleurs un
personnel très varié ; il y a peu de temps encore vivait
à Dieppe une famille d'ouvriers dont le père, ancien
marin, la femme et les enfants n'avaient point d'autre
gagne-pain. Il semblait que la ville elle-même trouvât
dans ces gracieux chefs-d'œuvre un double symbole de
sa prospérité maritime et de sa prospérité industrielle.
Quand Napoléon Ier visita Dieppe, la municipalité lui
fit hommage d'un de ces petits vaisseaux qui sortait de
l'atelier du sculpteur Belleteste. Un autre, reproduc-
tion en miniature du *Joinville*, fut offert au roi Louis-
Philippe en 1843.

La fabrication des navires en ivoire, spécialité d'un
peuple de marins, hantés, jusque dans les arts de la
paix, par un obscur instinct d'aventures, n'a plus de
représentants à Dieppe. Les navires ont disparu devant
les crucifix, qui occupèrent d'ailleurs, en tout temps,
une place d'honneur dans la fabrication locale. Plu-

sieurs ivoiriers célèbres, comme Bienaymé et les Crucvole, durent aux crucifix le meilleur de leur réputation.
Il est à remarquer, cependant, qu'aucun Dieppois n'a
produit de crucifix type, comme ce Christ de Guiller-
min, dont s'honore justement la Miséricorde d'Avignon,
ou ce Christ de Girardon, tant imité depuis et dont on
ne sait si l'original est à Sens ou à l'archevêché de
Paris. Encore est-il que les christs furent traités avec
une certaine indépendance jusqu'en ce siècle chez les
ivoiriers dieppois. A l'Exposition de 1855, à côté du
poncif de Girardon, le petit livre de Barbier signale des
christs aux attitudes très diverses, tels que le Christ
auvergnat de Blard, le Christ convulsionnaire de Garnot, le Christ aux membres rompus de Sac-Épée.
Même aujourd'hui, où la presque unanimité des sculpteurs dieppois ne « fait » que le Girardon, un des
meilleurs spécialistes en chambre, M. Lefebvre, fils et
petit-fils d'ivoiriers, apporte une certaine originalité
dans ses créations. Son type de Christ rappellerait
davantage le Bouchardon. Encore doit-il se plier aux
exigences de sa clientèle : l'ancien Bouchardon était à
quatre clous, les pieds juxtaposés : on ne veut plus à
cette heure que du Christ à trois clous, les pieds superposés, conformément au type adopté par la liturgie
romaine. La valeur de ces crucifix varie d'après leur
grandeur et le fini de l'exécution. Les plus grands (75
centimètres) peuvent atteindre 10.000 francs : un crucifix de moindre dimension fut offert par les dames du
Tréport à la princesse Amélie lors de son mariage avec
le duc de Bragance : il avait été payé 2.500 francs aux
Lefebvre et leur avait coûté trois mois d'études. Dans

21

un genre qui se rapproche du précédent, le dernier
grand travail de marque signé par les ivoiriers dieppois
est de 1888 et a été payé 6.000 francs : il consiste en
trois canons d'autel exécutés d'une seule pièce sous la
direction de trois maîtres ivoiriers de la ville, MM. Langlois, Mercier et Ternisien. Offert pour son jubilé à
Léon XIII, celui-ci en a fait hommage à la basilique de
Lourdes.

Les œuvres de cette importance se font de plus en
plus rares aujourd'hui, et, d'ailleurs, elles n'entrèrent
jamais que comme appoint dans le courant de la fabrication ivoirière. Au déclin de l'ancien régime, à l'aube
du nouveau et, plus tard, sous l'Empire et la Restauration, il apparaît bien que celle-ci est surtout alimentée,
comme aux siècles précédents, par les menus ouvrages
de sculpture au burin. Dans le tableau du port de
Dieppe, de Joseph Vernet (1765), on voit un colporteur,
sa hotte sur le dos, toute bourrée de ces menus ouvrages, dont la provenance nous est indiquée par le crucifix d'ivoire qu'il porte sous le bras. Bernardin de
Saint-Pierre parle aussi, vers la même époque, de cette
« multitude de petits ouvrages, tabatières, étuis découpés à jour, sculptés avec une patience extrême », où
excellait l'industrie locale de la fin du xviiie siècle. Les
Dieppois passaient alors pour les plus habiles « à fouiller
l'ivoire et à le denteler capricieusement ». Cela n'était
pas du dernier goût, et la fantaisie des artistes semble
s'être beaucoup plus préoccupée du tour de force à
résoudre que du beau à exprimer. « On les voyait par
exemple, dit Féret, creuser de petites boîtes de 9 lignes
de diamètre, dans lesquelles on en trouvait douze autres

dont la dernière renfermait un jeu de quilles. D'un seul bloc d'ivoire, ils détachaient treize sphères qui restaient mobiles les unes dans les autres sans qu'il existât dans la première un seul morceau de rapport (1). » Ces tours de force, miracles d'ingéniosité et de patience, vrai travail de galériens, sont-ils encore de l'art ? On en peut douter. Ils servirent du moins à prolonger quelque temps l'existence de l'industrie dieppoise, qui avait eu fort à souffrir des guerres de la Révolution et de l'Empire. Un bon hasard décida de son renouveau sous la Restauration : la duchesse de Berry vint tenir « sa cour d'été » à Dieppe et y créa les bains actuels. Avec la cour, les Anglais affluèrent : Dieppe leur fut une Nice septentrionale, en attendant l'autre. Curieux de l'art local, « ils se jetèrent, dit Vitet, les guinées à la main, sur ces petites merveilles depuis longtemps dédaignées ». Mais la poussée définitive vint de la duchesse en personne. Elle visitait les ateliers, s'intéressait aux artistes, leur faisait des commandes, les inspirait au besoin. D'un goût très fin et très sûr, elle distinguait du premier

(1) Voir encore, pour ces travaux de patience, ce qu'il est dit plus haut des médaillons microscopiques de Dailly. Ainsi Callicrate, d'après Pline, « parvint à faire des fourmis en ivoire dont on distinguait facilement les pieds et jusqu'aux moindres parties du corps ». Semblable chose, du reste, est rapportée de Léo Bronner, de Nuremberg, lequel, dans un morceau d'ivoire gros comme une noisette, parvenait à sculpter cent têtes visibles à la loupe, et de Bovérick, horloger anglais du XVII° siècle, qui exécuta « une chaise d'ivoire à quatre roues sur laquelle on voyait un homme assis et qui était si légère qu'une mouche la traînait aisément ». Mais la palme en ce genre appartient à un certain Jacob, Polonais, lui aussi auteur d'une chaise de poste en ivoire, mais qu'une puce suffisait à déplacer.

coup le mérite et le payait royalement. Blard, qui occupait vingt-cinq ouvriers, était son fournisseur en titre ; mais elle n'oubliait point ses confrères et maintenait un juste équilibre dans ses générosités. Plus tard, quand, après un interrègne de vingt-cinq ans, Dieppe redevint station princière, l'impératrice Eugénie n'eut qu'à suivre l'exemple de la duchesse de Berry pour rendre un dernier lustre à l'industrie locale. Par esprit d'imitation ou par goût, la cour, jusqu'en 1870, donna furieusement dans l'ivoire : il avait suffi que l'impératrice portât une broche d'ivoire sculptée, l'empereur des boutons de cette matière, incrustée d'or à ses armes : toute la haute classe s'était précipitée chez les fabricants. On ne voulut plus connaître d'autre matière : chapelets, étuis, flacons, rouleaux de serviettes, tout fut en ivoire. Aux Anglais, combattus entre leur *jingoïsme* et ce culte de Napoléon, qui n'est peut-être que de l'amour-propre national à la troisième puissance, les boutiques de l'endroit détaillaient de petites statuettes en rondebosse de Henri VIII et du « grand empereur ». Le « petit », comme l'appelait Victor Hugo, marchait les yeux bandés vers le fossé de Sedan. L'ivoirerie dieppoise y fit la culbute avec lui. Des modes nouvelles s'établirent. Dieppe perdit sa couronne princière ; nombre de fabricants firent faillite et la plupart des ouvriers émigrèrent sur Paris.

Cette émigration, commencée sous Louis-Philippe, avec les frères Beauchêne, Boutillier, Collette, Delaporte, Deshayes, etc., s'était arrêtée un moment sous l'Empire. Elle se précipita, l'Empire à terre. Actuellement encore, une grande partie des ivoiriers de Paris sont d'origine dieppoise : tels Picavet, Lemale, Barthélemy, Boutrolle, Valois, etc., etc. L'industrie parisienne, localisée pour les objets de sainteté aux environs de Saint-Sulpice (1), a mis la main jusque sur les ouvriers résidant à Dieppe : ils travaillent pour elle et elle leur impose ses méthodes et ses poncifs. Mais voici mieux ou pis : les trois quarts des détaillants dieppois achètent leurs articles à Paris, à Sainte-Geneviève et à Méru. Il n'existe plus à Dieppe qu'un seul atelier de sculpture sur ivoire, celui de M. Félix Souillard, qui occupe dans une dépendance du casino dix-sept ouvriers, dont six seulement « font » le Christ et la statuette à la grosse. Le reste des ivoiriers dieppois travaille en chambre pour le compte des marchands de Paris : l'un des plus estimés, M. Lefebvre, a la spécialité des crucifix de luxe : dans le même genre, on cite encore les deux Baudry, les deux Cordier, M. Boudin, etc. M. Georges Souillard n'est point sans mérite dans la statuette ; MM. Ternisien et Mercier se cantonnent jalousement dans les broches à fleur : M. Gelé, dans la gravure sur bois et les chiffres gravés, etc. Au total, l'ivorysculpture est encore représentée à Dieppe par quarante-trois ivoiriers ou détaillants. Nous sommes loin des trois cents ouvriers et des seize maîtres ou fabricants que relevait l'annuaire de 1866 !

(1) Et, par parenthèses, il est assez curieux que la vente des produits de cette industrie soit presque toute passée à des magasins juifs.

IV

M. Félix Souillard évalue à 150.000 francs le produit
annuel de l'ivoirie dieppoise ; d'autre part, M. Eugène
Costier, secrétaire du *Comité de protection de l'éléphant d'Afrique*, évalue à 1.500.000 francs le produit
annuel de l'ivoirerie française. L'ivoirerie dieppoise n'entre donc que pour un dixième dans le total de la fabrication française. Ce total est passablement faible déjà.
C'est que l'ivoire est de moins en moins employé dans les
objets d'art usuels. Mais, dédaigné des artistes, il a trouvé
sa revanche dans la tabletterie, la brosserie, chez les
fabricants de touches de piano, de billes de billards, de
manches de parapluie, etc. Le peigne et le manche de
couteau en ivoire occupent à Paris 200 ouvriers; la
brosserie en ivoire 150 ; le manche de parapluie en
ivoire 60. Notre industrie des touches de piano en
ivoire jette par an sur le marché un peu plus de
30.000 jeux fabriqués par 70 ouvriers; 50 autres de
ceux-ci sont occupés à la fabrication des billes en
ivoire : enfin, la tabletterie, localisée à Méru-sur-Oise
et aux environs (Sainte-Geneviève, le Déluge, Aude-
ville, Laboissière, Angleterre, Crèvecœur, etc.), emploie
200 ouvriers (1).

(1) En 1855, Paris possédait un faiseur de dés, Ruelle : c'était le seul de sa
spécialité et nous ne savons au juste qui lui a succédé. On n'évaluait pas à moins
d'un demi-million le nombre de dés à jouer qu'il avait exécutés en trente ans.
— Sur la naissance de la tabletterie dans le Lieuvin et le Beauvoisis, on con-
sultera avec intérêt Barbier (*Esquisse historique sur l'Ivoirerie*, Paris, 1857).

A ces 730 ouvriers du tour et de la tabletterie, la sculpture sur ivoire peut tout au plus opposer une centaine d'ouvriers, dont 50 environ à Paris, où ils travaillent l'objet de piété pour Saint-Sulpice et le faux ivoire vieux pour les brocanteurs ; une douzaine à Saumur, à Saint-Claude et à Méru-sur-Oise (manches d'éventails) ; le reste à Dieppe (crucifix, broches, statuettes). Ce reste, par l'émigration, la faillite ou la mort, va se réduisant tous les jours. Que faudrait-il donc pour arrêter un déclin si rapide et qu'une dizaine d'années suffiront pour consommer entièrement ? Si l'ivoirerie dieppoise traverse la plus dangereuse et la plus mortelle des crises, si ses produits sont de moins en moins recherchés, cela tient-il uniquement, comme le disait M. Langlois, à la décadence du goût général et ne serait-ce pas plutôt chez les ouvriers le fait de l'esprit de routine et du manque d'instruction première ? Les christs dieppois sont des poncifs sans originalité, exécutés à la grosse sur d'invariables modèles. Que n'essaie-t-on de sortir de l'ornière ? Une bonne école de dessin et de modelage ne rendrait-elle pas aux ouvriers dieppois le juste sentiment de leur art ? Vitet constatait, en 1844, les dispositions naturelles de cette race pour la sculpture. « Vous voyez, disait-il, les enfants en apprentissage creuser, évider, déchiqueter l'ivoire avec une facilité tout instinctive et dont vous demeurez tout confondu. » Et il ajoutait : « Il est du devoir du gouvernement de ne pas laisser s'égarer et se perdre ces précieuses semences. » C'est à quoi l'on veilla pendant quelque temps. Mais, sauf peut-être sous la Restauration et le second Empire, quand Flouet,

puis Amédée Féret le dirigeaient, le cours gratuit de
dessin créé à Dieppe par Napoléon ne rendit aucun
service appréciable. Il faut plus et mieux qu'un simple
cours et c'est ici que l'effort doit être proportionné à la
tâche. Le comprendra-t-on ? Je n'ose l'espérer. Il est
certain pourtant que la municipalité nouvelle s'honore-
rait fort en faisant aboutir le projet de création d'une
sérieuse école de dessin et de modelage appliqués à
l'industrie de l'ivoire. Comme don de joyeux avènement, cela vaudrait bien le dégrèvement des droits
d'entrée sur l'alcool de consommation. Mais cette
école même, bien comprise, devrait n'être qu'une
annexe du musée : il n'est de bon enseignement que
celui qui ajoute l'exemple au précepte, qui appuie la
thèse sur le fait. L'a-t-on, ce musée ? Non, mais son
embryon, du moins, dans cette salle nouvellement
ouverte par M. Millet où sont exposées, sous vitrine,
une centaine de pièces de l'ancienne ivorysculpture
dieppoise. La salle est trop étroite : les pièces trop
rares : le classement quelconque. On y peut remédier.
Qu'on intéresse seulement à la création du musée
futur les collectionneurs locaux et l'État lui-même par
ses inspecteurs. Ceux-ci seraient les premiers à conseiller le dessaisissement en faveur de la ville des pièces les plus typiques de l'ivoirerie indigène. D'habiles
moulages feraient le reste.

École et musée, voilà pour le plus pressé. Poussons,
tant que nous y sommes. L'industrie locale de l'ivoire,
comme toute l'industrie française d'ailleurs, a cessé de
s'approvisionner sur place : elle est tributaire des marchés d'Anvers, de Londres et de Liverpool. L'ivoire

brut prend inévitablement une de ces trois routes :
c'est le contraire de ce qu'on voyait jadis. Mais sommes-
nous donc prisonniers du présent et ne serait-il pas
possible de rouvrir un marché d'ivoire en France
même, et Dieppe ne serait-elle point naturellement
désignée pour l'établissement de ce marché ? Le Congo
français jette à lui seul dans la circulation pour près
de 100.000 francs d'ivoire par an : c'est plus qu'il
n'en faut à l'industrie nationale. Si l'on favorisait par
des tarifs spéciaux l'entrée en France de la production
congolaise, nul doute qu'elle ne quittât promptement
la voie étrangère et, de Londres, Liverpool et Anvers,
ne se portât sur Dieppe, qui tient la tète du bassin
parisien.

L'ivoire vaut à cette heure entre 12 et 14 francs le
kilo pour les petites dents, entre 45 et 50 pour les grosses (1). La pointe de la défense s'emploie généralement
pour les christs et les statuettes de moyenne dimension ;
la partie pleine du milieu pour les grandes pièces ;
'extrémité ou « gorge », qui s'emboîte dans les
gencives de l'éléphant et qui est creuse, pour les
ouvrages plats, manches de couteaux, lames d'éventails,
coupe-papier, etc.; l'écorce, évidée, au moyen d'un
foret, pour les rouleaux ; les déchets, pour les broches,
étuis, flacons, boutons, petites pelles à sel, etc. L'aléa
du marché, c'est qu'il est malaisé de distinguer une
bonne défense d'une défense cariée : or, il est fréquent

(1) Cela met le prix moyen à 30 francs le kilo. Il était en 1846 de 15 francs ;
en 1855, de 20 francs.

de trouver dans les lots des défenses qui ont jusqu'au tiers de creux. Les défenses tout à fait saines sont relativement rares : si elles ne sont point fendues à l'intérieur, elles présentent assez souvent de ces efflorescences qu'en terme de métier on appelle *fèves*, *soleils*, *fils* ou *gros cœurs*. Pénibles surprises, qu'aggrave encore l'extrême sensibilité de la matière ! L'ivoire vivant est plus fragile que verre ; une porte qui s'ouvre trop brusquement le brise aux mains de l'ouvrier. La chaleur même des mains suffit pour le fendre. Il n'est sorte de précautions qu'on ne doive prendre avec lui : la cave où il séjourne en attendant l'atelier recevra une température uniforme. Pour le monter aux magasins on l'emmaillotera comme un enfant frileux et de même, quand il quittera les mains de l'ouvrier, celui-ci prendra soin, l'ayant un peu échauffé, de le glisser rapidement dans sa pelisse de fine laine : un refroidissement lui serait fatal (1). Tant de précautions s'accordent mal, semble-t-il, avec un travail hâtif ou grossier. C'est ainsi pourtant. Les bons ouvriers, jadis, gagnaient entre 15 et 20 francs par jour. Le salaire moyen est tombé à 4 francs. On conçoit assez que les meilleurs, les habiles, n'hésitent pas à émigrer sur Paris ou désertent les ateliers locaux pour le travail en chambre, plus rémunérateur, quand la commande vient de Saint-Sulpice. La division du travail, dans

---

(1) Quand l'ivoire est travaillé, on le polit à la pierre ponce et au blanc d'Espagne. Cela lui donne une sorte de glacis qui l'empêche de se fendre aussi facilement. Encore faut il avoir soin d'abaisser les tentes des magasins quand le soleil donne sur les vitrines.

les ateliers mêmes, a porté un coup fâcheux à l'industrie locale : « On ne s'occupe plus de parfaire un sujet,
nous disait M. Langlois. Tout est payé, bon ou mauvais, à la taille. Les ouvriers travaillent machinalement
sur des cartons découpés ou des poncifs qu'ils ont dans
la main ». Le métier est dur pourtant ; la poitrine se
creuse ; le bras s'engourdit ; un tremblement gagne à
la longue le genou gauche, continuellement surélevé
pour supporter la pièce. Fatigue des yeux, trouble de
la fonction digestive, congestion pulmonaire même,
c'est le moins qui menace l'ouvrier. Ajoutez qu'il faut
plusieurs années pour faire un bon ivoirier ; la durée
de l'apprentissage, dans les ateliers, est de quatre ans.
On ne gagne rien la première année ; la seconde est
rétribuée à raison de 3 ou 4 francs la semaine ; au bout
de deux années seulement, on touche un salaire moyen
de 1 fr. 25. Pour s'habituer au burin, l'apprenti est
d'abord « mis à la fleur ». Dès qu'il la possède suffisamment, on lui confie la broche complète. Mais ce n'est
qu'un passage : la broche « ne se fait plus » ou de moins
en moins (1). Tel marchand de Dieppe vous sortira de
ses réserves un stock de 10.000 broches inemployées.
Le fond de l'industrie dieppoise, c'est le Christ à la
grosse, et, comme appoint, les bénitiers et les statuettes de piété (particulièrement les Vierges et les Saint-
Antoine de Padoue), avec les menus ouvrages de
simple curiosité, pianos minuscules, petites pendules,

---

(1) Les broches riches, fignolées, se vendaient sous l'empire de 25 à 30
francs. On livre maintenant les broches du courant à 0 fr. 50.

éléphants nains, crabes émaillés, coupe-papier, liseuses, cadres, étuis, porte-aiguilles, pelles à sel, etc., qui constituent l'article : *Souvenirs de voyage*. Encore convient-il de regarder de près cet article. Il a toute l'apparence de l'ivoire : ce n'est peut-être qu'un macérage d'os et de peaux, une solution de caoutchouc additionnée de phosphate de chaux et de kaolin, tout simplement même parfois de la pâte à papier mêlée de gélatine.

L'entrée en jeu de ces ivoires artificiels n'a pu qu'aggraver la crise de l'industrie ivoirière. Mais c'est le corrozo et le celluloïd qui lui ont porté le coup le plus fâcheux. La concurrence du celluloïd s'est exercée de préférence sur les peignes, brosses, billes de billards. Quant au corrozo ou ivoire végétal, c'est une graine blanche et dure provenant d'un arbrisseau des grandes forêts du Pérou, le phytéliphas ou tagua. Les graines du phytéliphas expédiées à Londres et à Anvers ne reviennent guère à plus de 5 francs le cent. Elles ont la grosseur d'un œuf et l'on en peut tirer au tour et au burin mille petits objets, tels que boutons, pommes de canne, étuis, têtes d'épingles, etc. (1). Une concurrence d'un autre genre, mais non moins fâcheuse pour l'industrie, est celle qui est née, en ces derniers temps, de la recherche des vieux ivoires. Pour donner satis-

---

(1) Il est possible cependant de distinguer l'ivoire végétal de l'ivoire naturel. Il suffit de laver l'objet à l'acide sulfurique concentré. Une teinte rose y apparaît au bout d'un quart d'heure, s'il est en ivoire végétal, alors qu'aucune coloration ne se produit sur l'ivoire animal.

faction à ce goût de l'antique, qui n'a de raison que chez les connaisseurs et qui n'est chez les autres que snobisme, le bric-à-brac parisien s'est mis sans vergogne à la fabrication des faux ivoires vieux (1). La recette est des plus simples : on prend de l'ivoire neuf ; on copie vaille que vaille quelque modèle de Cluny ou du Louvre ; le sujet achevé, on lui casse un bras ou une jambe qu'on rajuste le plus maladroitement possible ; on l'enduit ensuite de jus de tabac ou de tan ; puis on le flambe rapidement sur un beau feu de paille. L'ivoire se craquelle à la surface, et il serait difficile de le distinguer du vieil ivoire, si chez celui-ci, les cassures n'étaient pas guillochées et ne se trouvaient pas au deuxième comme au premier plan.

V

Et maintenant reprenons les faits. La décadence de l'industrie dieppoise nous a paru résulter de diverses causes dont plusieurs ont agi, du reste, sur l'ensemble de l'industrie ivoirière : 1° déplacement du marché de l'ivoire (Dieppe supplanté par Londres, Liverpool et Anvers) : 2° concurrence croissante du corrozo et des produits chimiques éburnacés ; 3° esprit de routine dans la fabrication et manque d'instruction première

(1) Dès 1855, la fabrication de ces faux ivoires avait pris une certaine extension. Antoine Nizolle reçut en son temps des offres avantageuses d'un nommé Perrin, rue de Ponceau, qui occupait à ce triste métier quatre ou cinq ouvriers de mérite.

chez les ouvriers : 4° division excessive du travail ; 5°
accaparement par l'industrie parisienne (Saint-Sulpice
et le bric-à-brac) des meilleurs ouvriers dieppois ; 6°
négligence chez les pouvoirs locaux et désintéressement de tout ce qui concerne l'avenir de l'industrie
locale.

Il y a d'autres causes, sans doute, au premier rang
desquelles la mode elle-même, qui n'est plus à l'ivoire (1).
Mais bien connaitre le mal, c'est déjà presque connaitre le remède. J'en vois plusieurs que j'ai indiqués
au cours de cette étude et qu'on me permettra de grouper en faisceau dans ma conclusion. C'est d'abord la
création d'une sérieuse école de dessin et de modelage,
fortifiée par la mise en valeur, dans un musée spécial,
des plus beaux spécimens de l'industrie ivoirière et, à
leur défaut, d'excellents moulages. La substitution du
travail à la pièce au travail à la taille, du moins pour
les œuvres qui ne se font pas à la grosse, serait très
souhaitable : mais elle regarde les industriels eux-
mèmes qui devraient comprendre qu'un article vaut
surtout par le fini de son exécution. On aiderait fortement, je crois, à ce relèvement de l'esprit indigène, si
la municipalité ou quelque société, dont les éléments
se trouveraient sans peine dans la classe riche et chez
les propriétaires de villas, instituait, chaque année, un
concours entre les ivoiriers et annexait la pièce cou-
ronnée au musée de la ville. On pourrait aussi, comme

(1) Au moins pour certains objets, comme les broches. Mais l'ivoire est
une matière trop précieuse et trop belle pour ne pas tenter toujours les artistes.

le demandait Nicolle dès 1855, tâcher de développer, à
Dieppe, concurremment avec l'ivorysculpture, l'industrie parallèle de la tabletterie et du tour : un premier
pas dans cette voie serait utilement fait par l'acquisition et l'installation dans l'école projetée d'un tour
modèle ou d'un de ces appareils à découpage perfec-
tionnés par M. Alphonse Baude, de Sainte-Geneviève,
et qui permettent aux éventaillistes du Lieuvin et du
Beauvoisis de rivaliser avec les meilleurs éventaillistes
de la Chine et du Japon (1). Enfin, et les efforts des
représentants de l'arrondissement de Dieppe et de la
Seine-Inférieure devraient se porter immédiatement sur
ce point, il conviendrait de créer à Dieppe même un
marché de l'ivoire en y favorisant l'entrée en franchise
des produits du Congo français. Si ces mesures étaient
prises à temps, et elles peuvent l'être, je ne doute point
que l'ivoirerie dieppoise ne se relevât avant peu de son
long discrédit (2).

(1) L'inconvénient de la spécialisation, c'est qu'elle force à recourir, en
certains cas, à autant de spécialistes que l'objet comporte de façons, comme
pour ces éventails que le Conseil municipal de Paris offrit au duc d'Orléans
lors de son mariage avec la princesse Hélène, qui furent fabriqués dans l'Oise,
sculptés à Dieppe et montés à Paris.

(2) Notre appel a-t-il été entendu ? En partie du moins. Une exposition
d'ivorysculpture française a été ouverte l'an dernier (1908) au musée Galliera.
Cette exposition avait été précédée d'une visite faite à Dieppe, chez les divers
ivoiriers de la localité, par la commission du musée. Faisaient partie de cette
commission : MM. Quentin-Bauchard, conseiller municipal de Paris ; Délard,
conservateur du musée Galliera ; Henry Lapauze ; Henri Béraldi et Carabin.
Un des membres de la commission, après cette visite, ne craignait pas de dire
à M. Georges Montorgueil : « Dieppe a perdu son prestige pour avoir oublié
que l'ivorysculpture exige des écoles. Nous nous emploierons à le lui rendre. »
Un prochain avenir nous apprendra si cet engagement a été tenu et comment.

APPENDICE

Le plus haut Phare de France

... Cinq heures du matin. Nous appareillons de l'Aber-vrach sous une aube douteuse, mal venue et qui ne se décide pas à nettoyer le ciel des bancs de brume qui l'encrassent. Le port sommeille ; ses petites maisons grises, encapuchonnées d'ardoise ou de chaume, ont l'air tout engourdies ; deux ou trois se secouent, poussent leurs volets. La marée, qui « déchale », emplit l'ombre d'une grande rumeur sourde.

« Largue tout ! » crie le patron, un homardier de l'Aber qui a bien voulu nous prendre à son bord et dont la tête écachée, glabre et huileuse, une vraie tête de chien de mer, disparaît à moitié sous la visière et les oreillettes d'un énorme casque de cuir bouilli.

Les amarres lâchées, nous filons avec le courant de dérive, qui est de cinq nœuds à l'heure entre Penarguer et Saint-Cava, portés par lui plus que par nos avirons.

Le but de notre excursion est à quelques milles au large : c'est l'île Vierge, où l'on construit en ce moment un phare qui sera le plus haut de tous les phares de France. Celui qui tenait la tête jusqu'ici était le phare de Barfleur-Gatteville, haut de 71 mètres au-dessus du sol. Venaient ensuite la tour de Cordouan, 63 mètres ; le phare d'Eckmühl, à la pointe de Penmarck, 63 mètres ; le phare de Planier, à l'entrée de Marseille, 59^m,05 ; le phare de Dunkerque, 57 mètres ; le phare des Roches-Douvres, 56^m,50 ; le phare des Héaux (Côtes-du-Nord), 48^m,50, et le phare d'Arcachon, 47^m,70.

Le phare de l'île Vierge passe de 4 mètres le plus élevé de ces phares : il a 75 mètres 18 de haut, dont 73 mètres de maçonnerie et 2 mètres de foyer (1). Il mesure à sa base 16 mètres de diamètre. La profondeur des fondations est très variable ; elle atteint 3 mètres en quelques endroits, 80 centimètres en d'autres, suivant le plus ou moins d'épaisseur de la couche sablonneuse. Commencé le 28 juillet 1897, le phare de l'île Vierge est « entré en activité » le 1er mars 1902. Mais tous les travaux ne sont pas encore terminés et il n'y a que le gros œuvre qui soit sorti de terre.

Un peu partout, sur notre littoral, on procède à des réfections ou à des érections de phares ; Planier, qui

(1) En réalité la galerie supérieure du phare de l'île Vierge étant à 70 mètres au-dessus du sol, le plan focal des optiques jumelles à 5 m. 18 au-dessus de la galerie et le pied du paratonnerre de la lanterne (je dis le pied, non la tige) à 6 m. 82 du plan focal, la hauteur totale du nouveau phare est supérieure encore aux évaluations officielles et atteint 82 mètres. Un joli chiffre !

commande l'entrée de Marseille, recevait, il y a quelques années, un appareil de feu éclair électrique, égal en intensité à celui du phare d'Eckmühl et dont la portée lumineuse dépasse 100 kilomètres par temps clair et 40 par temps de brume ; la tour de Créac'h a été munie vers la même époque d'un appareil de même ordre ; la pointe de Riou, sur la Méditerrannée, l'écueil de Barnouic, dans la Manche, le plateau sous-marin de Rochebonne, dans l'Océan (1), doivent être éclairés par des feux permanents ; le phare de Sein et le phare d'Armen enfin viennent d'être complètement transformés. Une usine à gaz est installée dans l'île de Sein : elle alimente directement le feu de l'île, dont la puissance lumineuse a été portée de 20.000 à 200.000 bougies, et, indirectement, par un conduit souterrain menant du gazomètre de l'usine à la cale de Men-Bual, où le gaz est comprimé et emmagasiné dans les réservoirs du baliseur des Ponts et Chaussées, le phare d'Armen construit sur une roche isolée, à sept lieues au large.

L'île Vierge, dont les feux, combinés avec ceux d'Ouessant, servent à éclairer le dangereux point de jonction de l'Océan et de la Manche, ne pouvait échapper plus longtemps à l'attention de nos ingénieurs. Débris d'un continent submergé, elle n'est séparée

(1) Ici c'est sous l'eau qu'il faut travailler, à une profondeur de 8 mètres. Les sondages ont duré 4 ans. Puis il a fallu débarrasser la roche de végétations marines hautes de 2 mètres. Les scaphandriers employés à ce travail ont dû les faucher avec des serpes et gratter la roche avec des instruments spéciaux. On estime qu'il faudra cinq ou six ans pour que la maçonnerie arrive au ras de l'eau.

du « staon » de Plouguerneau que par un étroit chenal qui découvre aux basses mers d'équinoxe. Mais cette étrave de roches, pour employer l'expression bretonne, n'a ni quai ni cale, et c'est par l'Abervrach encore qu'on accède le plus facilement à l'île.

Un petit chemin de fer à voie étroite mène de Brest à Lannilis, d'où l'on descend à l'Abervrach par un raidillon de 3 kilomètres. Ce chemin de fer vient d'être prolongé jusqu'à l'Abervrach même, au moyen d'un terre-plein en maçonnerie, construit entre la jetée et le quai. Les navires du commerce évitent ainsi les frais d'un double transbordement. La marine de guerre y trouvera son compte comme la marine marchande : le port de l'Abervrach est un des plus sûrs et des plus profonds de la côte bretonne. M. Pierpont-Morgan songea, dit-on, un moment, à y « organiser un havre colossal pouvant contenir toutes les flottes du *Trust de l'Océan* » (1). Abrité du large par une ceinture de rochers et d'îlots, le mouillage de l'Abervrach est effectivement utilisable en tout temps et pour les plus fortes escadres. On en a fait, à défaut de mieux, un poste de torpilleurs, auquel un vieux navire de guerre, l'*Obligado*, ancré au fond de l'estuaire, sert de magasin de ravitaillement. Nulle défense d'ailleurs sur les rochers et les îlots d'alentour. Le fort Cézon, bâti par Vauban sur l'île du même nom, est déclassé depuis six ou sept ans ; son rude donjon, badigeonné d'un grand rond blanc cerclé de noir, ne fait plus office que d'*amer*. Les casernes se délabrent ; l'île est louée cent francs par an ; quelques moutons y paissent

(1) Charles Laurent : *Le Français* (août 1902).

aux brèches des courtines. Des batteries établies sur
Cézon balayeraient pourtant toute la baie et rendraient
l'Abervrach imprenable...

Une bordée de la *Jeanne-Marie* (c'est le nom de
notre homardier) nous a conduits presque au pied du
fort : sa masse lourde et trapue, à pic sur les eaux, nous
enveloppe d'une grande ombre circulaire. La *Jeanne-
Marie* a toujours pour elle le courant de dérive : avec
ce courant et sur avirons, on va d'ordinaire en une heure
de l'Abervrach à l'île Vierge. Il nous faudra un peu
plus de temps, cette fois, à cause d'une brise de « norouet »
qui s'est levée sans dire gare, mais qui a du moins
nettoyé la baie et dégagé l'horizon. Le patron fait hisser les voiles. Des silhouettes d'îles et d'écueils s'estompent sur un ciel léger, opalin, de la même couleur que
la mer ; des barques appareillent ; des fumées montent,
aux deux côtés de l'estuaire, et leurs sveltes colonnes
grises, brisées à angle droit par le vent, s'éparpillent
jusqu'à nous en flocons imperceptibles, d'une odeur
âcre et puissante.

« Les hommes sont dehors, dit sentencieusement le
patron. Les femmes profitent du beau temps pour allumer les fourneaux.

— Des fourneaux en plein vent ! dis-je à mon tour. Et
pourquoi faire ?

— Mais pour brûler le goëmon ».

Et il m'explique que le pays riverain est extrêmement
pauvre. La culture maraîchère y aurait pu réussir,
comme à Roscoff, mais les débouchés manquaient :
presque tout le sol est sous lande ou blé noir. Une seule
industrie : la fabrication de la soude. Les goëmons

coupés au large ou rejetés par la tempête sont d'abord mis en meule et séchés : puis on les incinère dans des fosses à fond de pierre, où les sels de potasse mêlés à la cendre forment des sortes de grands pains qui sont vendus aux usines de l'Abervrach et de Porsal. Ces pains de soude, lessivés, servent à la fabrication de l'iode. Malheureusement le prix de l'iode, par suite de la concurrence chilienne, écossaise, norvégienne, allemande et même japonaise, a baissé dans des proportions énormes : de 150 francs, le kilogramme en est descendu à 12 fr. 50.

Tandis que le brave homme me donne ces détails, Cézon, là-bas, se tasse, rapetisse à vue d'œil sur son rocher. Nous longeons maintenant l'île Vrac, blanche et rousse comme une Océanide, puis les Stagadou, déchiquetés, tragiques, crevant la nappe marine de leurs moignons informes. Et voici que derrière la pointe de Lezenzu, pareils aux pédoncules de grandes fleurs aquatiques, les deux phares de l'île Vierge se lèvent doucement sur les eaux. Le plateau de l'île émerge à son tour : une barricade de rochers le protège sur le nord, mais non point si solide et résistante que l'action corrosive des lames n'y ait ouvert çà et là des brèches soudaines, d'étroits couloirs, où le vent du large s'engouffre rageusement.

La *Jeanne-Marie* glisse comme une couleuvre entre les roches ; le patron commande de carguer les voiles, et, quelques secondes après, nous accostons la jetée en eau profonde qu'on a bâtie devant le nouveau phare. Je saute à terre et, tandis que je me dirige vers l'habitation du gardien, la *Jeanne-Marie* reprend le large où elle va relever des casiers. Elle reviendra me chercher dans l'après-midi : d'ici là, j'aurai eu le temps d'explorer l'île dans tous ses recoins.

D'autres bateaux, un peu avant nous, ont mouillé près du môle. Une équipe d'ouvriers procède à leur déchargement au moyen d'une grue installée sur le musoir et actionnée par un treuil. Il est sept heures à peine et tout le personnel est déjà au travail. C'est un va-et-vient continuel de la grève au chantier et du chantier à la grève : des hommes passent, pliés en deux sous de lourds sacs de ciment ; l'activité n'est pas moins grande dans les carrières de l'île. Le moellon qu'on en extrait est immédiatement chargé sur des wagonnets et dirigé vers les dépendances du nouveau phare où l'on construit une citerne et un mur d'abri.

Mon programme de voyage comportait d'abord une excursion dans l'île. Le gardien du phare devait me servir de guide dans cette excursion. Il y consentit en effet ; mais la monotonie du paysage nous eut vite ramenés à notre point de départ. Imaginez sur les eaux un grand socle de granit, et, sur la plate-forme de ce socle, un extraordinaire quadrillage de petites crevasses qui, courant autour d'un gazon couleur de rouille, particulièrement dru et frisé, en isolent toutes les touffes et les font ressembler à de grosses cloques de caoutchouc. Et, de fait, on y enfonce jusqu'à la cheville. C'est que le sol de l'île n'a aucune consistance : la couche végétale est si mince qu'elle se détache au moindre effort. Des essais de plantations de pins n'ont pu réussir à la fixer. Derrière un mur circulaire, les gardiens du phare font pousser à grand'peine des pommes de terre et quelques légumes. Un figuier, seul arbre de l'île, tord dans un coin ses bras rabougris. Encore n'a-t-il pu s'élever au-dessus du mur ; dès qu'il le dépasse, le vent rase impitoyablement ses branches. Trois ou quatre vaches et une douzaine de moutons, dans une dépression marécageuse, broutent le carré d'herbe fourragère qui fait toute la richesse de l'île. En fut-il de même autrefois ? L'épuisement, la stérilité furent-ils l'éternel apanage de ce sol malade, boursouflé comme un visage de pustuleux ? On peut en douter, puisque les Cordeliers y eurent leur premier établissement en Bretagne. Les textes disent que « cett île stérile et inhabitable fut la pépinière d'où sortirent les moines de Morlaix, de Landerneau et des Anges : *Virgo peperit tres, postea infirmari cœpit et fuit derelicta et sterilis.* » De leur moûtier primitif, il ne reste plus qu'un vieux puits, une auge taillée dans un bloc de granit et le caniveau d'une conduite d'assainissement.

« Triste séjour en temps ordinaire, m'avoue mon guide. On ne voit personne pendant des mois, pas âme qui vive. Nos seuls compagnons, avec les « transhumants », sont les pluviers et les étourneaux qui nous arrivent par bandes pressées au commencement de l'automne. Par les vents d'ouest surtout, ils se jettent comme des enragés sur la lanterne et, le matin venu, nous trouvons leurs cadavres autour du phare. Nous en avons ramassé ainsi jusqu'à deux cents en une fois.

— Votre vie doit être plus gaie à présent ? dis-je au brave homme.

— Certes oui, monsieur, et je voudrais bien que

cela pût durer. La solitude, on s'y fait sans doute et je connais de mes anciens qui ne peuvent plus supporter descendre à terre. C'était justement le cas du gardien Caze qui était ici depuis trente-six ans et qui pourtant est un terrien de naissance, vu qu'il est né dans l'Ariège. Caze disait souvent qu'il ne voulait pas d'autre tombeau que l'île Vierge. J'ai entendu conter qu'il avait été en son jeune temps ordonnance du capitaine de Poulpiquet, lequel appartient à une vieille famille bretonne de Plouguerneau. En Crimée, Caze sauva la vie à son capitaine et fut décoré de la médaille militaire. Plus tard, M. de Poulpiquet, qui l'avait pris comme valet de chambre et l'avait emmené avec lui à Plouguerneau, obtint de le faire entrer comme gardien au phare de l'île Vierge. Caze y a fait toute sa carrière, depuis son entrée dans l'administration jusqu'à sa mise à la retraite qui a coïncidé avec l'allumage du nouveau feu et le déclassement de l'ancien. L'homme et le phare ont cessé leur service le même jour... »

Tout en causant, nous nous sommes approchés des baraquements en planches qui bordent le chantier. Le gardien me quitte après m'avoir présenté à un contremaitre qui, fort aimablement, se met à ma disposition pour la visite des lieux. Il m'apprend que sept maçons et dix-huit manœuvres sont actuellement occupés dans le chantier. Les maçons viennent du cap Sizun, qui est renommé en Bretagne pour l'excellence de ses ouvriers. Payés à raison de 4 fr. 50 par jour, ils habitent l'île été comme hiver. L'entrepreneur des travaux, M. Le Corre, a fait construire pour eux ces baraquements en

planches où nous venons de pénétrer et qui comprennent
un rez-de-chaussée, garni de tables et de bancs, servant
de réfectoire, et un grenier meublé de lits de fer,
servant de dortoir. Une cantine est annexée aux baraquements ; contre une faible somme mensuelle de huit
francs, les maçons y font tremper leur soupe trois fois
par jour. Quant aux manœuvres, qui sont presque tous
des pêcheurs en disponibilité, leur salaire varie entre
2 fr. et 2 fr. 50. La plupart sont de Plouguerneau ; ils
apportent leurs provisions avec eux et une barque les
ramène à terre chaque soir.

« Voulez-vous maintenant visiter les travaux ? » me
demande le contremaître.

J'accepte sans me faire prier et nous nous dirigeons
ensemble vers le nouveau phare. Il s'élève à quelques
mètres de l'ancien. Celui-ci, composé d'une tour carrée
prise à sa base dans un grand cube de maçonnerie,
n'est haut que de 21ᵐ10. Son feu était fixe blanc, varié
par des éclats rouges réguliers de quatre en quatre
minutes ; sa puissance lumineuse seulement de 224
becs carcel.

Le nouveau phare est construit d'une façon toute
différente. C'est une grande tour ronde, isolée, sans
annexes, un simple tube de granit, mais quel tube ! Son
feu-éclair est à éclats blancs réguliers de 5 en 5 secondes,
commandé par un appareil lenticulaire à optiques
jumelles de 0ᵐ70 de distance focale, enfermant un
brûleur à incandescence par la vapeur de pétrole
comprimé. Cet appareil, merveille du genre, sort de
chez MM. Barbier et Renard, constructeurs à Paris, où,
devant qu'on l'expédiât sur l'île Vierge, nos lecteurs

purent l'admirer à la dernière Exposition de 1900, dans
la section des Travaux publics. Il n'a pas coûté moins
de 112.000 francs, la lanterne 50.000, la tour 300.000.
Au total le prix de revient du phare de l'île Vierge
monte à 462.000 francs. Chiffre assez faible en somme,
mais on doit remarquer qu'il n'a pas été besoin de
construire de nouveaux logements pour les gardiens
qui continueront d'habiter l'ancien phare. On a seulement élargi leur jardinet ; on leur creuse une citerne ,
on leur fera cadeau d'une petite cale d'accès. Ils vivront
là comme ont vécu leurs prédécesseurs, en cénobites
de la mer. De temps en temps quelque famille de touristes, l'ingénieur ou le conducteur des ponts-et-chaus-
sées, viendront rompre la monotonie de cette existence
monastique, apporter quelque distraction à ces séques-
trés volontaires de l'infini. Si M. Paul Deschanel,
d'aventure, se risque dans ces parages, il y pourra
revivre d'anciens souvenirs, se rappeler le temps où,
simple sous-préfet de Brest, il exerçait son adresse sur
les lapins de l'île Vierge. De lapins, par exemple, il
risque de n'en plus trouver au bout de son fusil :
effrayés du tapage insolite des carriers, ces rongeurs
pacifiques ont émigré vers le continent.

Le granit de l'île Vierge fournit, en effet, un moëllon
excellent et qu'on n'a point manqué d'utiliser pour
la construction du nouveau phare. Seules les pierres
taillées du revêtement extérieur et interne sont en
granit de Kersanton et viennent des célèbres carrières
de Logona-Daoulas. Chacune de ces pierres, numé-
rotée à l'encre rouge, s'encastre exactement dans les
pierres voisines : le phare ne fait ainsi qu'un bloc

unique. Un escalier en colimaçon tourne à l'intérieur
de cet immense obélisque. Quatre-cent deux marches
à grimper, bordées par le vide : gare au vertige
et aux faux-pas !... Mais quelle compensation une
fois là-haut ! Le paysage de mer qu'on embrasse
de la lanterne est vraiment incomparable. La vue
s'étend sur vingt lieues d'horizon : des îles nagent,
toutes dorées, dans une dilution de saphir et d'émeraude ; le ciel n'est qu'une grande nacre bleutée.
La Bretagne d'automne a de ces surprises. Et telle
est la magie du spectacle qu'il me faut faire violence
pour ramener mes yeux vers le pied du phare. Là non
plus pourtant, et quoique d'une autre sorte, le spectacle
ne manque pas d'intérêt. Tout le chantier s'étale devant
nous : c'est un encombrement de matériaux hétérocli-
tes, pierres taillées, barils vides, sacs de ciment, seaux,
brouettes, madriers, etc. Un bourdonnement de ruche
humaine monte jusqu'à nous, mêlé au ronflement de la
chaufferie et au grincement des treuils ; les wagonnets
courent sur leurs rails. Dans un coin du chantier, un
cheval maigre tourne mélancoliquement la meule d'un
pressoir : l'île ne fournit pas d'eau douce et il faut l'apporter du continent.

Hélas ! il en faut apporter bien d'autres choses, tous
les matériaux et jusqu'au pain des ouvriers. « L'exceptionnelle beauté de ce matin d'automne ne doit point
vous faire illusion, me disait M. Heurté, le distingué
conducteur des ponts et chaussées chargé par l'administration de la surveillance des travaux, cette mer est
ordinairement lugubre ; ces îles sont la sauvagerie
même, et le vent du large souffle parfois avec tant de

violence que, pour n'être point balayés au passage, les maçons qui travaillaient sur la plate-forme du phare étaient obligés de se faire attacher à la balustrade. Malgré tout et quoique les travaux aient duré près de cinq ans, nous n'avons pas eu un seul accident à déplorer. Le « roi des phares », chose peut-être unique dans les annales de l'administration, n'aura coûté aucune vie d'homme. »

Le roi des phares ! M. Heurté a raison et c'est bien le roi des phares que ce phare de l'île Vierge, roi par ses proportions magistrales, la sveltesse de ses lignes, le magnifique éclat de son hélice lumineuse, le fini et le poli de son exécution. Tous ces perfectionnements ne sont point un vain luxe. Ils s'expliquent encore une fois par la situation de l'île Vierge au dangereux point de jonction de l'Océan et de la Manche. L'ancien phare était insuffisant : le nouveau phare ne laissera rien à désirer pour les besoins de la navigation internationale...

« Ohé là-haut ! Êtes-vous paré à descendre ? »

La voix, cornée par deux mains arrondies en pavillon sur la bouche, m'arrive d'un bond jusqu'à la plate-forme. La *Jeanne-Marie*, grosse comme une mouche, vient de mouiller près du môle et c'est le patron qui me hèle:

« Voilà, patron. On démarre... »

En route pour l'Abervrach !

TABLE DES MATIÈRES

AUXERRE-PARIS. — IMPRIMERIE A. LANIER

www.ingramcontent.com/pod-product-compliance
Lightning Source LLC
Chambersburg PA
CBHW071630270326
41928CB00010B/1862